■ 2013 年 1 月 29 日，时任神华集团总经理张玉卓（左二）视察南苏现场

■ 2009 年 7 月 7 日南苏项目开工典礼，时任中国神华总裁凌文（前排左三）宣布南苏项目开工令

■ 2008 年 12 月 22 日，时任国华电力公司总经理秦定国（左二）出席 2008 年中印尼能源论坛及南苏项目 PPA 签字仪式

■ 2016 年 8 月 2 日，时任中国神华副总裁王树民（右二）视察现场

■ 2016 年 12 月 18 日，时任国华电力公司董事长肖创英（前排左二）视察现场

■ 2018 年 7 月 5 日，国华电力公司董事长宋畅（右三）视察现场

■ 2016 年荣获由印尼电力评选的印尼最佳 IPP

■ 2015 年荣获由印尼国家矿能部评选的"国家能源效益提名奖"、印尼电力评选的"印尼十佳电力公司"

印尼煤电
一体化项目
建设与运营

宋 畅 主编

中国电力出版社
CHINA ELECTRIC POWER PRESS

内 容 提 要

南苏项目是中国设计、制造、建设、运维的煤电一体化项目，实现了全产业链"走出去"。

本书主要介绍了南苏项目前期开发、基本建设、生产运行、科技创新、财务经营、人力资源、社会责任等主要内容。

图书在版编目（CIP）数据

印尼煤电一体化项目建设与运营/宋畅主编 . —北京：中国电力出版社，2021.3
ISBN 978 - 7 - 5198 - 5130 - 9

Ⅰ.①印… Ⅱ.①宋… Ⅲ.①电力工业—煤炭工业—产业一体化—协调发展—研究—印度尼西亚
Ⅳ.①F434.266

中国版本图书馆 CIP 数据核字（2021）第 045152 号

出版发行：中国电力出版社
地　　址：北京市东城区北京站西街 19 号（邮政编码 100005）
网　　址：http：//www. cepp. sgcc. com. cn
责任编辑：娄雪芳（010-63412375）
责任校对：黄　蓓　郝军燕
装帧设计：王红柳
责任印制：吴　迪

印　　刷：北京瑞禾彩色印刷有限公司
版　　次：2021 年 3 月第一版
印　　次：2021 年 3 月北京第一次印刷
开　　本：787 毫米×1092 毫米　16 开本
印　　张：14.5　12 彩插
字　　数：271 千字
印　　数：001—900 册
定　　价：98.00 元

编 委 会

前 言

　　2013 年，习近平主席提出共同建设"21 世纪海上丝绸之路"，自此，"一带一路"倡议走进世界视野，逐步引发全球共鸣。国家能源集团积极响应"一带一路"倡议和"走出去"战略，不断拓展国际化经营的步伐。在集团内若干个成功的国际化项目中，国华电力印尼南苏项目最为耀眼。南苏项目是中国设计、制造、建设、运维的煤电一体化项目，实现了全产业链"走出去"，创造了印尼电力建设的"九个第一"，项目长期保持安全稳定运行，连续多年荣获印尼"最佳发电企业"，并荣获"技术创新企业""环保提升改造优秀企业"、印尼劳工部 SMK3 金色证书等一系列奖项，赢得了当地社会、电力行业的广泛认可，成为中国与"一带一路"沿线国家开展能源合作的典范。

　　国华印尼南苏项目的发展历程，完美地诠释了企业国际化进程中"走出去""走进去""走上去"三个成长阶段。

　　"走出去"，就是以"走出去"战略为起点，国华电力不畏艰难险阻，走出国门进军国际市场，展示了"艰苦奋斗、无私奉献、精益求精、追求卓越"的国华精神。 作为国家能源集团"走出去"战略实质性突破的"里程碑"，"一带一路"倡议的"先行者"，南苏项目全体参建人员、运维人员肩负着"国家、荣誉、责任"的重托，不忘初心、牢记使命、不畏艰辛、攻坚克难，在印尼南苏门答腊岛的橡胶林中开疆拓土，采用煤干燥技术让含水量极大的褐煤变废为宝，在印尼第一个实现提前合同期投产，并在投产后保持长期稳定运行，被印尼政府树为从中国引进电力技术的标杆。项目创造了印尼电力发展史上一个又一个奇迹，实现了"展现中国电力建设专业水平"的目标，让成熟的中国电力建设的专业技术，让经多年积累和创新的国华基建、生产管理理念和方法在印尼本土落地生根，开花结果。

　　"走进去"，就是依托国华电力成熟完善的电力管控模式，积极融入当地社会和电力行业，展示国华电力"讲政治、有追求、负责任、勇担当"的品牌形象。 国华电力充分考虑印尼政策法律及社会人文环境，探索总结海外项目建设、运营、管理经验，最大程度实施本地化运营，让"国华标准"与印尼国情高度融合。印尼南苏项目近 9 年的运行经营，为印尼培养了一大批发电管理及技术人才，创造出令人瞩目的成绩。目前，南苏项目员工本地化率已达 72.2%，运行部员工本地化率更高达 90%。中方员工与印尼人民技术共享、管理互动、情义相交，在送出受阻的情况下，南苏项目以占南苏电网 9.53% 的装机容量，发出了南苏电网 11.34% 的电量，并连续 7 年无非停，创造了印尼双机安全连续运行最长纪录。印尼南苏项目高度重视文化交流，积极履行社会责任，主动加强与周边社区的互动，保障了项目的顺利建设和运营。项目自建设以来，已受到了印尼总统、矿能部、国企部、经济统筹部、投资协调管理委员会、印尼国家电力公司和中国驻印尼大使馆等多方的高度评价和赞扬。

"走上去"，就是积极践行习近平主席"一带一路"倡议，培养和打造世界一流的国际化管理团队和专业人才队伍，推动国华电力国际化发展行稳致远。 国华电力致力于深耕印尼电力市场，通过印尼项目管理经验的总结、提炼、提升，探索形成适应海外发展的管控体系、监督体系，极大地提升了国际化思维，拓展了国际化视野，增强了国际化运营管理的信心和能力。国华电力在南苏电厂成功建设运营的基础上，又成功中标爪哇 7 号项目（2×1050MW）和南苏 1 号项目（2×350MW），印尼的国华能源矩阵初具规模，为国家能源集团打造辐射东南亚能源市场发展的"桥头堡"作出了贡献。目前，爪哇 7 号项目 1 号机组经 168 小时连续满负荷试运，顺利投产，成为"21 世纪海上丝绸之路"首倡之地的能源新地标。国华电力还与印尼大学签署合作备忘录，在印尼大学建立了"电力仿真和科研教育合作中心"，创办了印尼第一家高校仿真机实验室，并积极开展燃机项目前期工作，参与印尼新能源项目建设投标，推动形成了高质量海外"走上去"的发展通道。

印尼南苏项目的建设运营对于国华电力海外发展具有标志性意义，值得悉心回顾总结。本文就从南苏项目前期开发、基本建设、生产运行、科技创新、财务经营、人力资源、社会责任、项目后评价、荣誉篇及感谢篇共十个方面对印尼南苏项目整体建设、运营历程进行全面回顾和总结，对项目实施过程中各方面工作的决策过程、思路方法、取得成效、存在不足进行分析、总结，向读者再现了国华印尼南苏项目艰难而真实的发展历程。

"世界一流高品质能源企业"是国华电力的宏伟愿景，本书旨在以印尼南苏项目的发展历程激励一代代国华人，继续传承国华文化、发扬国华精神、珍视国华品牌，矢志不渝坚持海外发展，为国家能源集团建设具有全球竞争力的世界一流能源企业，为中国与"一带一路"沿线各国开展能源合作作出贡献。

2020 年 12 月

目 录

前言

第一章

前期开发篇

一、 项目背景及投资环境

（一） 项目背景

印度尼西亚是东盟十国中人口最多、幅员辽阔、各种能源资源非常丰富的发展中国家，其综合国力一直处于东南亚国家前列，是东盟最重要的国家之一。1997 年金融危机后，东盟国家认识到中国对其经济发展的重要性，都加强了与中国的全方位合作。中国政府也鼓励中国有实力的企业"走出去"，到海外发展，开发国际资源，开拓国际市场。

2002 年 9 月中国能源股份有限公司国华电力分公司，简称国华电力公司代表原神华集团有限责任公司（2017 年与中国国电合并重组为国家能源投资集团有限公司）参加中国-印尼能源论坛，论坛期间"神华集团愿意与印尼企业合作开发南苏项目"列入政府备忘录。国华电力公司在原神华集团的领导和支持下，充分利用集团在印尼多年的业务合作伙伴，积极开展调研、互访、洽商、项目甄选等工作，南苏项目（PLTU SIMPANG BELIMBING）成为当时持续关注的项目之一。随后国华电力公司对印尼煤电项目及市场进行了长期跟踪、研究和分析，与印尼政府相关部门和印尼国家电力公司（Perusahcan Listrik Negara，简称 PLN）等进行不断地沟通，相互组织了多次会见、考察。同时，国华电力公司也对在印尼开发煤炭、电力项目的政策、程序、合作模式等进行了多方了解和咨询。

经多次协商，在印尼南苏门答腊省政府和 PLN 的支持下，在原神华集团印尼多年合作伙伴的大力推进下，印尼当地 EMM 公司主动提出以其拥有的项目开发权及煤炭资源等与中国神华合作开发南苏项目，双方本着互惠互利的原则签订了合作协议，成立了 GUOHUA-EMM 联合体推进项目开发。随着项目开发机会的逐渐成熟，2007 年 2 月中国神华决定全面展开项目前期工作，并授权国华电力公司开展南苏项目合作协议、框架协议的谈判工作。

（二） 投资环境情况

进入 21 世纪以后，印尼政局趋稳，政府为发展经济努力改善投资环境，实行开放政策，对包括中国在内的外国投资持欢迎态度，提出了积极吸引投资的措施。中国、印尼政府高层频频互访和交流，为企业合作搭建平台。这些政策使印尼经济逐步摆脱了亚洲金融危机的影响，GDP 持续保持 5% 左右的较高增速，外汇储备迅速增加，国外投资者对印尼经济的信心逐渐增强，在此背景下外国直接投资开始增长。根据印尼投资协调委员会（BKPM）数据，2001 年印尼实际落实的外国直接投资仅 80 万美元，到南苏项目开始实质推进的 2007 年外国直接投资已恢复到 105 亿美元的金融危机前水平，在 10 年后的 2017 年该指标更是达到了 323 亿美元。

为解决经济快速发展所带来的电力短缺问题，印尼政府和议会通过了新的电力法，并将煤炭资源丰富的苏门答腊岛南部地区确定为印尼煤电基地，鼓励印尼当地和外国企业投资开发煤炭、电力项目。

当时，与大多数国家一样，印尼在外国投资方面有诸多优惠政策。外汇管制方面，印尼对外汇没有管制，其货币可自由兑换，外国投资形成的利润在完税后可以自由汇出；税收优惠方面，对印尼不能提供的机电产品和机械设备，印尼政府在进口环节给予免税优惠，电站向 PLN 销售电力免征增值税。但印尼对外国投资也存在诸多限制。公司法规方面，印尼规定外商可以与印尼公民、法人建立合资企业，也可建立外商独资企业，但对独资企业的经营范围做出了限制；煤矿开采方面，只有印尼公民可以拥有土地和煤矿的所有权，一般开采、勘探权只赋予居民企业或印尼公民，但允许其委托外资公司进行开发、建设、经营（2009 年印尼颁布新矿权法后有所变动）；劳工政策方面，外资企业聘用的外籍人员仅限于管理人员和当地不能提供的技术人员，要求外资企业必须雇佣一定数量的当地人员并对其进行培训。

鉴于南苏项目对当地经济发展的促进和拉动作用十分明显，因此得到当地政府各部门的广泛期待和支持，同时也得到了历任中国驻印尼大使及经济参赞的大力支持。

由于本项目位于印尼苏门答腊煤电基地核心地区，电力市场空间广阔，煤炭资源丰富，水资源充沛，土地利用程度低，厂址易于选择，环境容量较大，铁路、公路、水路交通便利，电网接入方便，具有良好的发展前景，因此得到了印尼矿能部、PLN、省县各级部门及当地人民的支持。项目所在地 Muara Enim 县县长也亲自到现场主持相关乡的乡民大会，帮助本项目获得当地居民的充分理解和支持。

综上所述，印尼当时的投资环境处于历史较好时期，社会稳定、经济发展、市场广阔、项目外部条件优良，但同时存在挑战。印尼政府有关部门和行业主管部门对中国电力标准、电力设备制造水平及电力建设水平存在疑问。原神华集团迎难而上，决心通过南苏项目的建设，展现真正的中国电力建设水平。

二、 项目合作及出资情况

（一）项目概况

南苏项目，也称穆印项目，是中国神华在印尼以建设-拥有-运营模式（Build - Own - Operate，简称 BOO 模式）开发的独立发电商（Independent Power Producers，简称 IPP，独立发电）项目，包括以燃煤发电为主的煤电项目和为电厂配套建设的送出项目两个子项目。南苏项目在开发过程中，项目内容和规模几经变更、优化，最终情况如下。

1. 项目规模

采取煤矿坑口电站建设，煤电联营的生产模式，建设 2 台 150MW 单抽汽凝汽式汽轮发电机组，配套年产量约 210 万 t 的露天煤矿，并留有扩建条件；此外，项目公司还负责配套建设 100km 的送出线路工程。包括电厂项目、煤矿项目、送出项目在内的总投资超过 4 亿美元（含实物出资）。

2. 项目地点

南苏项目位于印尼南苏门答腊省 Muara Enim 县 Dangku 乡的 Simpang Belimbing 村，坐落在 S. Lemating 河的南岸，与配套煤矿相距 2～5km。项目距县城 37km，距省直辖市 Prabumulih 约 10km，距省会巨港市及巨港机场约 100km。

3. 实施时间

南苏项目公司于 2008 年 3 月成立，2008 年 12 月签署购电合同（Power Purchase Agreement，简称 PPA），2009 年 6 月开工，2011 年 11 月实现两台机组投产，是印尼第一个比 PPA 合同约定的工期提前发电的 IPP 电厂。

4. 预期收益

2013 年，国华电力公司委托中国国际工程咨询公司（简称中咨公司）对南苏项目开展境外投资评价工作，据评价资本金财务内部收益率为 11.80%，项目盈利能力超过行业基准水平。同时，经中咨公司专家组对工程建设目标、财务目标、技术目标和影响目标进行打分，南苏项目总体评分为 8.89（满分 10 分），认为南苏项目是基本成功的，在基本成功项目案例中属优良等级，成功度实现程度相对较好，具有一定的示范性。

（二）投资方情况

南苏项目由中国神华能源股份有限公司（简称"中国神华"）和印尼 PT. Energi Musi Makmur 公司（简称"EMM"）合作开发。

1. 中国神华

中国神华是由原神华集团有限责任公司（2017 年与中国国电集团公司合并重组为国家能源投资集团有限责任公司）独家发起，于 2004 年 11 月 8 日在北京注册成立的大型综合性能源公司。中国神华以煤炭为基础，实施煤、电、路、港、航、化一体化运作，在煤田勘探和开发运营、大容量高参数火电厂的建设经营、铁路网络的建设管理等方面均居于国内领先水平，很多方面达到世界领先水平，在能源市场具有独特的竞争优势。

中国神华能源股份有限公司国华电力分公司（简称"国华电力公司"）是中国神华的电力板块，也是中国神华开发南苏项目的具体实施单位，作为独立发电商，国华电力公司积累了丰富的电力基建管理和生产运营经验，无论在企业盈利能力还是机组可靠性方面，多年以来一直在行业名列前茅。在战略规划、基本建设、生产运营、财务产权、经营管理、人力资源和内部控制等方面形成一套完善的管控体系，并与国内最具实力的电力设计、设备制造、施工建设、运行调试、金融服务等企业和机构建立了广泛的战略合作关系，在业内享有良好声誉，为实施"走出去"战略提供了坚实的基础和可靠的保证。

2. EMM 公司

EMM 公司成立于 2005 年，是专门为南苏项目成立的特殊目的公司，拥有南苏项目的开发权。该公司注册于印尼南苏门答腊省巴联邦市，注册资本 50 亿印尼盾。

2005 年，PLN 公布了国家电力发展规划，其中在南苏省将建设 3 座 2×100MW 电站 IPP 项目，该 3 个项目均为政府直接指定项目，无须招标。EMM 在南苏省政府和 PLN 的支持下，取得了其中 1 座 2×100MW 燃气电站项目的开发权，2005 年 11 月 22 日印尼矿能部电力总司向其颁发了批准文件 IUKUS。但之后由于气源供应问题，经南苏省省长推荐，EMM 向 PLN 申请将燃气电厂改为燃煤电厂。2006 年 10 月 30 日，PLN 出具了同意其改为燃煤电厂的文件，并上报矿能部。2007 年 1 月 12 日，矿能部电力总司向 EMM 签发了 2×100MW 燃煤坑口电站项目的建设准字，并于 2007 年 5 月再次予以确认。

作为合资一方，EMM 的优势在于拥有已取得国家批准的项目开发权，掌握着南苏项目取得的所有前期成果，并实际拥有着电厂配套煤矿所在 Dangku 煤田的煤炭资源开发权。EMM 公司与地方政府和矿能部、PLN 都保持良好关系，可以发挥项目与各方的桥梁作用，促进项目的顺利进行。

（三）项目合作模式

2007 年 4 月中国神华与 EMM 签署项目合作基本协议。协议约定南苏项目由中国神华与 EMM 公司以 70%：30% 的股权比例共同出资建设，其中中国神华以现金出资，并负责解决项目公司除注册资本以外的债务融资；国华电力公司全面负责项目的建设、运营和管理。

EMM 公司以项目所需土地所有权、项目开发权、满足电厂 30 年用煤量的 Dangku 煤田煤炭资源等实物，以及南苏项目在印尼已完成的全部前期工作成果，经评估折价后出资。EMM 负责将南苏项目所需土地所有权办理到项目公司名下；负责支付电厂和煤矿所占用土地的地上附着物的相关补偿费用；负责协调项目 PPA 协议的签署；落实土地、煤炭资源、水资源、环保批准、接入系统以及电厂其他建设、运营的外部条件；取得项目所需全部批准文件；负责项目在印尼所需的前期费用以及落实项目建设条件所需的费用；为项目公司协调政府和相关方面的公共关系。

根据印尼法律规定，非印尼本国人不能拥有煤矿的探矿权和采矿权。当时，Dangku 煤矿已由印尼 PT. MUSI PRIMA COAL（简称 MPC）公司取得了探矿权，而该公司实际由 EMM 公司绝对控制。经协商谈判，在中国神华与 EMM 公司签订的合作协议中规定，EMM 公司负责将该煤田的勘探、建设、经营和管理权授予由中国神华和 EMM 共同组建的项目公司，由项目公司负责整个煤田的勘探、开采、销售。

（四） 项目立项与审批

1. 合作意向确立

2002 年 9 月，中国—印尼能源论坛召开，国华电力公司代表原神华集团参加，论坛将"神华集团愿意与印尼企业合作开发南苏项目"列入政府备忘录。

2. 合作开发项目确立

2007 年 4 月，中国神华与 EMM 公司成立联合体（国华- EMM 联合体），签署正式协议约定共同开发南苏煤电项目。

2007 年 10 月，国华- EMM 联合体与印尼国家电力公司（PLN）签署 PPA 框架协议，标志着合作开发项目基本确立。

2008 年 12 月 22 日，南苏公司与 PLN 签署 PPA 合同，南苏项目前期开发工作完成。

3. 中国境内审批过程

（1）煤电项目。

2007 年 2 月，中国神华总裁办公会正式授权国华电力公司开展南苏项目前期工作。

2007 年 3 月，受国华电力公司委托，西北电力设计院开始了南苏项目发电工程可行性研究工作，并于 2007 年 7 月完成可行性研究报告初稿。

2007 年 11 月，国家外汇管理局北京外汇管理部对南苏项目外汇资金来源审查作出批复。

2007 年 12 月，国家发展改革委以《关于中国神华能源股份有限公司在印度尼西亚合资建设煤电项目核准的批复》核准本项目。

2008 年 1 月，中国商务部批准设立国华（印尼）南苏发电有限公司，并签发企业境外投资证书。

2008 年 2 月，西北电力设计院完成可行性研究报告。

2008 年 3 月，电力规划设计总院组织召开南苏项目可行性研究报告审查会，通过了印尼国华南苏项目发电工程可研。

（2）送出线路。

PLN 作为印尼国家电网建设和运营的责任者，负责所有电网线路的规划建设，但由于其自有资金缺乏，融资能力不足，往往要求 IPP 垫资建设配套送出工程，建成验收后再移交 PLN 运营管理。在 PPA 合同草签后，PLN 要求南苏电厂以两回 150kV 线路接入相距 76km 的 Banjarsari 变电站，再由该站经 24km 线路送至电网枢纽变电站 Laha，其中南苏电厂至 Banjarsari 变电站线路建设由南苏公司负责，Banjarsari 变电站至 Laha 由（另一家已签订 PPA 合同的 IPP）Banjarsari 电厂负责。

2009 年 6 月，PLN 告知因承担 Banjarsari 变电站至 Laha 变电站 24km 线路建设的 Banjarsari 电厂因融资问题无法按期开工，为保证南苏电厂接入电网，建议南苏公司建设该段线路，并直接接入 Laha，否则南苏电厂将无法接入系统。由此，南苏公司与 PLN 就该段线路的建设和电价补偿问题进行 PPA 合同谈判。

2010 年 5 月，中国神华批复同意出资建设配套送出线路。

2011 年 5 月，国家发改委对南苏项目配套送出线路投资进行备案。

2011 年 9 月，中国商务部批复同意对送出线路项目进行增资，并相应调增南苏项目的中方投资额。

4. 印尼境内审批过程

（1）煤电项目。

2007 年 3 月，国华电力公司与 EMM 公司签署双方合作谅解备忘录 MOU。

2007 年 4 月，中国神华与印尼 EMM 公司成立联合体共同开发南苏煤电项目协议正式签署。

2007 年 4 月，EMM 公司委托印尼万隆工学院完成南苏煤电项目可研报告，提交 PLN。

2007 年 4 月，EMM 公司完成南苏煤电项目的环评报告，提交穆印县政府，2008 年 6 月得到批准。

2007 年 10 月，联合体与 PLN 签署 PPA 框架协议（HOA）。

2008 年 3 月，印尼投资委员会和司法部批准同意成立 PT. GH EMM INDONESIA 公司，南苏公司正式成立。

2008 年 3 月，与 PLN 完成 PPA 合同谈判，并进行了草签。2008 年 12 月 22 日南苏公司与 PLN 正式签订 PPA 合同，同月印尼矿能部批准了该合同。

2008 年 6 月 23 日，MPC 公司完成露天煤矿的环评报告。

2009 年 9 月，应穆印县政府要求，南苏公司委托穆印县环保局重做南苏煤电项目电厂部分的环评报告。2010 年 11 月 1 日，得到穆印县政府的批准。

2010 年 12 月，南苏公司受 MPC 委托，开始了南苏煤电项目煤矿水土保持和复垦论证，并于 2011 年 11 月完成论证，在露天矿正式开采前得到穆印县矿能部的批复。

（2）送出线路。

送出线路印尼国内立项只需由项目公司与 PLN 签署相关合同，无须其他审批。

（五）项目公司成立

2008 年 1 月 22 日，中国商务部批准设立国华（印尼）南苏发电有限公司。

2008 年 2 月 28 日，印尼投资委员会批准项目公司 PT. GH EMM INDONESIA 的工商注册申请。

2008 年 3 月 11 日，印尼司法和人权部批准项目公司 PT. GH EMM INDONESIA 合法成立。至此，国华（印尼）南苏发电有限公司（PT. GH EMM INDONESIA）正式注册成立。

三、建厂条件和建设规划

南苏项目采取煤矿坑口建设形式，采用煤电联营的生产模式，建设 2 台 150MW 单抽汽凝汽式汽轮发电机组，配套露天煤矿年产量约 210 万 t，并留有扩建的余地。针对配套煤矿煤质发热量低、水分高的特点，南苏项目创先采用煤干燥技术，按照 2×150MW 机组锅炉 BMCR 工况下的耗煤量，设置 4 套蒸汽管回转干燥机。

（一）外部条件评估

1. 厂址

电厂所在区域属起伏的丘陵地带，厂址紧邻煤矿范围边缘，地形平坦开阔，场地标高约为 50m，系河岸低地，取排水条件较为优越。厂址上部附着有次生林和灌木林区，无居民拆迁，与省级公路和国家铁路均较近，且连接方便，PLN 的 150kV 双回线路从厂址边穿过。根据煤矿的勘探资料，厂址选择在不压矿区域。现场厂址原貌如图 1-1 所示。

图 1-1 现场厂址原貌

2. 供水水源

电厂区域降雨充沛，水系发达，水量充足，厂址紧邻 S. Lematang 河，电厂采用二次循环冷却系统，采取从 S. Lematang 河取水方案。完全可以满足电厂全厂耗水 0.65m³/GWS 用水量的要求。项目水源有可靠保证。

3. 煤炭开采和供应

电厂燃煤需求量约 210 万 t/年。项目所在的 Muara Enim 县煤炭资源丰富，煤质大部为褐煤，总储量约为 160 亿 t。为本项目配套的 Dangku 煤田面积约 4400 公顷，初步估计储量约 4 亿 t，其中完成地质储量勘探的面积约 500 公顷，可采储量约 6000 万 t，可以满足电厂 30 年用煤需要。

4. 交通运输

本项目距国家铁路和省级公里不足 10km，距通过该区域的主要河流 S. Lematang 河仅 2.5km，铁路、公路、水路交通均十分便捷。本项目主要交通方式采用与省级公路连接的方案，大件设备可采用水路和公路联运方案。

5. 灰场

电厂年排灰渣总量约 6.5 万 t，采用干排方式。电厂灰场可充分利用煤矿采空区形成的矿坑，满足储灰要求。

6. 出线走廊

电厂采用 150kV 电压等级向外送电，两回出线，接入 Banjarsari 变电站。

7. 防排洪

本工程厂址标高为 50m 左右，高于 S. Lematang 河百年一遇洪水位，根据现场调研，厂址处历史上未受洪水影响。

8. 环境保护

本工程燃煤含硫量为 0.2% ～ 0.3%，为特低硫煤，不需加装脱硫装置；采用高效静电除尘器，除尘效率 99%；锅炉考虑装设低氮燃烧装置以降低 NO_x 的生成，可使锅炉出口 NO_2 排放浓度不超过 450mg/m³。本工程考虑两台锅炉合用一座高 180m 的单管烟囱排放烟气。印尼国家环保排放标准，电厂 SO_2、烟尘和 NO_x 排放浓度均低于对照限值。本工程排放的大气污染物可满足排放标准的要求。

本工程正常情况下只有循环水排污水排入厂址附近的河流。循环水排污水除盐分稍高外，没有其他有害成分。本工程循环水排污水的排放对水环境影响不大。

本工程的声源设备主要集中在主厂房内，在采取控制声源噪声级、植树绿化等噪声防治措施后，在厂界及以外地区的噪声一般降至 60dB（A）以下。锅炉排汽噪声通过采用高效消音器等措施后，对周围环境的影响也大大减小。

本工程对大气、废污水、工业固体废物、噪声等各项污染物采取有效的治理措施后，排放的各项污染物均能满足印尼环保标准的要求，不会对地方环境引起不良影响。

9. 劳动安全与卫生

本工程除主要管理及技术人员外，大部分劳动力来自印尼本土，本工程符合印尼有关劳工法规。在工程安全方面，印方同意按照中国国家劳动安全与工业卫生标准执行。

（二） 技术经济设计指标

2008 年 3 月，西北电力设计院完成了本项目的初步设计，并通过了电力规划设计总院组织的审查，项目主要技术经济指标如下：

年发电量：

21×10^8 kWh（150MW 纯凝工况）

18.9×10^8 kWh（135MW 厂内原煤预干燥抽汽工况）

年利用小时数：7008h

全厂热效率：

38.5%（150MW 纯凝工况）

34.2%（135MW 厂内原煤预干燥抽汽工况）

发电设计标准煤耗：

319g/kWh（150MW 纯凝工况）

359g/kWh（135MW 厂内原煤预干燥抽汽工况）

总用地面积：53.35hm²

厂区围墙内设计用地面积：16.5hm²

灰场用地面积：6hm²

（三） 开发建设进度

本工程从 2007 年 4 月签订合作协议正式启动，至 2011 年 11 月完成投资建设，历时 4 年零 7 个月。主要里程碑如下：

（1）2007 年 4 月，中国神华与 EMM 公司成立联合体共同开发南苏煤电项目协议签署，标志着本工程正式启动；

（2）2007 年 10 月，国华-EMM 联合体与 PLN 签署《购电合同框架协议》，本项目前期工作取得阶段性成果；

（3）2007 年 12 月，获得中国国家发展和改革委员会核准；

（4）2008 年 1 月，获得商务部批准，同意中国神华投资设立南苏公司；

（5）2008 年 3 月，国华（印尼）南苏发电有限公司（PT. GH EMM INDONESIA）在印尼注册成立，标志着本项目进入快速推动阶段；

（6）2008 年 12 月，在时任副总理李克强和印尼副总统卡拉的见证下，在雅加达举行的中国-印尼第三次能源论坛上，南苏公司与 PLN 签署本项目 PPA 合同，同月印尼矿能部批准了该合同；

（7）2009 年 7 月，本项目正式开工；

（8）2009 年 12 月，本项目完成融资关闭；

（9）2011 年 11 月，2 号机组投产，标志着本项目建设完成；

（10）2013 年 2 月，项目取得商业运行日（COD）证书。

四、 项目PPA合同

在 2007 年 10 月国华 - EMM 联合体与 PLN 签订的《PPA 框架协议》基础上，经过历时一年多的谈判，2008 年 12 月南苏公司与 PLN 签订了 PPA 合同。签字仪式现场如图 1 - 2 所示。

图 1 - 2　PPA 合同签字仪式（2008 年 12 月 22 日）

（一）项目的 BOO 安排

1. BOO 的范围

PPA 合同对南苏项目及配套送出工程的设计、融资、基建、调试、验收、运行及结算等方面做出了详细的规定，合同期限 30 年。PPA 合同约定，南苏公司以建设、拥有、运营的 BOO 模式开发煤电项目，PLN 以"照付不议"的独家购电并支付电费的方式保障南苏公司的投资收益；南苏公司负责 100km 送出线路的投资，建成后移交 PLN，PLN 以支付购电费的方式予以补偿。

PPA 合同约定南苏公司电厂净上网容量为 227MW（2×113.5MW），在商业运行日后南苏公司保证每年可用系数至少达到 80％（相当于需具备 7008 利用小时的运行能力），上网电量全部供给 PLN。公司维修及相关停机计划报 PLN 批准。

2. 项目转让与收购

在 BOO 模式下，除发生违约事项导致项目终止外，PLN 不可行使对本项目的购买选择权。PPA 合同约定，因发生 PLN 违约事项导致项目终止，则 PLN 应以项目成本加计约定收益的价格收购本项目；因发生南苏公司违约事项导致项目终止，则 PLN 有权以项目已借入的优先债务减去南苏公司尚未完成的权益出资的价格收购本项目。

PPA 合同约定，未得到另一方的事先书面同意，任何一方都不能出售、转让或以其他方式让与其在 PPA 合同中的权利或义务，除非出于项目融资目的，南苏公司可以转让或抵押其在 PPA 合同、任何其他项目文件、项目、动产和知识产权等项下的权益，或者南苏公司的收入或权利或资产。

（二） 照付不议的电价机制

根据 PPA 合同及其历次补充协议，南苏公司电价实行由容量电价和电量电价组成的两部制电价，并细分为 A、B、C、D、E 五部分。在该电价机制下，项目面临的电力需求风险、物价波动风险、汇率波动风险等主要风险转移至 PLN，项目公司在保障机组可靠性的基础上即可获取投资收益。

1. 容量电价

A、B、E 电价为容量电价，单位为美分/（kW·a），其中，A 部分为电厂项目投资回收电价，B 部分为电厂固定运维成本回收电价，E 部分为送出线路项目投资回收电价。

容量电价以最低年 80% 的可用率为基础，只要机组满足合同约定的可用率要求即以"照付不议"方式支付容量电费，且当实际上网电量超过 80% 时给予额外的容量电费奖励，达不到最低可用率要求则支付罚款。这种不与上网电量挂钩的照付不议模式，既可确保发电运营商获得长期稳定的经营效益，又可以使 PLN 得到长期稳定可靠的电力供应，规避了外部市场因素变动带来的风险，保障了项目的投资收益。在南苏公司生产运营中，公司重点做好设备可靠性管理及公司内部管理即可实现预期收益。

2. 电量电价

C、D 部分为电量电价，单位为美分/kWh，基于机组实际上网电量支付，其中，C 部分为燃煤成本回收电价，D 部分为变动运维成本回收电价。

3. 金融风险分配机制

本项目的电价机制中约定了根据物价、汇率变化等定期对电价进行调整的风险分配机制，该机制已将主要的价格波动风险转移至购电方。其中：

（1）通货膨胀风险分配。以本项目投产前一年的印尼 CPI 指数和美国 CPI 指数为基准，每年根据实际 CPI 指数相对于基准水平（即项目投产前一年的 CPI 指数）的波动幅度对 B、C、D 电价进行相应调整，以此转移项目运营成本涉及的物价波动风险，本项目将成本增幅控制在通货膨胀变动范围内即可确保收支平衡。此外，C 电价中的一部分以同样的调整机制与当地劳工工资水平、高速柴油价格水平挂钩。

（2）汇率风险分配。本项目基于投资和运营成本项目采购来源，在电价中对汇率风险进行分配，其中 A、E 电价全部采用美元计价和结算，B、C、D 电价一部分采用美元计价和结算、一部分采用印尼盾计价和结算。采用美元计价和结算，可有效降低外资企业投资风险，因此该方式广受青睐。

（三）PPA 约定的里程碑

按照 PPA 合同中约定了项目重要节点的里程碑计划，并配以履约保证金、节点验收等约束措施，要求南苏公司按期完成。主要里程碑计划如下：

（1）融资关闭日：PPA 合同生效后 12 个月。

（2）钢结构开始吊装：融资关闭后 18 个月。

（3）1 号机组调试日：融资关闭后 30 个月。

（4）项目商业运行日（COD）：融资关闭后 33 个月。

2008 年签署的 PPA 合同中的里程碑计划，本项目应于 2012 年 9 月实现商业运行。在项目建设过程中，由于 PLN 要求南苏公司增加建设 24km 送出线路以及非南苏公司原因导致的送出线路建设延误，2012 年南苏公司与 PLN 对 PPA 合同进行第四次修订，将项目商业运行日延后至融资关闭后 39 个月，即 2013 年 3 月。

本项目于 2011 年 8 月和 11 月分别实现了 1 号机组和 2 号机组投产，实际工期较 PPA 初始约定工期大幅提前。但由于送出线路未完工，电厂投产后直至送出线路完工前，电厂仅能以约 70% 的受限负荷由临时送出线路向电网送电。2013 年 2 月送出线路工程完工，本项目完成商业运营日（COD）验收程序，开始进入 30 年 BOO 合同期。

（四）投资方的主要投资风险

1. 没收履约保证金的风险

第一阶段履约保证金。PPA 合同约定，南苏公司应在 PPA 合同生效日或之前向 PLN 提交金额为 250 亿印尼盾（约 300 万美元）的第一阶段履约保证金，如果南苏公司因非 PLN 原因在 PPA 合同生效一年后未能实现融资关闭，则将面临被没收第一阶段履约保证金的风险。

2. 第二阶段履约保证金

PPA 合同约定，南苏公司应在融资关闭日或之前向 PLN 提交金额为 375 亿印尼盾（约 450 万美元）的第二阶段履约保证金，如果南苏公司因非 PLN 原因在融资关闭后 33 个月未能按期实现项目商业运行，则将面临被没收第二阶段履约保证金的风险。

3. 完成 PPA 约定值的风险

PPA 合同中，除电价以外，对机组净上网容量、机组可用系数、机组供电煤耗、坑口煤矿煤炭热值等参数进行了约定，如果本项目建成后无法达到约定值，由此产生的损失将全部由南苏公司承担。

五、 关于前期工作的思考

（一） 精准识别投资机会， 合理选择投资时机

南苏项目是中国神华第一个海外投资项目，也是印尼的第一个坑口电厂建设项目，本项目的开发无论是对于中国神华还是印尼都意义重大。鉴于本项目面对的市场需求旺盛、煤炭资源丰富、电价体系公平合理，以及煤电联营的开发模式可充分发挥中国神华在煤炭、电力全产业链中的技术优势，有效降低投资风险，因此中国神华将南苏项目作为积极推进的前期开发项目。

从 2002 年中国印尼两国政府将"神华集团愿意与印尼企业合作开发南苏项目"列入政府备忘录，到 2007 年中国神华与印尼 EMM 公司联合体与 PLN 签署 PPA 框架协议，本项目的前期筹划和投资机会的甄选历时 5 年。在这五年中，按照稳扎稳打、积极推进而不冒进的思路，在印尼投资环境逐渐趋好、印尼政府陆续推出一系列电力发展激励政策的情况下，项目逐渐成熟后项目开发工作得以实质性推进。

（二） 加强电价机制研究， 通过谈判争取权益

对于电站项目来说，项目定价体系（例如 PPA 电价体系）是决定项目成败的最重要因素之一。在投资决策时应重点做好项目定价体系的学习、研究，制定投资风险控制策略，从项目全生命周期的角度与合同相对方开展细致、深入的谈判，防范成本错估、币种错配等风险，为科学决策奠定了良好基础。例如在南苏公司与 PLN 签订的 PPA 合同中约定的电价机制，包含了容量电价照付不议、电价动态调整、高比例的美元结算等诸多风险规避措施，有效帮助投资人规避了市场因素变动带来的风险，确保了发电运营商获得长期经营效益。

（三） 优选当地合作伙伴， 实现资源优势互补

在海外项目开发中，当地合作伙伴在文化背景融合、公共关系协调等方面具有独特甚至不可替代的功能和优势，引入当地良好的合作伙伴有助于项目顺利、快速地进行开发和建设。国务院国资委在 2017 年发布的《中央企业境外投资监督管理办法》中，国资委也要求中央企业境外投资项目应当积极引入国有资本投资、运营公司以及民间投资机构、当地投资者、国际投资机构入股，发挥各类投资者熟悉项目情况、具有较强投资风险管控能力和公关协调能力等优势，降低境外投资风险。

但也需要注意当地合作伙伴可能存在的两面性，即为海外项目开发提供便利的同时，也可能存在实力不足、利益诉求不合理、管理不规范等问题，从而影响项目开发建设进程和开发品质。因此在选择当地合作伙伴时，应当做好当地合作伙伴的背景调查工作，优先选择有实力、有信誉的当地公司。

（四） 高度重视海外项目的外部条件落实

外部条件的落实是项目技术经济评价的基础，外部条件的落实深度很大程度上决定了项目技术经济评价的可靠性。海外项目由于所在国环境、法律以及标准等情况和国内完全不同，外部条件落实尤为困难，也更加重要。例如，南苏项目的煤质资料就经历了最初提供的煤质资料有误的情况，如果据此进行设计建设，将酿成灾难性的损失。南苏项目发现该错误后，经过反复的煤质取样，国内外同时进行各项试验研究、标准比对研究，才最终确认煤质资料。

在海外项目开发过程中，外部条件的落实要面临比国内更多的问题，应引起足够的重视，不但要克服资料搜集困难、资料缺失的情况，还必须对重要的外部条件进行验证。

第二章

基本建设篇

第一节　电厂基建管理

作为中国神华在海外投资的第一个煤电一体化 IPP 项目，南苏项目自始至终得到了原神华集团各级领导和部门的大力支持和帮助。国华电力公司从工程建设伊始就明确了要举全国华之力，实施深度管理，精心做好印尼项目，针对当时印尼对中国电力建设水平及中国设备质量的质疑，提出了"展现中国电力建设水平，展现中国电力设备水平"的建设指导方针，要以国产设备打造印尼一流的煤电工程，为神华集团和中国电力树立海外形象。

项目筹建伊始，国华电力公司即组织对印尼的政策法律、社会人文环境及建设条件进行了深入的调研，在此基础上，秉承国华电力公司"基建为生产，生产为经营"的管理理念，依托国华电力公司成熟完善的电力管控体系，在南苏项目建设中实现了国华电力的管控体系与印尼国情的高度融合。

项目建设过程中，面对印尼特殊的社会人文环境及湿热气候；面对土地征用缓慢对工程进度造成的严重影响；面对连续 9 个月的超长雨季使土建工程无法顺利进行的困难局面；面对外事、海关、税务、劳工等国内没有的新课题；面对从没遇到过的新煤种特性产生的技术难题；面对工程建设的每一步艰辛，全体参建人员以国华人的"四个精神"（即自我加压的负责精神、精诚团结的团队精神、爱岗敬业的奉献精神、追求卓越的创新精神）不断鞭策自己，把解决困难作为工作的动力，通过艰苦卓绝的努力，克服了重重困难，保障了项目的顺利建成投产。

走过第一个海外工程建设的艰苦历程，所有参建人员充分体验到了"走出去"的艰难，认识到了"国家、荣誉、责任"所承载的内涵和"安全、质量、效益"对于海外项目的重要性，体会到担负的重大责任和神圣使命，这也是每一个海外项目参与者的精神动力所在。

南苏项目 2009 年 7 月 7 日项目正式开工建设，两台机组分别于 2011 年 7 月 6 日和 11 月 3 日通过 96h 满负荷试运正式投产。该项目成功实施，标志着中国神华"走出去"战略实现了实质性突破，也为神华进一步开拓国际市场开创了良好开端。

印尼南苏项目的顺利建成投产，创造了"九个第一"：

（1）中国第一个海外投资的煤电一体化 IPP 项目；

（2）神华第一个实现收益的海外资产项目；

（3）国华第一个海外公司及国际化管理团队；

（4）印尼第一个真正的坑口电厂；

（5）印尼第一个燃用劣质褐煤并取得成功的电厂；

（6）印尼第一个采用煤干燥技术并取得成功的电厂；

（7）印尼第一个使用泵船取水技术并取得成功的电厂；

（8）印尼第一个比 PPA 合同工期提前发电的 IPP 电厂；

（9）创造印尼中国机组投产后连续运行最长周期的记录。

本项目兑现了开发筹划时的各项承诺。由于良好的表现，项目得到了印尼矿能部、司法部、PLN 等部门以及同行的赞誉，印尼能源委员会将南苏项目列为示范工程，并向中国大使馆提出以神华为标准推荐进入印尼的电力队伍的建议。

一、 项目建设管理总体思路

本项目筹建之初，国华电力公司就从全公司调集人力，成立了国际项目部，全面负责印尼南苏工程建设管理工作，进行深度管理。国际项目部通过对 PPA 合同的深入分析研究，以及印尼当地建设条件、人文环境等的调研，提出了项目建设的总体思路。把狠抓质量、确保可靠性作为南苏项目建设的重点，确立了"更可靠、更经济"的建设与运营方针。

在项目实施准备阶段，针对印尼基础资料缺乏，人文环境迥异的情况，安排部署了尽早开展现场踏勘工作，尽全力落实煤质、地质、水文等基础资料。因为印尼的土地政策与国内不同，征地工作面临极大挑战，很多项目因此搁浅，因此提出要高度重视征地工作，根据现场情况采取各种手段，灵活处理，务必按时完成征地，保证工程进展。

在组织机构上，南苏项目设置了现场协调部，负责协调 PLN 以及地方的关系，协调征地等重点问题；成立了矿建部，负责电厂配套露天矿的建设管理。

在人员安排上，国华电力公司从各项目公司抽调了具有丰富项目经验的管理人员及技术人员组成了南苏公司的管理团队，煤矿建设则由神华准能公司配备管理和技术人员组成矿建部，作为业主工程师进行煤矿建设管理。

在设计管理上，作为业主方抓好设计原则，设计管理不是只对设计规范负责，还要保证项目全寿命周期效益最大化。设计管理的核心是：工程设想、建设标准、设计的针对性和适用性，并根据"更可靠、更经济"的原则开展设计优化。

在采购管理上，按照成本领先战略，提出了"合理控制价格，做专业采购；坚决制止浪费，做精明业主"的采购管理指导思想。按照"狠抓质量、确保可靠性"的思想，明确了提高采购的技术含量的要求，确立了设备出厂后"零返厂"的质量目标。

在施工管理上，通过对当地劳工政策的研究，以及对当地施工队伍的调研情况，确定了主要部分由中方人员带领印尼民工施工的方式，并加强对分包队伍的管理。

在进度管理上，从现场施工进度管理延伸到项目准备阶段的管理，延伸到各种资源的协调匹配上，重点做好施工前各项准备工作。

在工程质量管理上，聘请国内知名的电厂工程质量专家团队作为本项目的业主工程师，对工程建设进行监督、检查和管理。严格审批分部工程的开工准备条件。设备监造关口前移，加强设备在制造厂的监造、预组装及试验验收，增加监装环节，实现设备"零返厂"的质量目标。

在投资控制上，把"按定额事后算账"，改为引入市场价格准确衔接，把投资控制贯穿于工程管理的各个环节，从设计标准的适应性上、从设备选型的适用性上以及从合理安排施工组织减少工期上控制投资，从投产后的长周期稳定运行上要企业效益。

在物流运输上，针对海外项目物流运输的特点，重点做好大件运输方案，做好国内集港、清关及印尼运输策划工作。

通过深度管理，将上述全方位的管理思路落实在工程建设的每一个环节，最终实现工程目标。

二、 项目建设管理组织

（一）业主管理组织

按照国华电力公司基建生产一体化的管理模式，南苏项目基本建设期设置行政及人力资源部、财务经营部、现场协调部、工程部、物资部、计划部、矿建部、生产准备部共9个部门。考虑到印尼南苏项目为国华第一个海外项目，由国华电力公司国际项目部实施深度管理，即南苏公司工程部、计划部、物资部和矿建部人员主要由国华电力公司国际项目部直接组织和管理。作为海外项目，外部协调工作具有与国内差异大的特点，为此南苏公司成立现场协调部，负责协调与印尼国家电力公司、地方的关系。考虑到本项目为煤电一体化项目，成立矿建部，由原神华集团准能公司配备管理和技术人员，以业主工程师形式具体负责电厂配套露天矿的建设管理。项目基建期结束后工程部、物资部、计划部和矿建部随之撤销。

有关南苏公司基建期组织机构和定员情况详见第六章《人力资源篇》。

（二）主要参建单位

在本工程四年零七个月的建设过程中，参与本项目建设的参建单位多达数十个，仅将主要的参建单位列出，详见表2-1。

表2-1　　　　　　　　　　　　主要参建单位信息表

序号	承担内容	单 位 名 称
1	电厂工程项目设计单位	西北电力设计院
2	电厂工程项目施工单位	广东火电工程总公司
3	电厂工程项目调试单位	广东火电工程总公司
4	电厂工程项目设计监理单位	四川省江电建设监理有限公司

序号	承担内容	单 位 名 称
5	电厂工程项目设备监造	上海中监电气监检有限公司
6	电厂工程项目性能试验单位	陕西中试电力科技有限公司
7	露天煤矿项目设计单位	中煤国际工程集团沈阳设计研究院
8	露天煤矿项目施工单位	PT. Lematang Coal Lestari
9	送出工程	PT. PUTRA WALI SEJATI

三、 项目实施准备

作为国华电力公司的第一个海外项目，南苏项目实施准备的各项工作在摸索中艰难推进，走出了项目建设实施的第一步。

（一） 现场踏勘

为保证项目能够顺利开展，国际项目部在成立伊始，即组织设计、煤矿、施工等相关单位到现场踏勘。对项目周围的地质、水文概况、建设所需的土建地材、安装材料以及当地合作单位等情况进行了解；对从港口到现场沿途的公路、桥梁等基础设施以及河流、港口进行充分调研，收集翔实的资料，为日后大件运输方案做好了准备；考察国内企业在印尼承建的电厂，收集相关的施工资料，了解在印尼施工过程中的重点与难点，为将来有序施工、避免风险做了大量基础工作。由于当地现状为热带雨林，现场条件极为艰苦，现场踏勘组克服了沟通不便、高温湿度大、蚊虫叮咬、道路泥泞甚至无路等困难，风餐露宿，采用超常规方式落实项目的建厂条件。现场踏勘情况如图 2-1 所示。

图 2-1 现场踏勘

建厂条件所需的基础设计资料不足、深度不够，给设计工作的开展带来极大困难。通过现场的调研发现，印尼当地设计所需的基础资料极其缺乏。印尼穆印地区没有水文站、气象站等行业单位，缺乏洪水水位、地表水及地下水资源、水质等相关资料。印尼是地震高发地区，也没有当地地震区域分布图、地震烈度、地形图等资料。这些都与国内的情况截然不同，无法按照国内常规收资方法收资并开展勘测设计。

为解决基础资料的问题，项目公司委托中国地震局地震研究所进行了地质安全评价工作，落实地震烈度、地面加速度、地质断层等参数条件；组织国内专家到印尼复核地形、地貌、地表设施及土地归属等事宜，最终确定了征地界；为确定地质条件，制订了初步地质勘探任务，组织进行了厂区地质勘探工作。为落实地下水资源情况，组织制订了模拟水井抽水试验方案进行现场测试；为取得洪水水位资料，制订了实地测量对比推断的测试方案，以取得水文资料……就这样一项项落实了项目的基本条件，为后续工作打下坚实的基础。电厂厂址测量情况如图2-2所示。

印尼当地的地质勘测公司技术力量薄弱。当时南苏项目一方面需要寻找合作单位，了解其队伍能力，调查其装备状况，还要判断其所提供资料的可信程度。另一方面，印尼当地公司在作业过程中还需要中方人员全过程指导，对其所提交的资料多次校核、修改。上述实际问题使得在印尼开展前期准备的工作量成倍增长，需要付出更多的时间、精力和努力。地质钻探的现场情况如图2-3所示。

图2-2 电厂厂址测量　　　　　　图2-3 电厂工程地质钻探

（二）煤质确定

煤质确定是电厂设计的基础。2007年5月，国华电力公司第一次收到该项目的煤质资料，其中主要指标为：全水分M_t 37.79%、内在水分M_{ad} 27.44%、折算的收到基低位发热量$Q_{net,ar}$ 3285.3kcal/kg。通过对该煤质资料进行分析后，我方对其元素分析提出质疑。考虑到印尼的煤质化验标准和国内不一致，为准确了解穆印项目实际煤质情况，国际项目部决定从煤矿取样带回国内，由西安热工研究院进行了煤质化验及有关试验。现场露头煤的情况如图2-4所示。

西安热工研究院对相关煤样化验的初步结果显示，煤样全水分高达50%～60%，这与最初收到的数据差异很大。为进一步得到更加翔实的煤质数据，确保煤质准确性，国际项目部再一次组织热工院、煤矿院相关专家前往印尼现场，模拟采矿条件，重新采集煤样，进行化验分析，落实煤质数据。在去现场采集煤样前，先期组织专家审定了原煤取样作业指导书，到现场后严格按作业方法进行坑采、钻探取样等的采集试验。在当地近一个月的时间里，现场挖掘和钻探取煤，搭建简易煤棚，进行了全水分试验、失水试验、吸潮试验，以及冷风与热风干燥试验，得到第一手资料。图2-5所示为现场失水试验试样的情况。试验团队一边将煤样分别送往雅加达和万隆的两家技术单位进行化验，另一边西安热工研究院也在现场及国内同时进行煤质相关的试验。经过对多家单位化验结果的分析研究，经专家论证，确定设计煤质按照西安热工院化验的全水分55.3%的结果进行设计，干燥后制粉系统和锅炉的设计煤质全水分确定为37.79%，煤质分析详见表2-2。投产后的事实证明，谨慎认真地核实煤质数据非常正确，成功避免了由于设计煤质与实际煤质的差异而引起机组不能满负荷发电的情况发生，而这种情况恰是海外项目失败的主要因素之一。

图2-4　现场露头煤　　　　　　　图2-5　现场失水试验试样

表2-2　　　　　　　　　　　　　印尼穆印项目煤质分析

项目	名　　称	符号	单位	原始煤质	干燥后煤质
煤质分析	应用基碳	Car	%	28.56	39.75
	应用基氢	Har	%	2.08	2.89
	应用基氧	Oar	%	10.29	14.32
	应用基氮	Nar	%	0.30	0.41
	应用基硫	Sar	%	0.12	0.17
	应用基灰分	Aar	%	3.35	4.67
	应用基水分	Mar	%	55.30	37.79
	空气干燥基水分	Mad	%	23.47	23.47
	应用基挥发分	Var	%		
	可燃基挥发分	Vdaf	%	55.14	55.15

续表

项目	名　　称	符号	单位	原始煤质	干燥后煤质
煤质分析	低位发热量	Qnet..ar	kJ/kg	9480.0	13962.8
	磨损指数	Ke		0.38	0.38
	哈氏可磨系数	HGI		110	110
灰成分析	灰变形温度	DT	℃	1180	1180
	灰软化温度	ST	℃	1200	1200
	半球温度	HT	℃	1210	1210
	灰熔化温度	FT	℃	1270	1270
	三氧化二铁	Fe_2O_3	%	19.87	19.87
	三氧化二铝	Al_2O_3	%	24.23	24.23
	二氧化硅	SiO_2	%	28.66	28.66
	氧化钙	CaO	%	11.67	11.67
	二氧化钛	TiO_2	%	0.84	0.84
	氧化钾	K_2O	%	1.74	1.74
	氧化钠	Na_2O	%	0.66	0.66
	氧化镁	MgO	%	4.38	4.38
	三氧化硫	SO_3	%	7.34	7.34
	二氧化锰	MnO_2	%	0.023	0.023

（三）征地工作

印尼南苏煤电一体化项目工程规划（4×150MW）用地 1000 公顷，主要分布在 Gunung Raja 村和 Dangku 村。其中，电厂用地约 65 公顷，其余为煤矿用地。土地征用共涉及地主 1185 户。

由于印尼是土地私有化国家，土地属于私人所有，工程建设的首要问题就是征地。在印尼征地具有以下四大难点：一是征地在异国开展，土地管理、文化、宗教信仰以及风土人情均与中国存在较大的差异；二是土地征用面积大、涉及的被拆迁居民较多，协商谈判工作艰巨；三是土地私有，需与每个地主分别谈判；四是被征地群众容易受到外界信息干扰，对待本工程的态度漂浮不定。

这些困难造成合作方征地工作严重滞后于工程需要。2008 年 2 月 14 日，南苏公司开始电厂部分征地工作。为尽快完成电厂和煤矿的征地工作，保证项目顺利进展，经与合作方协商，南苏公司加大了征地的参与力度，成立了中印尼员工组成的征地小组。在认真研究本地区居民真实情况的基础上，带着真诚的心深入走访当地群众，耐心宣传本项目建设将给本地区带来的巨大利益，强调与当地社会共利共赢的合作目标，秉着尊重其宗教信仰、尽量满足其合理诉求的原则，分别与每一个被拆迁户进行协商谈判。按照把握节奏、区别对待、分批解决、重点突破的策略，成功完成了本项目的土地征用工作。

（四）场地平整

现场场平期间，恰逢南苏当地天气异常，旱季出现连续降雨，因现场地质较差，给场平工作造成很大困难。现场工作组发扬了国华人精诚团结、吃苦耐劳、艰苦奋斗、锐意进取和主动负责的精神，充分发挥潜力，克服了人手少、环境差、征地滞后、天气异常多雨等种种困难，从对外协调、合同谈判、勘探测量，现场施工、煤矿精查到行政后勤，拓展思路，采取了各项灵活的应对措施。现场场地清理、场平的情况如图2-6～图2-8所示。

图2-6　场地清理

图2-7　场平工作者

图2-8　雨后的场平现场

由于现场大部分地方为橡胶林地，需要大量的人员进行清理，砍树工作一度成为现场工作的难点。工作组拓展思路，联系了当地需要木材的单位到现场免费砍树，既加快了现场砍树的进度，也解决了当地单位的问题，达到双赢的局面。由于当地政府禁止焚烧树枝，现场组织施工单位和当地村民，采取有效措施方案，及时完成了所有已征地的地面附着物清理工作。为解决场平工程中弃土存放场地问题，工作组与附近学校联系，用弃土填平学校操场上的水坑，得到了学校的感谢。工作组又与当地村民协商，用村民洼地作为弃土场，很多村民主动联系申请弃土，既解决了项目施工的困难，又方便了当地村民。经过现场工作组的艰苦努力，圆满完成了现场各项前期工作和生活后勤筹备工作，保障了国内设计、招标工作以及现场正式开工的顺利进展。

（五）现场道路通行

项目建设所需材料和设备运输必须经过当地石油公司道路，路上有 26 处石油天然气管道且没有保护，经多次谈判，石油公司最终同意使用其道路，但必须由第三方设计安装管道保护器。现场立即组织了管道保护器的设计和加工。经过不懈的努力，按时完成了保护器设计、加工和安装，并正式取得了石油公司的道路使用许可，为材料和设备的大规模运输铺平了道路。工作组还组织对临时进厂道路进行维护，在确保施工车辆畅行无阻的同时，也为人们出行提供了便利，受到当地石油公司和村民欢迎。图 2-9 所示为当时现场修路的情况。

图 2-9　修路

四、设计管理

2008 年 3 月，西北电力设计院完成了电厂工程的初步设计工作，并通过了电力规划设计总院的审查。本项目的工程建设标准基本上采用中国标准和规范，但与外部接口的电网调度、消防、安全、环保则遵照印尼的标准和规范，既有利于保障电厂的质量和可靠性，也有利于工程建设的具体实施。

国华电力公司对设计工作实行了专业化管理，在组织编制设计原则过程中，从"管什么"入手来体现设计思想，作为业主方的设计原则，管控核心是：工程设想、建设标准、设计的针对性和适用性。

在国华电力公司"基建为生产，生产为经营"的理念引领下，设计管理更加注重以保证项目全寿命周期效益最大化为目标，在国内多年设计管理经验的基础上，结合印尼的实际情况，提高设计适用性和针对性，注重项目的安全性和可靠性，对电厂工程设计不断优化，使之更加符合印尼现场的实际，符合南苏项目的目标，设计优化工作取得了显著成效。

（一）主要设计原则

（1）本工程为 2×150MW 机组，在对设计模板电厂调研的基础上，确定了主厂房横向布置等设计原则。厂区布置由南向北采用升压站、主厂房二列式布置格局，固定端向西南，朝东北扩建，出线向西南，主入口位于厂区西南侧。建设后的主厂房布置如图 2-10 所示。

图 2-10　主厂房布置

（2）针对南苏项目煤电一体化特点，在设计原则中确定了电厂与煤矿共设一个煤场、煤矿不单独设置消防水和生活水处理设施、行政办公楼合并设置等原则。

（3）为适应南苏项目运行人员少的需求，全厂只设置集控室、输煤综合楼两个控制中心及采用辅控网络集中控制方式；电厂设置仿真机系统，以便于提高运行人员的运行业务水平，提高安全运行小时数。

（4）考虑当地电网不稳，经研究增设柴油发电机系统（国内同容量机组不设置该系统），以保证电厂作为独立运营商的可靠性。

（5）针对印尼施工单位土建作业能力弱和当地建筑材料价格高的情况，确定了全厂构筑物尽量采用钢结构的原则，满足进度需求的同时降低造价。

（6）为降低工程造价，结合印尼当地条件，对输煤廊道进行了优化设计，采用玻璃钢罩加输煤皮带的设计方案，简化了输煤廊道的设计，减少了工程量，方便将来的运行维护。

（7）结合印尼气候特点，确定辅助车间尽量采用露天布置加屋盖的建筑形式，以节约工程造价。

（8）根据海外项目特点，设计方案重点结合功能需求，采用适当的建设标准，如主厂房地面采用耐磨混凝土地面等，以降低成本。

（二）主要技术指标

年发电量：

$21×10^8$kWh（150MW 纯凝工况）

$18.9×10^8$kWh（135MW 厂内原煤预干燥抽汽工况）

年利用小时数：7008h

全厂热效率：

38.5%（150MW 纯凝工况）

34.2%（135MW 厂内原煤预干燥抽汽工况）

发电设计标准煤耗：

319g/kWh（150MW 纯凝工况）

359g/kWh（135MW 厂内原煤预干燥抽汽工况）

耗水指标：0.77m³/（s·GW）

厂用电率：

9.77%（不含煤矿供电负荷）

10.89%（含煤矿供电负荷）

污染物排放量

二氧化硫：4530t/a

烟尘：580t/a

废水：0

灰渣：$7.5×104$t/a

总用地面积：53.35hm²

（三）原煤预干燥技术路线的确定

1. 技术路线的调研论证

根据印尼南苏设计煤种全水分55.3%的褐煤特点以及与印尼 PLN 购电协议 PPA 中"电厂每年保证运行系数（AFPM）为80%"的要求，国华电力公司开展了技术路线的分析研究，主要对循环流化床、风扇磨、原煤预干燥＋中速磨三种系统方案进行了调研，并从技术先进性、安全可靠性、经济性等方面进行了深入分析比较。

（1）技术先进性。分析认为，减少进入锅炉的水分，从而提高锅炉效率是技术先进性的体现。通过煤质分析，认为印尼穆印项目的煤质属于年轻褐煤，水分含量很高，如直接进入锅炉燃烧，一部分热量被用来加热煤中的水分，而这部分水分会随着烟气排出锅炉，导致锅炉排烟热损失增大，严重影响锅炉效率。

流化床及风扇磨的方案都没有解决高水分入炉问题，原煤中高水分全部进入炉膛，会导致流化床及风扇磨方案烟气量大，排烟热损失大，锅炉效率低，锅炉主辅机选型大。

选择原煤预干燥技术路线，即采用预干燥系统降低入炉煤水分后，再进入锅炉燃烧的方案，则能显著降低入炉煤水分，排烟热损失小，锅炉效率相对较高。并且该方案利用了低压抽汽干燥褐煤，在保证机组出力的情况下降低了冷源损失，提高了电厂热效率，降低了供电煤耗。

（2）安全可靠性。印尼南苏项目燃料中灰分含量较低（3.35%），如采用流化床锅炉，靠燃料自身无法建立固态物料循环，必须添加惰性物料。在南苏当地，符合床料要求的河砂、海砂都很难寻找，如使用石灰石作为床料，最近的一个矿区距离本项目约250km，汽车运输需8h车程，运送距离远，每天所需运输汽车多，供应上存在严重的隐患。同时，循环流化床厂用电率较高，辅机运行故障率高，连续运行的可靠性难以满足PPA的要求。

风扇磨属于高速击打磨煤机，叶轮以750～1500r/min高速旋转，调研情况表明，其叶片和风机内衬磨损较快，检修维护周期短，且现场检修工作量较大。另外，风扇磨需要抽取一千多度的高温炉烟作为干燥介质，高温炉烟管道由于要承受极高温度，在锅炉启停及磨煤机启停时，炉烟温度急剧变化，高温炉烟管道受到的热冲击较大，较易损坏，且因煤质水分含量高，需要抽取的烟气量大，高温炉烟管道的设计较为困难。已有工程因为高温炉烟管道管壁开裂或支吊架管部开裂造成停炉、停机现象。因此风扇磨的安全可靠性方面也存在问题。

煤干燥＋中速磨方案中的煤干燥机采用蒸汽回转干燥技术，为间接换热技术。高水分褐煤从端部进入回转筒体，而蒸汽则进入回转筒体的小蒸汽管中，物料与蒸汽间接换热，回转筒体以1r/min的速度低速旋转。蒸汽回转干燥机的关键技术包括设计选型技术和结构设计技术两部分，其在化工及冶金行业已有多年成功可靠运行业绩。另外中速磨制粉系统在国内电力系统应用最广，运行人员经验最为丰富，因此煤干燥＋中速磨方案系统是安全可靠的。

（3）经济性。在煤耗方面，由于煤干燥＋中速磨方案入炉水分最少，锅炉效率相对较高，其造价也较高。结合印尼的电价体系，由于燃用高水分劣质褐煤的投资进入电价，这样，煤干燥＋中速磨方案的优势就凸显出来。

综合上述技术先进性、安全可靠性及经济性方面的分析研究结果，原煤预干燥＋中速磨方案都是有优势的。

煤干燥系统的实景如图2-11所示。

2.煤干燥机技术选择

煤干燥系统的主设备为煤干燥机。国华电力公司组织开展了对煤干燥机技术的调研工作。通过对国内外七种煤干燥技术的分析研究，针对本项目褐煤特点，认为采用低温

图 2-11　煤干燥系统

间接换热方式安全可靠性较高，为此重点对采用德国技术的管式干燥机和采用国产技术的蒸汽管回转干燥机方案进行了选型比较。

采用德国技术的管式干燥机需要的抽汽量较大，汽轮机抽汽无法满足，采用煤走小管（ϕ108mm）的方案，易堵煤，检修维护工作量大。

国内技术的蒸汽管回转干燥机由作为国家干燥工程中心的天华化工机械及自动化研究设计院进行设计制造。当时该技术在国内石化及冶金行业已有成熟应用的经验。与德国技术相比，该技术采用煤走大的回转筒而蒸汽走小管的方式，在干燥机内不易发生堵煤，检修维护量较小，且所需的干燥抽汽量较小。

经过深入的选型比较，最终南苏项目选定了国内技术的蒸汽管回转干燥机技术。其中主要设备蒸汽管回转干燥机由天华化工机械及自动化研究设计院进行设计供货，配套煤干燥系统由浙江融智能源科技有限公司设计供货。煤干燥机如图 2-12 所示，煤干燥系统如图 2-13 所示。

图 2-12　煤干燥机

图 2-13　煤干燥系统

3. 煤干燥系统工艺流程

煤干燥系统主要是将从电厂主运煤系统输送来的湿煤送入蒸汽回转干燥机进行干燥

后，再通过皮带机送回电厂主运煤系统，干燥过程中产生的尾气进入冲击式除尘器除尘后由引风机引至单独的烟囱排放，除尘的污水经处理后循环使用。褐煤干燥流程如图 2-14 所示。

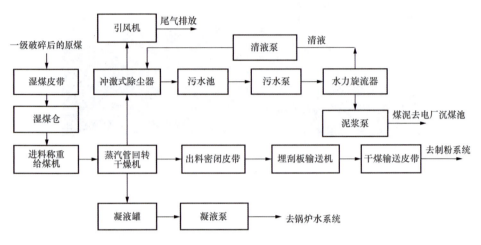

图 2-14　褐煤干燥流程图

煤干燥系统主要由湿煤储存计量单元、煤干燥单元、尾气处理单元、蒸汽凝液回收单元、安全保护单元及干燥水分控制单元等组成。主要工艺系统说明如下。

（1）湿煤储存计量单元。湿煤储存计量系统主要由湿煤储仓和带式称重给煤机组成，每台煤干燥机配一个湿煤储仓、一台带式称重式给煤机。原煤经皮带输送机从电厂运煤主系统取送至湿煤仓。每个湿煤储仓直径 9m，容量满足单台干燥机 8h 的耗煤量。为防止堵煤，煤仓锥段采用双曲线形设计，内衬不锈钢衬板，并配有煤仓疏松机。同时配备高低料位计以控制煤仓料位。煤仓下的带式称重给煤机出力为 0～130t/h，可变频调节。以此来保证连续稳定地为干燥机供煤，并根据需要调节进料量。

（2）煤干燥单元。煤干燥设备采用蒸汽管回转干燥机。来自湿煤储存计量系统的湿煤经带式称重给煤机计量后，通过干燥机进料皮带加入蒸汽管回转干燥机内。干燥用蒸汽从干燥机出料端的旋转接头进入，经过汽室进入换热管。湿煤料与蒸汽管充分接触换热，物料中的水分被不断蒸发。蒸汽换热产生的冷凝水经旋转接头进入凝液回收单元。蒸汽管干燥机的筒体具有一定斜度，随着筒体的转动，物料一边干燥一边向出口方向运动，当物料到达干燥机出口时成为水含量满足要求的产品。

每台干燥机出口下设置一台密闭式皮带输送机和一台埋刮板输送机。干燥机出口的煤料通过密闭式皮带输送机落到埋刮板输送机内，刮板输送机可以将煤料分别输送到煤干燥系统的两路出煤皮带输送机上，最终将煤料返回到电厂运煤主系统。

干燥过程中产生的水蒸气从干燥机出料箱顶部排出进入尾气处理单元除尘后排放。

（3）尾气处理单元。根据原煤的粒径分布，考虑到干燥过程中可能产生细粉，结合工程经验，采用两级除尘方案。第一级为重力沉降室干法除尘，第二级为冲击式除尘器湿法除尘。

尾气从干燥机尾部的排出口，首先进入沉降室，沉降室内的截面风速小于细颗粒的夹带速度，可以将尾气中的大部分颗粒收集下来，少量粉尘随尾气从出料箱顶部排出，经垂直风管进入倾斜风管。在倾斜风管顶部设有喷淋管，对尾气进行洗涤，洗涤后的废水流入冲击式除尘器。经洗涤后的尾气进入冲击式除尘器，冲击除尘器壳体内的水层，尾气中的粉尘被水捕集，净化后的尾气经引风机引至原煤预干燥系统内单独设立的烟囱排放。洗涤后的煤水经污水泵直接排入电厂煤水处理系统，经含煤废水系统处理后返回冲击式除尘器循环使用。

（4）蒸汽凝液回收单元。蒸汽凝液回收系统主要由凝液罐及凝液泵组成，每台煤干燥机配一台凝液罐和两台凝液泵。蒸汽在干燥机换热后产生的凝液经旋转接头排出，然后通过自身重力自流至凝液储罐中储存，再经凝液泵送至凝液回收站。

（5）安全保护单元。

1）干燥机压力控制。整个干燥过程中，控制干燥机出口压力处于微负压条件下操作，既可防止粉尘的外漏，又可提高系统运行的安全性。

2）蒸汽保护系统。尾气排放管设有氧含量检测控制系统，用于动态检测排放尾气中的氧含量，尾气的氧含量在正常启动时不应超过 12%，非正常停车后重新启动时不应超过 8%。当氧含量超过 12% 时，蒸汽保护系统的阀门会迅速打开，从干燥机入口和出口迅速进入干燥系统，稀释干燥载气中的氧含量，确保系统安全。当系统开停车时，应向干燥机内通入蒸汽控制系统氧含量。

3）水喷淋系统。干燥机出料箱底部设有物料温度检测联锁装置，当干燥机出口煤料温度超过 85℃ 时，水喷淋系统的两位阀会迅速打开，向干燥机出料箱内喷水，降低煤料温度，确保系统安全。

（6）水分控制单元。水分控制单元的主要作用是控制干燥机出料口煤粉水分，防止物料过干或过湿。该系统主要由进料量控制、进料含湿量检测、进料温度检测、出料含湿量检测、蒸汽流量控制等组成，前三个前馈量与第 4 个反馈量作加法运算后作为最后一个量的输入值来控制干燥机入口蒸汽流量，从而控制干燥机出口煤粉的湿度。

4. 煤干燥系统主要参数

本项目煤干燥系统按 2×150MW 机组锅炉 BMCR 工况下耗煤量的 100% 设计，设置 4 套回转式蒸汽干燥机，将水分为 55.3% 的褐煤（粒径≤20mm）干燥到水分 33%，干燥机尺寸为 $\phi4200×30000$mm，单台干燥机组出力不小于 55t/h，原煤最大通过能力为 136t/h。干燥机足够的通过能力为后续粉尘治理、水分和出力调整奠定了基础。

煤干燥系统主要参数详见表 2-3。

表 2-3   煤干燥系统主要参数（单套）

序号	项目名称	单位	设计工况
1	干燥机出口煤量	t/h	54.5
2	干燥后煤水分	％	33
3	干燥前原煤水分	％	55.3
4	原煤粒径	mm	≤20
5	干燥机入口煤量	t/h	81
6	干燥后原煤温度	℃	<80
7	干燥后尾气温度	℃	≤95
8	干燥后尾气压力	Pa	-500～-200
9	干燥后尾气质量流量	kg/h	35908.90

南苏项目两台机组的运行实践证明，本项目采用国产褐煤蒸汽干燥装置配中速磨制粉系统的技术路线是成功的。虽然在设备调试和投产初期出现了输煤系统堵煤频繁、扬尘严重等问题，但随着对南苏高水分褐煤煤质特性的不断了解，通过对设备进行针对性的技术改造，输煤系统和制粉系统均运转正常，满足机组设计运行需要。

南苏项目应用国华电力公司自主创新的褐煤干燥燃烧一体化集成技术，将印尼苏门答腊地区高水分劣质褐煤就地转化成电力，在国际上尚属首次，对于当地劣质褐煤的开采使用具有典型的示范作用。

（四）电厂主要设备选型

1. 锅炉选型

本项目装设两台超高压参数、自然循环汽包炉、锅炉最大连续蒸发量为 500t/h。按照印尼南苏项目确定的煤干燥＋中速磨煤机的技术路线，进入锅炉的煤质按全水分 37.79％设计。经煤质分析，该煤质属于高水分、高挥发分、低灰熔点的年轻褐煤。由于当时国内电力市场发展迅猛，大型锅炉厂设备供不应求，无暇承接本项目的非标产品，最终通过公开招标选择了华西能源工业集团有限公司为锅炉供货商。

由于本项目超高水分的煤质特性，锅炉在设计上存在一定的难度，且该锅炉公司褐煤锅炉设计经验较少，为确保南苏项目锅炉的设计水平，保证项目在印尼安全可靠长周期运行，国华电力公司确定了借助外部专家力量，保证锅炉设计水平达到国内一流水平的方针。组织召开了两次锅炉设计方案评审会，邀请了全国褐煤锅炉设计方面的知名专家，对锅炉设计方案从总体布置、关键参数选择、性能计算、燃烧系统及制粉系统等方面进行全面细致的审查，提出了大量的修改意见。实际运行后的数据表明，锅炉的运行状态良好，性能参数满足要求，设计是成功的。锅炉性能参数详见表2-4。

表2-4　　　　　　　　　　锅炉性能参数

序号	参数名称	数值
1	最大连续蒸发量（BMCR）	500t/h
2	过热汽压力	13.7MPa（g）
3	过热汽温度	540℃
4	再热汽流量（BMCR）	415.6t/h
5	再热汽压力（BMCR）	进口2.56 MPa（g）
		出口2.36 MPa（g）
6	再热汽温度（BMCR）	进口323℃
		出口540℃
7	排烟温度（BMCR）	156℃
8	保证热效率（按低位热值）	91.0%
9	空气预热器出口热风温度（一次/二次）	389℃/308℃
10	空气预热器出口进风温度	20℃
11	给水温度（BMCR）	244℃
12	锅炉构架	钢结构
13	空气预热器类型	管式

2. 汽轮机选型

汽轮机由哈尔滨汽轮机厂有限公司设计供货。汽轮机型式为超高压、一次中间再热、单轴、双缸双排汽、抽汽/凝汽式汽轮机。带抽汽的额定功率为TRL工况135 MW，不带抽汽的额定功率为TRL工况150MW。按PPA协议，电厂单台机组上网负荷为113.5MW，汽轮机性能参数详见表2-5。

表2-5　　　　　　　　　　汽轮机性能参数

序号	参数类别	数值
1	型号	N150/C135-13.24/535/535
2	额定功率	C135/N150MW
3	最大功率（VWO工况）	164.183MW
4	最大功率（VWOC工况）	144.753MW
5	最大功率（T-MCR工况）	153.728MW
6	最大功率（T-MCRC工况）	138.833MW
7	主蒸汽流量（额定工况/最大）	462.10/500t/h
8	主蒸汽门前压力	13.239MPa（a）
9	主蒸汽门前温度	535℃

序号	参 数 类 别	数 值
10	高压缸排汽压力（TCMRC 工况）	2.731MPa（a）
11	高压缸排汽温度（TCMRC 工况）	326.3℃
12	再热汽门前压力（TCMRC 工况）	2.486MPa（a）
13	再热汽门前温度（TCMRC 工况）	535℃
14	最大抽汽量（TCMRC 工况）	75t/h
15	抽汽压力（TCMRC 工况）	0.6865MPa（a）
16	抽汽温度（TCMRC 工况）	354.5℃
17	凝汽量（VWO 工况）	347.24t/h
18	背压	8.5kPa/11.8kPa
19	最终给水温度（VWO 工况）	243.5℃
20	热耗值（VWO 工况）	8409.9kJ/kWh
21	热耗值（THA 工况）	8418.2kJ/kWh

3. 发电机选型

发电机由哈尔滨电机厂有限责任公司设计供货。按照 PPA 协议规定，电厂单台机组上网负荷为 113.5MW，发电机组出力采用 135MW 即能满足要求。由于锅炉及汽轮机容量均能满足纯凝工况 150MW 出力，经与哈尔滨发电机有限公司协商，在印尼南苏项目上改用额定功率 150MW 的发电机，且价格与额定功率 135MW 的发电机相同。考虑到价格不变的情况下，采用较大的发电机可以为后续运行留有余量，因此印尼南苏项目最终采用了哈尔滨电机厂有限责任公司生产的额定功率 150MW 的发电机组。这为后续电厂增容打下了基础，也是国华公司"基建为生产，生产为经营"管理理念的较好体现。发电机性能参数详见表 2-6。

表 2-6　　　　　　　　　发 电 机 性 能 参 数

序号	参 数 类 别	数 值
1	型号	QF-150-2
2	额定功率	150MW
3	额定功率因数	0.85（滞相）
4	额定转速	3000r/min
5	周波	50Hz
6	相数	3
7	极数	2
8	额定电压	13.8kV
9	效率（保证值）	≥98.6%

4. 磨煤机选型

按照煤干燥＋中速磨直吹式系统的技术路线，干燥后的煤粉进入中速磨煤机，设计的入磨煤质全水分为 Mar37.79％，内在水分 M_{ad} 23.74％。根据《火力发电厂制粉系统设计计算技术规定》（DL/T 5145—2002），可采用中速磨直吹式制粉系统。

鉴于煤质高水分的特性，为保证锅炉的正常燃烧，磨煤机在满足研磨出力的同时，必须有足够的干燥出力，以降低煤粉水分。提高磨煤机的干燥出力是一个系统工程，一方面要加大磨煤机的进风量，另一方面要提高一次风温，需要锅炉和磨煤机的协同设计。经多次研讨，最终确定了磨机选型为北京电力设备总厂生产的 ZGM95G－Ⅰ型中速磨，一次风温为 400℃，一次风率为 40％，煤粉细度 R90＝35％，干燥后的煤粉水分为 18.47％。每台锅炉配置 4 台磨煤机，三运一备。实际运行结果表明，磨煤机的干燥出力达到了设计要求并留有余量。

电厂设计煤种全水分为 55.3％，实际原煤水分可达到 62％，同时运行发现该煤质极易产生粉尘，造成污染。为解决现场粉尘污染问题，根据煤质的实际特性，在后续的运行实践中，经多次运行调整试验，发现当入磨水分为 52％～54％时，可有效控制粉尘，同时制粉系统可稳定运行，且机组能达到满负荷出力。印尼南苏项目高水分褐煤采用正压直吹式中速磨煤机制粉系统的应用实践，大大突破了相关的标准极限，对规程规范的修订提供了运行案例，在后续的工作中受到行业专家和工程院院士的高度评价。

（五）　设计优化

在南苏项目设计管理过程中，国华电力对设计工作实施了深度管理。通过落实复核工程原始资料，掌握现场实际情况，着力于设计方案的适应性，系统分析设计优化的重点项目。注重发挥业主、设计监理、设计院、制造商和咨询机构各自的优势，借助社会的技术资源，进行切实有效的评审和优化。

1. 泵船取水方案

在电厂的取水方案上，本项目原初设方案为传统的岸边固定泵房取水，但当地雨季河水上涨迅猛，雨旱季水位差达到 10 余米，使得固定泵房的实际施工过程非常困难。经过多方案研讨，最终确定用泵船取水方案替代固定泵房取水方案。泵船取水如图 2-15 所示。采用泵船取水方案一方面大大降低施工难度，规避了雨季河流涨水无法施工的工程风险，缩短工期一年；另一方面节约了投资，泵船取水方案比固定泵房方案节约投资 2000 万元以上。泵船取水方案也是本项目设计优化的亮点和创新，对于类似区域的电厂项目具有重要的推广价值。

2. 地基处理优化

在地基处理上，可研阶段的桩基设计方案为印尼地区电厂项目的普遍做法。通过组织详细的地勘以及地基荷载试验，发现存在天然地基的可能性，经多次组织设计院、设

图 2-15 泵船取水

计监理及国内有印尼施工经验的专业岩土施工专家进行研讨，最终确定地基处理采用砂砾石换填的天然地基方案，部分轻型建构筑物采用原土换填的天然地基方案。当时的调研及试验情况如图 2-16 及图 2-17 所示。工程结果表明，天然地基方案完全满足要求，多年的沉降观测数据均在正常范围内。与桩基方案相比，节约费用 3000 万元以上，缩短工期 6 个月。

图 2-16 印尼配合地基荷载试验单位调研

图 2-17 换填集配试验

3. 主厂房结构优化

由于印尼当地建筑材料价格高，施工单位土建作业能力弱，国华电力对主厂房采用钢结构和混凝土结构进行了技术经济比较，根据比较结果，确定了主厂房采用钢结构，全厂其他构筑物尽量采用钢结构的原则，满足进度需求的同时降低造价。在后续的设计过程中，根据当地的气候和环境条件，又对主厂房结构进行了优化，将汽机房屋面结构由重型屋面改为轻型屋面，取消煤仓框架顶部 20t 水箱，对汽机房、煤仓框架尺寸、原煤斗容积进行了调整，节约投资约 1400 万元人民币。

4. 汽轮机汽封优化

在汽轮机方案上，经过与汽轮机厂共同调研论证，将高中压缸部分汽封由哈汽传统的梳齿型改为新型的梳齿侧齿型汽封，降低发电标准煤耗 2g 以上，在汽封寿命期内可获得收益 2400 万元以上。在机组性能试验中，1 号机组实际热耗为 8267.85 kJ/kWh，低于机组保证热耗 150.35kJ/kWh，实际发电煤耗 315.4g/kWh，低于设计值 3.9g/kWh；2 号机组实际热耗为 8289.75kJ/kWh，低于机组保证热耗 88.85kJ/kWh，实际发电煤耗 317g/kWh，低于设计值 2.3g/kWh。

5. 磨煤机选型优化

在制粉系统上，考虑到印尼褐煤高水分且易磨特性，磨机选型与常规选型有很大不同，为了避免出现在磨煤机干燥出力得到满足时，研磨出力高于实际需要的常见问题，确定了"以实际研磨出力需要确定磨煤机研磨出力及电动机容量"的原则，由最初推荐的 ZGM113K 改为 ZGM95G，并将磨机电动机容量降低 70kW/台，节约初投资约 1000 万元，单台机组寿命期内节约能耗约 800 万元。

（六）厂区总平面布置

厂区总平面布置力求规划合理，布置紧凑，分期分区明确，工艺流程顺畅短捷，节约用地，方便管理。由于本场地的特殊性，厂区基本不能超出指定的区域，电厂总平面布置依据厂外公路、高压出线走廊方向、水源、环保、厂区工程地质、地形、风向、施工等建厂外部条件及工艺要求进行了多方案的设计比较，确定了最终厂区总平面布置方案。厂区总平面布置如图 2-18 所示。

图 2-18　厂区总平面布置图

1. 方案及布置格局

厂区由南向北采用升压站-主厂房两列式布置格局，固定端向西南，朝东北扩建，出线向西北，主入口位于厂区西南侧。

2. 主要建设项目及功能分区

（1）主厂房区。主厂房布置于厂区中部，属地基较好区域，同时考虑扩建条件，预留 2×150MW 机组向东北连续扩建的空间。

全厂空压机集中布置在空压机房内，将除灰、电除尘的电控设备均布置在空压机房内。

本期预留脱硫位置，布置在烟囱及灰库后。

（2）电气设备区。A 排外布置依次布置厂高压厂用变压器、主变压器、继电器室及150kV 配电装置。

（3）煤设施区。本工程为坑口电厂，煤矿位于电厂北侧，煤炭储量丰富，煤矿至电厂运距约 2km。电厂燃料为本项目的联营坑口煤矿的褐煤，采用汽车运输方式。从煤矿工业场地通过运至电厂 0 号碎煤机、经输煤栈桥、转运站运至干煤棚、经煤干燥系统、输煤栈桥进入煤仓间。由主厂房扩建端上煤。

原初步设计设置有原煤场，后因征地原因未能建设。

（4）水工设施区。机械通风冷却塔布置在主厂房固定端侧，以尽量缩短循环水管长度。

（5）除灰、渣设施区。电厂本期 1 座灰库布置在烟囱东侧，每台炉设 1 座渣仓，分别布置在锅炉两侧。

（6）水处理区。机械加速澄清池、污泥浓缩池、污泥脱水间、工业、消防蓄水池、生活蓄水池、生水蓄水池及综合水泵房布置在主厂房固定端，在机械通风冷却塔的东侧，并预留二期扩建场地。

工业废水及生活污水处理设施布置于厂区东南侧的场地较低处，便于污废水自流。

（7）燃油库区。布置在主厂房固定端，工业废水及生活污水处理区北侧；启动锅炉房布置烟囱东侧，灰库南侧空地。

（8）化水区。锅炉补给水处理室、化验楼、酸碱贮存间、除盐水箱、生水箱等为化学水处理区域，与循环水加药区域布置在主厂房固定端，机械通风冷却塔的西侧。

（9）材料库区。备品备件库、检修维护间及特种材料库布置在烟囱后，预留脱硫场地东侧。

（10）厂前区。生产办公楼、管理办公楼、食堂及清真寺等位于厂区西南侧，主厂房固定端，汽车棚利用西侧围墙及升压站围墙附近空地进行布置。厂区围墙内用地 24.05

公顷。本方案的特点在于工艺流程顺畅合理，厂区管道、管架短捷，投资省。出线走廊开阔，出线顺畅，施工条件好。土方工程量小，用地面积较小，投资省，输煤系统运行方便。厂区合理利用地形地貌，扩建条件及施工条件好。

（七）　主厂房布置

（1）2台汽轮发电机组横向对称布置，机头方向朝向锅炉侧。

（2）在满足汽轮发电机组及加热器检修起吊要求的前提下，汽机房行车轨顶标高20.50m，本期2台机组设1台80t/20t汽机房行车。

（3）每两台机组设一个集中控制楼，布置在每两台机组的B-C框架及锅炉之间，检修场设在两机之间汽机房0.0m。

（4）锅炉采用露天布置，C、D柱之间在25.97m标高左右炉前低封。

（5）引风机露天布置在烟囱两侧钢烟道前方。

（6）每炉设一台电梯，载重量为1.6t。锅炉各主要层均设有停靠层。

（八）　主要工艺系统及其设备配置

1. 制粉系统及烟风系统

根据煤质特点，制粉系统采用中速磨煤机正压冷一次风直吹式系统设计，配备四台磨煤机，三台运行，一台备用。每台炉选用两台离心式冷一次风机，配两台离心式送风机、两台离心式引风机和一台双室四电场静电气除尘器。本工程2台炉合用一座高150m、出口内径7.0m的烟囱。

采用一层微油点火和燃油助燃相结合，燃油系统的设计容量按15%BMCR。

2. 热力系统

主蒸汽系统、再热蒸汽系统采用单元制，设有高、低压串联两级电动启动旁路系统，旁路容量按30%BMCR考虑。

汽轮机设有六级非调整抽汽和一级调整抽汽，其中4段抽汽为调整抽汽，除供4号低压加热器外，还提供煤干燥装置用汽及厂用辅助蒸汽。

凝结水系统设两台100%容量凝结水泵，四台低压加热器，一台轴封冷却器和一台卧式无头式除氧器。

给水系统将给水由除氧器给水箱出口送到锅炉省煤器联箱入口。该系统在高压加热器前有接出供锅炉过热器的一、二级减温水管道，还有给水泵中间抽头供再热器事故减温水管道。给水系统配二台100%BMCR容量的电动调速给水泵。

3. 除灰渣系统

本工程锅炉除渣系统采用单台风冷式排渣机和斗式提升机输送至渣仓的干式机械除渣系统，电除尘器飞灰按正压气力除灰系统集中至灰库的方案、石子煤处理按活动石子煤斗和电瓶叉车转运的方案设计。

一台炉设一座钢渣库，两台炉设一座钢灰库。

4. 电气系统

本期二台发电机组以发电机-变压器组单元接线接入厂内 150kV 升压站，150kV 采用双母线接线。150kV 本期出线 2 回，接入地区变电站，本工程与电网的分界点在电厂 150kV 配电装置出线绝缘子串处。

每机设置一台高压厂用双绕组变压器，高压侧电源由本机组发电机引出线上支接。中压厂用电电压采用 6kV 一级电压，单母线，每机设 A、B 两段 6kV 工作母线，6kV 系统中性点采用低电阻接地方式。

本期工程二台机组设置一台有载调压双绕组变压器，作为启动/备用变压器，电源引自厂内 150kV 升压站。启动/备用变压器下接 6kV 备用段，向各 6kV 工作段提供备用电源。

低压厂用电系统电压采用 380/220V。低压厂用电系统均采用中性点直接接地方式。

主变压器采用三相强迫油循环风冷变压器，采用无载调压。本期主变压器、启/备变压器、厂用高压变压器布置在主厂房 A 排外。

发电机引出线与变压器和厂用高压变压器的连接采用离相封闭母线。

输煤控制与煤干燥控制系统，统一考虑布置在输煤综合楼，就地设备单独设计布置。输煤综合楼与煤干燥电子设备间在空间位置上考虑在一处，节省电缆。

5. 输煤系统

电厂燃料为本项目的联营坑口煤矿的褐煤，采用汽车运输方式。从煤矿工业场地通过运至电厂 0 号碎煤机，经输煤栈桥、转运站运至干煤棚，经煤干燥系统、输煤栈桥进入煤仓间。由主厂房扩建端上煤。

本工程带式输送机系统按 4×150MW 机组规划设计，带式输送机出力均按 4×150MW 机组设计，系统出力为 1000t/h。本期工程设有 1 个干煤棚煤场，干煤棚煤场的总储煤量约为 2.2 万 t，可满足 2×150MW 机组 5 天的耗煤量，原初步设计设置有原煤场，后因征地原因未能建设。

干煤棚煤场内设置有 1 台悬臂式堆料机，堆料高度约 15m，堆料出力为 600t/h；1 台取料机，跨度 42m，取料出力为 1000t/h。

6. 化水系统

本工程采用 S. Lematang 河水作为水源，其水质特点是含 pH 低、盐量较低、硬度低、硅含量高，虽然经过净化站处理后，非活性硅含量仍不能够满足锅炉汽水质量标准的要求。故本工程的锅炉补给水处理系统设置超滤装置来去除生水中胶硅，采用一级除盐＋混床工艺进行除盐。

本工程循环冷却水采用添加阻垢剂和次氯酸钠杀菌剂的处理方案，次氯酸钠杀菌装置按 2×20kg/h 电解食盐制次氯酸钠装置设置。

化学加药系统：两台炉设置一套手动加磷酸盐装置，每套装置中设有磷酸盐电动溶液搅拌箱 2 台，磷酸盐计量泵 3 台（2 运 1 备），并设有给水加联氨装置和给水加氨装置。

7. 水工部分

本工程补给水采用 S. Lematang 河水，原初步设计方案采用岸边开敞式取水泵房，取水泵房和进水口拟采用大开挖施工方案，但该方案未充分考虑印尼南苏雨季河水上涨对泵房的影响，使得在实际施工过程中遇到困难。最终设计优化采用泵船取水的方案替代了固定泵房取水的方案，使得电厂取水的实际问题得到妥善解决。

本工程采用 1 机 2 泵、每机带 6 段 16m×16m 机械通风冷却塔的循环供水系统，2 台机组合建 1 座循环水泵房并布置在冷却塔附近。生活污水处理采用生物接触氧化工艺。

8. 消防部分

本工程消防和环保的设计遵照印尼政府的相关规范和标准。将消火栓系统、自动喷水灭火系统、水喷雾灭火系统等消防给水系统合并设置，并将工业水池和消防水池合并设置。

9. 环保部分

本工程燃用特低硫煤，采用高效静电除尘器和低氮燃烧技术，预留脱硫场地，2 炉合用 1 座 150m 烟囱，燃烧设计煤种时，烟气污染物排放浓度分别约为：二氧化硫 616mg/m³，烟尘 49mg/m³（叠加煤干燥系统粉尘排放，烟尘排放浓度约为 75mg/m³），氮氧化物≤440mg/m³，满足印度尼西亚政府《固定污染源排放标准》（KEP－13/MEN-LH/3/1995）标准（二氧化硫 750mg/m³、烟尘 150mg/m³、氮氧化物≤850mg/m³）的要求。

五、 设备及物流运输管理

（一）设备管理

根据国华电力公司成本领先战略，对于南苏项目提出了"合理控制价格，做专业采购；坚决制止浪费，做精明业主"的设备采购管理指导思想，通过系统的设备技术管理，在"最好"和"能用"之间找到平衡点。通过对设备产品性能和工艺指标的深入研究，尤其是对设备工艺流程的研究，选择质量更优的产品。为此国际项目部设置了专门的设备质量工程师，对设备质量实行从设备选型、设备调研、设备规范书的审查、招评标过程技术管理、技术协议的签订、合同签订后的技术方案再审查、设备监造、出厂验收等全过程的管理，全面负责对影响设备质量的各种因素进行管理和经验积淀，提高采购的技术含量。

1. 加强设备调研及设备选型工作

设备调研及设备选型的核心是选择满足本工程要求的产品而不是最高档次的产品，在众多的、良莠不齐的产品中将具有不同性能和价格的产品通过合理的技术性能指标进行分类，选择最适合本项目的。为此国华电力公司组织开展了包括 6kV 开关柜、泵、阀门、煤场机械等二十多项调研工作。通过调研，不仅对厂家的基本情况有了更深入了解，也对设备的制造工艺流程、厂家质量管控的状况有了很深的认识。根据调研结果，提出了各设备的关键技术要求及质量控制点，并结合工程项目的具体情况进行设备选型，选定设备档次。

南苏项目煤场机械的选型是本项目设备选型的难点。由于采用了煤干燥系统，干煤场堆取设备的选型要考虑与煤干燥系统运行方式之间的关系。通常电厂采用斗轮堆取料机间歇运行，要满足煤干燥系统连续运行要求，需要 2 台斗轮堆取料机，约 2000 多万元。通过调研及分析论证确定煤场机械堆取料分开，满足了连续运行的要求，节省费用 1000 多万。通过对设备选型优化，将干煤场入口皮带由 1000t/h，1200mm 改为 600t/h，1000mm，减少了悬臂式堆料机的悬臂长度，节省了设备费用，同时干煤场宽度也由 42m 减少至 36m。

通过对 6kV 开关柜中主要元器件断路器和接触器生产厂家及电厂用户的调研，了解到国产接触器和断路器已相当成熟，并在国内投运电厂中已有良好的实际运行业绩。因此，在南苏项目中将主要元器件断路器和接触器选用国产优质品牌，并拟定了开关柜的出厂验收项目，从而保证设备质量，节省费用约 500 万元。

通过泵与阀门的调研了解到，泵及阀门铸件及锻件的毛坯质量直接影响泵及阀门的成本及质量，也最易偷工减料，如减小壁厚、减轻质量、以次充好等，因此必须严格把关。在监造过程中，需对其铸件的材料和制造进行现场监造，或对外购铸件厂资质严加控制，在技术规范书中对铸件、锻件等要求必须提供分包商的资料，明确铸件的材质、最小壁厚及单价，并在生产过程中对壁厚进行监造。

2. 加强对技术规范书的审核工作

针对当时各大设计院任务繁重，技术规范书照抄照搬现象比较普遍，国华电力采取了相应的管理对策。一是在设计原则中明确主要设备的选型原则，要求设计院的设计思路符合业主要求，技术规范书的编制应满足设计原则中的要求。二是整理了技术规范书的审查要点，研究院及设计监理在技术规范书审查中逐项检查。如对南苏项目恒温恒湿空调机的审查时发现，设计院按常规设置加热加湿功能，但南苏项目当地年平均气温 26℃，平均湿度 75%。经过与设计院进行了充分沟通确定，确定南苏项目空调机的选型技术要求不考虑加热加湿功能。三是强调设备的质量要求，在技术规范书中即预先提出设备关键质量控制点及设备监造见证点清单。此外，针对海外项目的特点，在技术规范书编制和审查过程中，对运输包装等做出特别要求，避免因长途海运过程中的包装损害影响设备质量。

3. 合理制定评标办法，选取性价比最高的设备

根据设备的技术特点制定合理的评标办法。重视设备技术性能的比较，提出各设备的关键技术要求及质量控制点，把重要部件的关键工序、工艺流程和检验措施作为评标因素，选择质量管理先进的厂商，避免一味追求技术先进性或最低价的情况，从而确定技术较先进、价格较合理、质量管控到位的供应商。此外，南苏项目评标结束时增加了评标技术总结工作，对设备选型、技术规范书、设备技术性能、关键质量控制点等及时进行总结，通过这样的总结，融会贯通，提高认识，积累经验。

4. 集中采购

为降低采购成本，同时保证调试和售后服务的统一性，在调研的基础上对阀门类产品及大型设备配套的电机、执行机构、热控 PLC、变送器等设备进行了集中采购，收到了积极有效的成果。其中，所有阀门通过整体招标集中采购，选择了国内质量管理先进的供应商，有效地保证了设备质量；全厂热控装置尽可能统一品牌；对大型设备的电机与上海电机厂签订了战略采购协议，在交货期、售后服务、备品备件供货上为南苏公司争取了优惠条件。

采用集中采购模式，实现了设备安装指导、调试及售后服务的整体性、连续性和长期性，最大化地减少调试和售后服务厂家数量、减少服务成本、降低设备投入的总成本，并减少备品备件和设备投产后的仓储管理，有利于资源的充分利用，为项目建设和运营节约资金、降低成本，带来了显著效益。

5. 设备监造

由于南苏项目所在地工业基础薄弱，设备一旦发现缺陷很难在当地找到相关的制造、修理企业进行加工、消缺，如果设备发生故障返回国内消缺，重新发货的周期、运输成本、复杂流程等因素都将对南苏项目按期投产带来巨大影响。同时，南苏项目国内供货设备需要进行海上运输和多次搬运，对设备防护、包装有很高的要求。为此，国华电力提出狠抓设备质量、把好设备出厂关，实现设备"三化"（"成品化""工厂化"和"优良化"）的要求，确立了设备"零返厂"的质量目标。

通过明确、细化设备监造内容，扩大设备出厂检验范围，增加了对设备出厂装箱的检查工作，同时对金属监检、压力容器检验等国内在现场检验的项目，采取"关口前移"的方式，前移到制造厂进行，确保到现场的设备质量，减少现场工作量，从而提高安装效率，保证工程进度。

在开展设备监造的同时，本项目还在深入开展设备调研的基础上针对国内阀门、泵类设备普遍存在的质量问题，采取了由施工单位安装人员参与工厂内监造、厂内试验及

出厂验收的方式，在确保设备出厂质量的同时，取消了阀门及泵类的现场解体检查工作，大大减少了安装单位的工作量。

南苏项目设备监造工作从 2008 年 4 月开始，到 2011 年 1 月结束，完成了监造范围内的 84 项设备监造工作，过程中发现的质量问题都得到了妥善处理，南苏项目所有监造设备均实现了零返厂的目标，保证了两台机组的顺利投产和长期稳定运行。

（二） 物流运输管理

国际项目物流运输管理涵盖了从国内工厂包装发运、国内运输、集港、报关、海上运输、清关、印尼段内陆运输等诸多环节。尤其是大件设备运输，不但要考虑国内集港、船期、仓库的装卸以及运输能力，更要考虑印尼当地港口的装卸、运输能力和运输通道，这些都是本工程难点，也是国际项目的主要风险之一。

1. 大件运输

国华电力公司组织专家对印尼当地运输道路情况进行了多次现场勘察，发现当地交通基础设施条件差，陆路大件运输非常困难，经过水文测量、专家论证，确定了大件设备利用雨季拉马丹河涨水的有利条件，实行水陆联运的方案。当时大件运输的调研情况如图 2-19 所示。

图 2-19 大件运输路线调研

当时巨港码头的吊机最大能力只有 50t，无法装卸大件。大件运输必须租用自带船吊的重吊船，租金非常昂贵。为降低运输成本，南苏项目采取了全部 21 件大件设备租用一艘船同时发运的方式，圆满解决了大件运输问题。该方式为当地后续几个电力项目所借鉴。南苏项目大件运输的实际情况如图 2-20～图 2-22 所示。

图 2 - 20 印尼港口卸船

图 2 - 21 海驳巨港登陆

2. 运输保险与索赔

南苏项目建设过程中涉及的主要设备都需从中国运输到印尼现场，这些设备都是通过远洋运输完成的。远洋运输的特点是运距大，周期长，运输环境相对恶劣，运输风险大。运输保险则对此提供了保障。运输保险按照保险区间可以分为装卸环节的保险、运送环节的保险及储存环节的保险。运输保险中非常重要的问题是保障的相互衔接，即保险的连续性，避免出现保险的"真空"。

图 2 - 22 汽包运输途中

考虑到以上情况，南苏项目的运输保险包含了上海港口装卸、海运运输、印尼段陆路运输、现场装卸及保管等所有过程中的保险，特别是将在安装过程中发现的缺件、货损索赔也包含在了运输保险合同中，避免了索赔争议的发生。在索赔流程上，采取了由运输单位负责及时向保险公司报险、安装单位现场配合保险公司查勘、业主审核索赔金额的方式。

六、 项目施工管理

（一） 施工组织策划

1. 施工模式的确定

通过对印尼以往电力工程施工特点、当地工程队伍施工能力的调研，结合国华电力公司建设目标、PPA 合同的相关约定，本着"实事求是、科学互利"的原则，南苏项目厂区内主体工程由一家具有丰富的火电厂施工经验的国内施工队伍总承包；施工组织采取由中方人员带领印尼民工施工的方式进行，确保工程进度和质量，为适应当地的民俗文化和建筑风格，兼顾为当地提供更多的用工条件，厂前区生活设施配套工程由印尼的承包单位进行设计和施工，为当地创造了就业机会，并为工程建设创造良好的外部环境。

2. 业主与施工单位的合作

（1）分工合作方式。业主与施工单位目标一致，分工合作。业主保证资金、设备到货、设计图纸及时到位，提高设备工厂化水平，降低现场工作量，设计上充分考虑国外施工难度，尽量采取易于施工的工艺设计，例如全厂建筑结构形式尽量采取钢结构，降低现场施工难度，加快工程进度。同时加强外部协调工作给施工单位创造一个良好的外部环境，保证工程顺利推进。

（2）合同结算方式。项目开始之初，由于业主和施工方对印尼施工成本的了解还不充分，基于风险合理分担的原则，制定了"以施工图概算下浮为基本依据，加上国外施工增加费"的结算方式。这种方式以双方熟悉的中国电力建设概预算体系为基础确定国内造价，以中方施工人员人月数补差作为国外施工增加费，解决了量价计算的依据问题，兼顾了国外的施工成本增加。在当时条件下较好地解决了合同问题，得到了双方的认可，推进了工程建设。

3. 资源配置

（1）建筑材料。国华电力在前期调研工作中了解到南苏当地的建筑材料稀缺。为降低施工成本，确保施工进度和质量，组织设计和施工单位对换填砂石料及混凝土砂石的来源、品质、价格和供应情况进行了认真细致的调研和分析，并分别在印尼和中国进行了多项试验，确定了采用价格较低的天然砂砾石和破碎卵石分别作为换填材料和混凝土骨料方案。由于当地砂砾石产量较低，为了能够保证在开工后的旱季完成零米以下的基础施工工作，提前储备了8万 m³建筑砂砾石，以备基础回填使用，并定期对进场的砂砾石进行含泥量检测，不合格品及时清出，使囤积的砂砾石质量受控。事实证明，储备建筑砂石料这一举措有力保障了本项目在遇到2009年超长雨季的特殊气象条件下仍按计划完成了零米以下的施工任务。砂石料供给调研情况如图 2-23 所示。

（2）大型机械。印尼工程地处海外，当地市场大型机械较少，考虑国内机械及当地市场的条件，国内机械市场资源丰富但运输及海关备案成本较高，故印尼项目150t 履带吊和250t 履带吊由国内出口，其他机械均在印尼当地市场租赁。

4. 施工组织总设计

施工组织总设计是施工单位组织电厂施工的指导性文件，也是提高施工技术和施工管理水平的重要手段。基于本工程的重大意义和境外投资的特殊情况，项目公司组织相关专业人员结合印尼地区的人文、地质、文化等特殊条件编制出版了具有针对性和实用性的施工组织总设计。

图2-23　砂石料供给调研

5. 开工日期

2009年4月，中国神华下发了《关于印尼国华南苏煤电项目开工的批复》，同意南苏项目开工建设。本项目于2009年4月10日开始土方开挖，于2009年7月7日浇筑第一罐垫层混凝土。开工典礼情况如图2-24所示。

图2-24　南苏项目开工典礼（2009年7月7日）

6. 土方开挖日期

国华电力根据印尼特殊的气候条件及本工程建设的特殊情况，将本工程的土方开挖日期确定在2009年4月中上旬，其原因如下：

（1）印尼有严格的劳工法律限制外来务工人数，只能选择当地的施工队伍；调研考察发现，印尼施工队伍的土建作业能力非常弱，同一单项工程的施工时间，是国内工程的3倍左右。印尼地处热带雨林地区，全年气候分为雨季、旱季两个季节。一般11月初至第二年3月底为雨季。雨季基本不能进行零米以下土建施工。根据PPA合同要求的投产日期及公司对印尼PLN的承诺，经公司统筹安排，需要在2009年旱季完成主厂房、锅炉房、地下设施及附属构筑物的基础施工及回填工作，才能达到 2011 年 9 月两台机组投产的要求，为此，需要在 2009 年 4 月雨季结束后立即开展土方开挖。

（2）印尼穆印地区土壤的含水率较高。土建工程在旱季施工时，可以将原土晾晒后进行基础回填。假如推迟在 2009 年 5 月及以后开工，零米以下基础的回填施工将会延续到下一个雨季，将无法使用原土回填，不得不外购砂砾石用作回填。而当地的原材料非常匮乏，需要从 80km 外的地方购买，仅变更回填材料费、运输费将会增加费用 1000 万元以上。另外，雨季的施工措施费也将会大幅度增加。

（3）如果推迟到 2010 年 4 月旱季施工，不仅投产日期无法满足 PPA 合同要求和中国神华对印尼 PLN 的承诺，而且工程当时已完成投资部分（约 16548 万元人民币）将会增加资金使用成本以及人员工资及管理费用约 3000 万元人民币。

现场土方开挖情况如图 2-25 及图 2-26 所示。

图 2-25　土方开挖仪式（2009 年 4 月 12 日）

图 2-26　主厂房基础开挖（2009 年 4 月 12 日）

7. 工程里程碑节点

工程里程碑节点及完成日期详见表 2－7。

表 2－7　　　　　　　　　　　　工程里程碑节点及完成日期

序号	里程碑节点	完成日期	
		1 号机组	2 号机组
1	土方开挖	2009 - 04 - 10	
2	浇筑第一罐垫层混凝土	2009 - 07 - 07	
3	煤矿矿建剥离工程开工	2009 - 11 - 18	
4	主厂房及锅炉基础出零米	2009 - 11 - 01	
5	锅炉钢结构开始吊装	2009 - 10 - 15	2010 - 04 - 12
6	汽包就位	2010 - 02 - 01	2010 - 09 - 16
7	锅炉受热面开始吊装	2010 - 03 - 10	2010 - 09 - 29
8	主厂房屋面断水	2010 - 08 - 10	2011 - 02 - 01
9	烟囱筒身结顶	2010 - 07 - 06	
10	汽轮机台板就位	2010 - 08 - 22	2011 - 03 - 15
11	化学制取合格除盐水	2011 - 02 - 18	
12	锅炉水压试验完成	2010 - 09 - 08	2011 - 06 - 06
13	汽轮机扣缸	2010 - 11 - 18	2011 - 04 - 01
14	DCS 复原试验完成	2010 - 10 - 20	2011 - 07 - 14
15	机组厂用带电	2011 - 01 - 29	2011 - 07 - 21
16	煤矿矿建剥离完成	2010 - 12 - 30	
17	机组化学清洗完成	2011 - 03 - 03	2011 - 09 - 11
18	机组开始点火、吹管	2011 - 03 - 29	2011 - 09 - 29
19	机组整套启动	2011 - 04 - 28	2011 - 10 - 14
20	机组首次并网	2011 - 04 - 29	2011 - 10 - 26
21	机组完成 96h 试运	2011 - 07 - 06	2011 - 11 - 03
22	送出工程全线贯通	2013 - 02 - 08	

2 号机组通过 96h 试运的情况如图 2－27 所示。

（二）安全管理

1. 安全控制目标

不发生重伤及以上人身事故；不发生一般及以上施工机械设备损坏事故；不发生一般及以上火灾事故；不发生负主要责任的一般及以上交通事故；不发生重大垮（坍）塌事故；不发生违章作业事故；不发生食物中毒事件；不发生因高温、大风、洪水造成的人员伤害、设备损坏。

2. 安全控制措施

本项目制定了如下的安全控制措施：

图 2-27 2 号机组通过 96h 试运（2011 年 11 月 3 日）

（1）建立安全管理体系。通过体系化运作保证现场安全施工的正常进行。从设计、设备选型、安装、调试和生产准备等多方面开展深入细致的工作，确保机组长周期运行。

编制了图文并茂的四项安全管理标准［《安全文明施工标准》《机组整套启动前安健环设施标准》《主要安全风险预控点及预控措施（基建）》《典型违章图册（基建）》］，有效沉淀神华国华电力管控经验，全力打造具有中国神华特色品牌文化的海外基建管理模式。建立完善了 24 项安全管理制度、6 项海外专项制度（内容涵盖了安全、文明施工、治安保卫、消防、交通、卫生健康及外事活动等方面），并有效实施；编制了《项目现场突发事件应急预案（暂行）》（主要针对热带疫病、社会风险、恐怖袭击、自然灾害、施工及交通安全等紧急情况），完善了应急联络机制及措施，有效提高现场应急能力。

（2）"四化"管理、"五定"原则和"九大风险点预控措施"。实施"四化"管理（总平面管理责任化、区域模化块定置化、安全设施标准化、安健环设施 NOSA 化）；严格落实设备材料定置、定位管理，严禁"两变"现象（施工现场变材料设备加工场、变材料设备堆场），确保现场文明施工氛围良好。

进行全面的安全文明施工管理总体策划，分阶段实施专项计划，按"五定"原则（定项目、定责任单位、定责任人、定时间、定资金）确保实施到位，做到了"设施标准、环境整洁、行为规范、施工有序、安全文明"。

开展"九大风险点预控措施"实施计划（高处作业、交叉作业、大件吊装、机械管理、临抛构件、临边孔洞、防火、受电区域、土方防坍塌），逐周进行专项排查，有效闭环、消除事故隐患。

（3）狠抓安全教育。抓"以人为本"的安全教育管理，提高全员安全意识素质，对于所有新入场人员（包括外协施工队伍和印尼籍员工）进行三级安全教育培训，开工以后施工现场共组织了三级安全教育 230 余次，受教育总人数达 4000 人。

（4）深化定置化管理。深化定置化管理工作，加强文明施工专项管理，对施工现场的安全防护设施进行了专项设计。在主要施工活动区域策划布置各种安全宣传标语牌、安全知识教育图片、安全警示牌、各种标识牌及安全规定、操作规程等；设置安全宣传栏及时宣传国家、上级和业主的有关安全生产方针、政策法规和相关要求，配合开展各种形式的安全活动，营造浓厚的安全文明施工氛围。

（5）完善安全文明施工奖惩机制。完善已有的安全文明施工奖惩机制，建立重奖重罚制度。一是工资奖金中含安全考核分；二是建立安全奖励基金，周状态评价、月度考核等手段对安装及土建施工单位进行考评、奖励；三是建立专项安全奖励作为日常安全生产突出个人、班组的奖励。

坚持"日巡检、周检查、月总结、季考核"制，对现场进行安全检查、安健环状态评价，将评价与奖励相挂钩，有效激励、落实消除现场安全隐患。

通过上述一整套的安全管理体系建立，有效地规范了施工现场的安全管理工作，使施工现场安全管理做到了有章可循、有法可依。

3. 安全管理效果

自项目开工至移交生产，建设期没有发生重大人身、重大机械、设备事故，没有发生一般及以上火灾事故、交通事故等，无不良社会事件，并与印尼地方政府、军警、合作方及驻地居民建立了和谐的工作及社会关系，实现了预期确定的安全目标。

（三）质量管理

1. 设立工程质量管理组织机构

国华电力非常重视工程土建和设备安装的施工质量，单独成立了工程质量管理组织机构，如图 2-28 所示。

2. 明确工程建设质量控制目标

（1）建筑工程目标。①分项工程合格率 100%，单位工程优良率 100%；②地基处理可靠，沉降观测规范，且在允许范围内；③钢筋材质及焊接进行了跟踪管理，各验收批焊接检验一次合格率为 100%；④进行混凝土全过程质量控制。混凝土生产质量水平优良级＞90%，且消灭了差级；各验收批混凝土强度评定合格率为 100%；⑤直埋螺栓各项允许偏差合格率≥90%，最大偏差不影响安装；⑥主要单位工程外观质量得分率达到 90% 以上；⑦消灭质量通病，施工工艺质量达到良好；⑧混凝土结构内实外光，几何尺寸准确、外形美观、棱角平直、埋件正确、接头平整、标号和强度达到设计要求；屋面、地下室、沟、坑，无渗漏，且排水畅通；墙面平整、色泽均匀、线条平直，阴阳角方正、垂直；地面、楼面、路面，平整、无裂缝、无积水；沟道及盖板平整、齐全、稳定、周边顺直。

（2）安装工程目标。①分项工程合格率 100%；②分项工程优良率≥95%，单位工

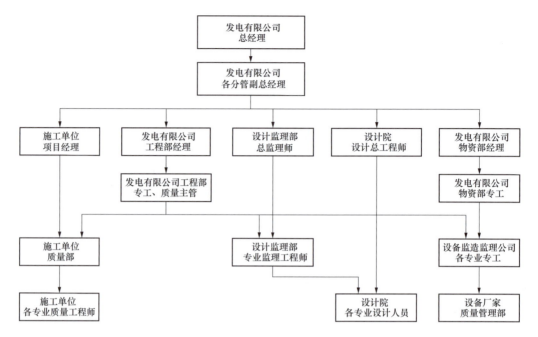

图 2-28　工程质量管理组织机构

程优良率 100%；③受监焊口一次合格率≥98%，且焊道美观；④锅炉水压、厂用受电、汽轮机扣盖一次成功；⑤消除设备的"八漏"，即消除漏烟、漏风、漏煤、漏粉、漏灰、漏汽、漏水、漏油；⑥汽轮机润滑油清洁度达 NAS6 级，抗燃油清洁度达 NAS4 级，无因杂物造成轴颈划痕、磨损和系统卡涩现象；⑦各类汽（气）、水管道系统冲洗，达到规定标准；不发生污物击伤、损坏、阻塞、污染设备或系统部件的现象；⑧管、线布置合理、规范；⑨各类标识合理、规范；⑩油漆着色规范、色泽一致；⑪保温外层平整光滑、完整无裂，外罩规范牢固，外壁温度无超标；⑫KKS 编码应用准确、齐全；⑬机机组移交生产后 100 天内不因施工质量原因停机，保证机组长周期安全稳定运行。

（3）调试质量目标。①按原电力部《火力发电厂基本建设工程启动及竣工验收规程》（以下简称《启规》）及相关规程要求，完成全部分部试运项目，且均达到电力行业相关验收评定标准的优良级；②实现制粉系统投入、点火吹管、投电气主保护、汽轮机冲转、发电机并网、电除尘投入等项目一次成功。

（4）整套试运目标。①整套启动及进入 96h 前各项条件具备，且做到文件闭环；②按《启规》等规程要求全面完成整套启动试运项目，优良率为 100%；③保护、仪表和程控投入率、正确率为均达到 100%；④自动投入率为 100%；电除尘设备投入率100%；⑤96h 试运之前完成全部试验项目包括 RB 试验（除性能试验外）；⑥完成 96h 试运的启动次数≤1 次；⑦汽轮机轴振≤0.06mm，瓦振≤0.025mm；⑧真空严密性≤0.2kPa/min；⑨汽水品质整套试运阶段 100% 合格；⑩96h 满负荷试运结束后，未完工程、投产缺陷均为零；⑪全部调试项目做到：方案、措施齐全，试验规范，数据真实，结论正确，报告完整；⑫不发生人为原因的 MFT；⑬按期完成全部性能试验项目；所有技术经济及性能指标均应达到设计值（设备合同值）或电力行业同类机组的先进水平。

3. 工程建设质量控制措施

国华电力制定了合理、有效的施工质量控制措施。严格审批分部工程的开工准备工作，加强分包单位的管理，强化施工过程检察和考核与工程质量验收相结合。

（1）建立健全质量管理体系，完善质量管理制度。成立工程质量监督站，开展工程质量监督检查；工程之初下发工程管理制度及基建质量考核管理制度，规范工程建设管理，使现场各项工作开展有据可依。

（2）引入外来智囊团。印尼没有必须采用工程监理的强制法规要求，本项目未聘请成建制的外部监理单位实施工程监理工作，改为由项目公司从国内聘请知名的电厂工程方面的专家团队作为本工程的业主工程师，对工程建设进行监督、检查和管理。外聘的专家以业主工程师的身份参与本工程的监理工作，站在建设单位的立场上，设身处地为本工程出谋划策，并将其全部的精力投入工程设计优化、施工监理和设备监造工作中。通过这种模式，本项目深入吸收了外部智囊团的技术和管理经验，一方面保障了本工程的施工质量，另一方面也降低了投资成本。

（3）严把开工准备关。要求施工单位在单位（分部）工程开工前必须满足开工应具备的条件，包括专业施工组织设计、措施方案、技术交底、图纸会审等技术措施已完善，人员已到位，机具、大型机械设备已配备齐全。

（4）关口前移，加强设备制造质量在国内的检查监督。设备质量控制采取"抓小放大"的原则："抓小"就是要抓好阀门、风门、挡板、开关及主设备厂家配套合作方产品的质量。"放大"就是做好主机及重要辅机设备生产厂家的评标，选定国内技术一流、质保体系完善的设备厂家，主要依靠这些厂家自有的严格的质量管控体系，完全能够保证出厂设备的质量可靠受控。

（5）加强分包队伍施工管理。审核分包施工队伍的资质。施工总包单位将分包队伍纳入内部管理，分包施工队伍根据专业进行编排组织管理，由施工总包单位统一管理。

对分包特殊工种，外协队伍应提供特殊人员（如焊工、电工、起重工、架子工等）资格证件原件进行审核，确认有效后方可上岗。

组织分包施工队伍新进场人员的质量培训。

（6）强化施工过程控制。实行"周检查""月检查"制度；定期召开质量例会、质量专题会；推行管道"制造工厂化"、部件"组合成品化"施工；推行"洁净化"施工。定期组织"质量大检查"，从检查问题中发现管理上的不足，举一反三进行问题整改，促进质量管理工作改进，每年开展一次"质量月"活动，营造现场施工质量氛围。

（7）严格工程质量验收。为保证施工过程完全受控，要求对关键工序设置控制点进行检查和验收；将锅炉机组、汽轮机组、热工仪表及控制装置、管道及系统、水处理及制氢设备和系统、电气装置安装工程、金属焊接、土建工程、调整试运划定为单项工程，并按单项工程进行施工质量验收。

4．工程质量控制效果

通过上述的质量管理措施，本项目单位工程验收合格率达到100%，达到了预期的质量目标。穆印工程1号机组总体质量优良。焊口受监焊口数35781个，一次合格率99.21%，整个试运行阶段焊口无一泄漏。实现锅炉水压试验、汽轮机扣盖、厂用电受电、锅炉酸洗、点火冲管，投电气主保护、投热控跳机保护、整套启动试运及并网发电等一次成功。机组试运指标详见表2-8。

表 2-8 机 组 试 运 指 标

序号	项　　目	考核标准/考核值	1号机组	2号机组
1	连续运行时间	≥72h	96	96
2	连续平均负荷率	≥90%	100%	100%
3	连续满负荷时间	≥48h	96h	96h
4	热工保护投入率	100%	100	100
5	热控自动投入率	≥95%	95	96
6	(72+24)h启动次数	≤3次	1	1
7	真空系统严密性	≤0.377kPa/min	0.29kPa/min	
8	机组轴系振动最大值	≤76μm	74μm	61μm
9	机组甩负荷试验	符合要求	符合要求	符合要求

（四）进度管理

1．进度控制措施

根据当地的气象条件，合理进行施工组织设计。在进度控制过程中，本项目采用当时最先进的P3e/c管理方法进行施工计划管理。在1号机组工程的进度管理过程中，在充分考虑施工中各种因素的基础上编制出积极可行的工程里程碑计划，为了防止施工计划落空，项目公司通过月度施工计划和周进度施工计划进行调节和控制。

动态调整施工计划，及时对现场施工进度与所制订计划进行对比，分析施工滞后的原因，或结合现场实际资源及情况，在必须保证关键线路的按时完成的条件下，对计划进行适当的调整。

根据施工现场的实际条件，深入研究简化施工工艺的设计优化方案。

强化中国式施工管理，合理使用印尼人员，使人力资源调配达到最佳。在原神华集团内部各个项目部抽调管理和技术精英组成本项目的项目管理机构，参与施工管理和技术支持工作。建材搬运、大型机械的操作等工作有针对性地使用印尼人员。

成立现场协调部，负责施工的外部环境维护工作。

设备采购采用集港发货的组织形式，即根据项目施工计划制订设备分批进场计划，并有意识地将进场时间接近的设备材料在出关港口集中，达成规模后集中运输。这样能够分批集中办理出关和清关手续，这样的措施既能够保障设备按时运抵施工现场，又能够降低成本。

建立合理的激励机制，带动单位和员工的工作积极性，提高工作效率。

预测和识别工程进度存在的风险，提前做好预案，定期对施工进度进行盘点和计算，使施工进度一直处于受控状态。

施工现场情况如图 2-29 所示。

图 2-29　建设中的南苏电厂

2. 进度控制效果

本工程两台机组从 2009 年 4 月主厂房破土动工，到 2009 年 7 月 7 日浇灌主厂房第一罐混凝土，再到 1 号机组于 2011 年 7 月 6 日顺利通过 96h 试运进入商业化运营，历时 24 个月，与可研提出的 26 个月工期相比缩短 2 个月。2 号机组于 2011 年 11 月 3 日完成 96h 试运，历时约 28 个月，与可研提出的 29 个月工期相比缩短 1 个月。

本工程按照 PPA 方式计算工期应自项目 2009 年 12 月融资日计起至 2012 年 12 月，总工期为 36 个月。以此衡量，1 号机组提前 12 个月，2 号机组提前 8 个月。

南苏项目 1 号机组及 2 号机组安装时间节点详细信息见表 2-9 及表 2-10。

表 2-9　　　　　　　　　1 号机组安装时间节点信息表

序号	里程碑名称	施工合同计划	实际完成日期	备注
1	厂区五通一平开始	2008 - 09 - 01	2008 - 09 - 01	
2	1 号锅炉开始土方开挖	2009 - 04 - 10	2009 - 04 - 10	
3	浇筑第一罐混凝土（承台）	2009 - 07 - 01	2009 - 06 - 28	
4	主厂房及锅炉基础出零米	2009 - 11 - 01	2009 - 10 - 15	
5	1 号机组锅炉钢架开始吊装	2009 - 11 - 01	2009 - 10 - 15	
6	1 号主厂房钢结构开始吊装	2009 - 11 - 02	2009 - 10 - 30	

序号	里程碑名称	施工合同计划	实际完成日期	备注
7	刷锅炉汽包就位	2010 - 02 - 01	2010 - 02 - 01	
8	1号汽机基础交付安装	2010 - 03 - 31	2010 - 06 - 19	
9	1号发电机定子就位	2010 - 04 - 24	2010 - 07 - 28	
10	1号汽轮机台板就位	2010 - 04 - 30	2010 - 08 - 08	
11	1号锅炉水压试验完毕	2010 - 06 - 01	2010 - 09 - 08	
12	1号汽轮机扣盖完毕	2010 - 07 - 30	2010 - 11 - 18	
13	集中控制楼交付安装	2010 - 04 - 30	2010 - 08 - 01	
14	1号机组厂用受电	2010 - 07 - 15	2011 - 01 - 29	
15	1号机组化学清洗完毕	2010 - 09 - 29	2011 - 03 - 02	
16	1号机组开始点火、吹管（分部）	2010 - 10 - 24	2011 - 03 - 26	
17	1号机组开始冲转	2010 - 11 - 18	2011 - 04 - 29	
18	1号机组首次并网	2010 - 11 - 28	2011 - 05 - 03	
19	1号机组完成96h试运	2011 - 01 - 30	2011 - 07 - 06	

表 2 - 10   2 号机组安装时间节点信息表

序号	里程碑名称	施工合同计划	实际完成日期
1	2号机组锅炉钢架开始吊装	2009 - 02 - 01	2010 - 04 - 12
2	2号主厂房钢结构开始吊装	2010 - 02 - 01	2010 - 05 - 01
3	2号锅炉汽包就位	2010 - 05 - 02	2010 - 09 - 16
4	2号汽轮机基础交付安装	2010 - 07 - 01	2010 - 10 - 20
5	2号发电机定子就位	2010 - 07 - 25	2010 - 12 - 28
6	2号汽轮机台板就位	2010 - 07 - 31	2011 - 03 - 15
7	2号锅炉水压试验完毕	2010 - 08 - 20	2011 - 06 - 07
8	2号汽轮机扣盖完毕	2010 - 10 - 29	2011 - 08 - 01
9	2号机组厂用受电	2010 - 10 - 15	2011 - 07 - 20
10	2号机组化学清洗完毕	2010 - 12 - 30	2011 - 09 - 12
11	2号机组开始点火、吹管	2011 - 01 - 24	2011 - 09 - 26
12	2号机组开始冲转	2011 - 02 - 18	2011 - 10 - 14
13	2号机组首次并网	2011 - 02 - 28	2011 - 10 - 26
14	2号机组完成96h试运	2011 - 04 - 20	2011 - 11 - 03

3. 工程进度控制情况总结

通过表 2 - 10 中可以看出，虽然 1 号和 2 号机组的施工工期比 PPA 规定的工期大幅提前，但与项目公司制订的施工计划相比，还是有一定的延误。具体分析其原因有以下几点：

（1）雨季影响。施工道路无法正常通车，物资材料无法按时运抵现场，造成土建工程严重拖后。

（2）土地征用严重滞后。正常施工工序被打乱，部分工作面无法打开，造成资源得不到充分利用，出现窝工现象。

（3）社会环境。中国、印尼在文化、宗教信仰、风俗习惯及国情等方面的差异，使得对外协调的工作量超出预计情况，造成员工情绪不稳定。

（4）资金不足。进度款无法满足正常的施工资金需求，大量的材料采用赊账购买，又不能及时支付，造成采购速度缓慢。特别是土建地材，对工程土建施工影响严重。

（五）档案管理

本项目档案需要中文、印尼文等多语种资料归档，这给档案管理人员素质提出了很高的要求。此外，本项目建设历时4年多，且需要国内和印尼两地归档，项目现场条件艰苦、人员流动性大等因素，均增加了本项目的档案管理的难度。

本项目档案管理由专人负责，设有专门的符合档案存放条件的档案室，使用了紫光软件开发的档案管理软件进行档案分类、查询管理，并且制定了档案查阅和借出制度。

七、 工程竣工决算与审计

（一）竣工决算概况

在基建初期，南苏公司按照中国国内惯例开发部署基建一体化信息管理系统（MIS）进行工程计划管理。在最初聘请的开发公司无法就南苏公司复杂的基建财务核算提出完整的解决方案的情况下，为保证竣工决算的顺利进行南苏公司又及时更换开发公司继续完善MIS系统，完成了满足海外项目需求的竣工决算报表。

（二）竣工决算审计

2012年末，中国神华鄂尔多斯审计中心对南苏公司开展了竣工决算审计，其总体评价为"南苏项目是中国神华践行国家'走出去'战略、展现中国火电机组建设运营管理水平、打造神华海外品牌投资建设的第一个实现收益的海外资产项目，同时也是中国电力企业在海外投资的第一个煤电一体化IPP项目，项目建设程序规范，建设工期短，资金使用控制在集团批准的概算范围内，项目投产后运行稳定，同时为集团海外电力项目的发展积累了经验，培养了人才。但通过审计也发现本项目在建设管理及概算执行和投资风险管控等方面存在一些问题"。

在竣工决算审计中发现的问题包括因地价上涨征地费用超出概算、因征地困难导致原煤场未建设、因当地雨季较长导致运送设备等重载车通行对道路及桥涵损毁严重而发生了厂外运输道路维护及铁桥加固等概算外费用、因在设计阶段对含水率达 62% 左右的褐煤经验不足而导致在投产后发生技术改造费用等。

八、 竣工验收情况

（一）国内竣工验收情况

1. 验收组织

2011 年 12 月 3～8 日，中国神华能源股份有限公司依据国华电力公司上报的《关于国华（印尼）南苏煤电项目竣工验收的申请》，由神华工程管理部、办公厅、战略规划部、股份财务部、内控审计部、电力管理部、国华项目管理部以及南苏项目公司等组成竣工验收委员会，对国华（印尼）南苏煤电项目进行竣工验收。

2. 验收范围

验收范围包括电厂和煤矿的工程建设管理、工程实体、档案、计划经营、财务管理、专项验收、竣工决算、遗留项目等。

3. 验收意见

竣工验收委员会一致同意印尼国华南苏煤电项目通过验收，并请项目公司重视以下工作：

（1）继续工程尾工建设，尽快组织完成竣工决算，履行审计程序；

（2）加快送出工程建设，保证电厂送出的可靠性；

（3）结合海外工程的特点，加强档案的管理，尤其要重视生产原始数据的收集归档，避免由于人员流动对正常生产造成不利影响；

（4）在生产过程中，应该继承和发扬电力行业优良传统和充分借鉴安全生产的宝贵经验，利用"春秋检"和"安全大检查"等措施保障生产安全稳定；

（5）尽最大努力，以人为本，关心员工生活，增强企业在海外的凝聚力、向心力。

4. 机组验收结果

1 号机组及公用系统单位工程 108 个，其中建筑单位工程 53 个，安装单位工程 55 个，优良率 100%；受监焊口 35793 个，一次合格率为 99.25%。

2 号机组单位工程 45 个，其中建筑单位工程 13 个，安装单位工程 32 个，优良率 100%；受监焊口 32783 个，一次合格率为 99.23%。

（二）印尼竣工验收情况

本项目通过了印尼政府组织的消防专项验收、环保专项验收、锅炉压力容器运营证、烟囱高度许可、Lmd 河航道占用许可、机组运行 SLD 许可、机组运营入网许可，并于 2013 年 2 月 27 日取得了 COD（商业运行日）证书。竣工验收情况详见表 2‑11。

表 2‑11　　　　　　　　　印尼竣工验收情况

序号	项　目	文　件　编　号	发文单位	备　注
1	消防专项验收证书	560/001/Nakertrans/6.3/Hydran/2011	穆印县劳工部	
2	环保专项验收证书	660.3/903/BLH‑III/2011	穆印县环保局	
3	锅炉压力容器运营证	260/001/Nakertrans/6.3/K.U/2011	穆印县劳工部	
4	烟囱高度许可	560/001/Nakertrans/6.3/K.U/2011	穆印县县政府	
5	Lmd 河航道占用许可	560/003/Nakertrans/6.3/PAN/2011	穆印县县政府	
6	机组运行 SLD 许可	068/PL/295A.10/BKT‑JS/2011	PLN Jaser	1 号机组发电运营
		112/PL/295A.10/BKT‑JS/2011		2 号机组发电运营
7	机组运营入网许可	260/001/Nakertrans/6.3/K.U/2011	PLN（印尼国家电力公司）	1 号机组发电入网
		560/001/Nakertrans/6.3/K.U/2011		2 号机组发电入网
8	商业运行日证书（COD）		PLN	

九、 机组投产运营后取得的成果

2011 年是南苏项目的双机投产年，其中 1 号机组于 7 月 5 日通过 96h 满负荷试运，8 月 3 日取得 SLO，2 号机组 11 月 3 日通过 96h 满负荷试运，11 月 9 日取得 SLO，至 2011 年年底发电总量超过 5 亿 kWh。

两台机组建设工期较 PPA 合同要求大幅提前（分别提前 12 个月和 11 个月），创造了印尼电力工程建设的奇迹。机组投产后双机第一年非停仅一次，实现连续稳定运行，兑现了工程伊始确定的"展现中国电力设备制造水平，展现中国电力建设水平，展现中国电力管理水平"的承诺，同时极大地缓解了南苏电网用电紧张局面；2 号机组在南苏省主办的东南亚运动会召开前投产，并圆满完成保电任务，兑现了公司对电网、政府和社会的承诺。

2012 年是南苏公司由基建转入生产的第一个完整生产年，全年主要生产经营指标取得可喜成果。全年发电量完成 1702978kWh，售电量 1486892kWh；露天煤矿剥离完成 501.06 万 m³，煤炭产量 202.15 万 t；两台机组实现连续稳定运行，全年等效可用系数 98.75％，两台机组全年仅非停 1 次，在国华电力公司当时新投机组中生产最稳定，非停次数最少；全年未发生人身、设备安全事故，未发生环境污染事件。2012 年南苏公司技术经济指标详见表 2‑12，可靠性指标详见表 2‑13。

表 2 – 12　　　　　　　　　　2012 年南苏公司技术经济指标

指　标	单位	设计值	实际
发电量	亿 kWh		17.03
发电煤耗	g/kWh	359	333.85
供电煤耗	g/kWh	380.84	372.31
综合厂电率	%	10.93	10.82
直接厂用电率	%	10.44	10.33
发电水耗	kg/kWh	3.11	2.95

表 2 – 13　　　　　　　　　　2012 年机组可靠性统计

指　标	计划	实际	同比
等效可用系数	≥97%	98.75	−0.91%
等效强迫停运率	≤0.48%	0.03	−0.35%
非停次数	不大于 3	1	−2
综合渗漏率	0.03%	0.01%	−0.04%

2013 年 2 月 21 日完成了机组 NDC 净容量可靠性试验，各主要技术经济指标全部合格并达到或优于设计值。

作为南苏门答腊岛最大容量装机，2012 年，即机组投产后的第一年，机组出力满足调度需求，可靠性高，得到了印尼 PLN 的赞扬，为缓解南苏门答腊岛的电力供应紧张局面和稳定电网起到了极大的作用。

十、　关于基本建设的思考

（一）　培养国际化的人才队伍

南苏项目从筹划到建设运营，原神华集团抽调了下属各个项目优秀人员负责项目的开发建设，建设过程充分发挥了神华集团内部（国华电力、准能）资源互补的优势。通过建设印尼南苏项目积累了丰富的经验，培养和锻炼了一批懂得印尼法律法规和各种规则，能协调各种复杂关系，可以融和当地文化和适应当地环境，敢于打硬仗恶仗的队伍，信心越来越足。这些不仅为神华的进一步发展，也为今后希望进入印尼电力市场的中国企业带了好头。

（二）　成立现场协调部，营造良好社会环境

南苏项目单独设立了现场协调部，负责维护施工建设的社会环境问题。通过现场协调部的积极努力和有效的化解措施，使企业融入了当地社会，赢得了当地群众的理解和支持，协调缓和了社会关系，一定程度上规避了社会风险，保障了本项目的顺利建设和

运营。

（三） 积极开展技术创新， 提高了本项目运营效果

南苏项目探索研究的煤干燥技术，无论是对于国内煤质处理研究，还是开发印尼煤炭资源，都具有重大的战略意义，并为二期建设和后续类似项目提供了可借鉴的经验和技术。

另外，南苏项目对 S. Lematang 河取水问题做了认真的勘察和研究，并在吸取以往经验的基础上作出了创新，最终用泵船取水的方案替代了泵房取水的方案，使得电厂取水的实际问题得到妥善解决。泵船取水技术对于类似区域的电厂项目十分具有推广价值。

（四） 探索海外电厂前期技术工作的模式

南苏项目前期技术工作的经验表明，海外项目在启动之初，必须切实落实项目基础条件，派专业人员指导、督促合作伙伴收资的同时，需结合当地设计所需基础资料和情况，及时作出判断，对于不能直接取得的资料需立即组织开展实际工作。在南苏开展电力建设项目，必须要高度重视煤质资料真实情况对项目建设的影响，无论是否有国外公司提供的煤质资料，均需组织编制严格的取样方案，自行组织取样、委托国内权威机构进行煤质化验，确定煤质资料。水源资料也需要将水样带回国内化验。水文气象资料应在设计院人员全程参与指导和厂址确定后，立即组织进行比测工作，并在适当时机组织完成水工试验。对于地形图不符合要求的海外工程，参照国内的工程测量模式由设计院负责提出成果、力能资源由业主在当地落实。考虑现场工作条件、力能资源等因素，可直接按初勘深度委托国内专业单位。切实做好前期技术资料搜集和核实工作。

（五） 提前储备建筑材料

海外项目必须提前对当地的建筑材料市场进行调研，对于稀缺的建筑材料提前囤积。南苏项目所在的南苏门答腊省原材料稀少，工业基础落后，可利用的当地社会资源很少，地材是由个人囤积供应，现场施工条件不足，远不能满足施工建设用量的需要，几乎所有安装材料、建筑钢材都需要全部从中国运输。因此，对图纸深度、出图时间，材料量计算准确等提出了很高的要求，并对材料采购、集港、运输与现场施工在时间上的合理搭接要求更高，增大了工程难度。

为了保障按时完成基础施工，南苏公司在项目开工前储备了 8 万 m^3 石料以备基坑回填使用。实践证明，正是由于南苏公司提前储备了建筑材料，保障了本项目在遇到当地罕见的超长雨季的情况下，及时完成了零米以下基础施工。

（六） 选择合理的施工组织模式

印尼有严格的外籍劳工限制政策，当地分包商施工力量薄弱，且当时印尼的电力项目开工较多，实力稍强的分包商任务饱满。为了确保工程进度和质量，南苏项目主要工程部分由中方人员带印尼民工进行施工，确保工程进度和质量，一些辅助工程分包给当地的施工队伍，中方人员加强技术指导和质量监督，确保工程进度和质量。另外雇佣当地的村民做一些简单的工作，缓解与当地村民的矛盾，为工程建设创造良好的外部环境，保证现场中方人员和印尼人员的总体比例在政策允许的范围内，解决劳工政策的问题。

经过南苏项目一期工程的建设，国华电力公司对于印尼社会环境和施工队伍有了比较深入的了解和体会。在后续项目施工中，分包队伍的选择宜"少而精"，且需要长期合作以便于管理。在一些项目上，特别是土建项目，可以考虑在以中方管理人员和关键技工为主的情况下，适当加大印尼劳工的比例。

（七） 安排合理的工期计划

在国外的建设项目，开工前准备、资源配置是保证工期的决定性因素，如前期准备工作未能做好，开工后几乎没有补救的可能，而国内项目前期准备的缺失可在开工后进行弥补，这是国外项目与国内项目的最大不同。在南苏项目的工期安排上，土建工程施工尽量避开印尼雨季，减小施工难度，整体工期应综合考虑雨季影响、施工资源匮乏、运输周期长、外部干扰等因素。在以中方人员为主的施工模式下，按照国内同等规模电厂，印尼所用工期较长；如果以印尼籍劳工为主施工，以印尼施工队伍的现状工期可能将会更长。

（八） 设备运输是国际项目的重点与难点

国际项目物资管理与国内工作相比差异很大。国内物资管理重点是设备监造、催交催运，而国际项目物资管理还要包括设备的报关、集港、装卸、退税、商检、清关及海外运输等，尤其是大件设备，在国内集港、装船过程中就需考虑到船期、港口、仓库的装卸以及运输能力，到印尼后更需考虑印尼当地港口的装卸、运输能力和运输通道，这些都是本工程难点之一。

第二节　煤　矿　基　建　管　理

一、 项目可研、 初步设计的编制及审批

（一） 项目预可研

为配合国华南苏项目建设，神华准格尔能源有限责任公司于 2007 年 3 月开始介入

南苏煤电项目露天矿勘察工作，同年6月底成立印尼露天煤矿项目工作组开始项目前期准备工作。

2007年3月，项目组首期任务是确定符合项目要求的目标煤田。根据收集的区域地质资料和现场实际踏勘情况，并兼顾统筹电厂需取水和煤矿需防水的行业技术特点，选定了地势相对较高的两个煤田样本作为项目目标，拟对其进行普查勘探。勘探设计由沈阳煤矿设计院负责提供，钻探施工由印尼当地专业公司TEKMIRA承担。

2007年7月，完成了23个钻孔勘探并提交资料。煤、电设计人员进一步沟通，在现场协商确定项目煤、电建设总平面布置。国华电力公司委托印尼队伍进行了地形图测绘。根据已完成的初勘资料，由沈阳煤矿设计院提出了煤矿预可研报告。2007年12月煤电项目立项。

南苏煤电一体化项目露天矿全景如图2-30所示。

图2-30 矿区全景

（二）项目可研、初步设计

2007年12月，煤田征地工作开始，工作组向印尼合作方提供项目初步征地范围图，以便启动购地工作。

2008年初，南苏公司与沈阳煤矿设计院签订勘察设计合同，沈阳院负责煤田详勘设计。2008年7月，与东煤地质局签署勘探合同，由东煤局进行技术、质量把关，印尼当地公司施工。

2008年2月，沈阳煤矿设计院人员开展河道地形图测绘。在丛林沼泽中测量，进展很慢，有的地方地段无法进入，有的地段进去后有瘴气，呼吸困难。工作人员顶着巨大的身心压力，努力使各项工作都按照排定的工程进度节点推进。2009年3月，所有现场勘探工作完成。煤矿现场详查钻孔的情况如图2-31

图2-31 煤矿详查钻孔

所示。

2009年1月，为适应项目进展，神华准格尔能源有限责任公司成立印尼露天煤矿项目建设管理部，南苏公司同时成立了矿建部。

2009年4月31日，完成了地质勘察报告，并报中国国土资源部审查，同年6月26日通过审查。

2009年5月30日，提交可行性研究报告初稿，6月4日完成国华电力公司内部审查，7月11日通过外部专家组审查。

2009年8月30日，完成了初步设计文件编制。

2009年9月21日，神华准格尔能源有限责任公司组织对初步设计进行了内部审查。

2009年9月30日，根据内审意见完成了对初步设计的修改。2009年10月15日提交了初步设计正式文本，并由国华电力公司向中国神华进行了申报，2010年12月11日，神华集团对初步设计进行了审查批复。

（三） 主要技术方案变更

考虑到煤矿生产实行外包，露天矿生活、行政、福利设施由电厂统一规划，因此取消油库、加油站、机修车间、工段办、组装场、油库、加油站、加水站、变配电所、调度楼等项目，相应减少占地，节约投资。

二、 项目实施阶段

（一） 资源协调情况

2009年10月，国华电力公司就矿建剥离工程进行了招标，印尼LCL公司中标。2009年11月6日，LCL公司开始进驻现场，2009年11月18日，经国华电力公司批准，正式开工。

"多雨、软岩"成为矿建剥离施工的两大难点。结合现场的实际情况，最终确定了"雨季采挖23m以上水平"的方案。使得雨水顺着地势进入排水系统，工作面、道路积水较少，雨后会相对容易恢复生产。矿建土方剥离的情况如图2-32及图2-33所示。

征地进度给煤矿采场布置、排土场建设及相关联络道路、永久桥涵施工等工作增加了难度。经综合分析优化，一方面，在不影响整体采矿方案的前提下，合理布置采场；另一方面，果断采取措施，在无名河上修建两座临时桥涵，盘活了排土场部分已征土地，保证了矿建施工持续推进。

考虑到施工单位的具体情况，为保证施工进度，南苏公司大力加强工程管理工作，深入参与施工单位的内部管理。如每周召开一次协调会，工程技术人员深入现场等方

图 2-32　矿建土方剥离

图 2-33　雨后的剥离场地

式。通过周例会制度和现场沟通，合理安排工作面，协助施工单位协调生产各环节的工作，提高了设备和施工效率，保证了进度。在"大干 180 天"活动中，完成基建剥离任务 300 万 m³，其中，7 月份创开工以来最高月产 70 万 m³。

根据初步设计，矿建剥离工程量为 $4.5 \times 10^6 \text{m}^3$，综合运距为 1.2km。从施工揭露情况看，煤层赋存情况与地质报告有所差异，实际揭露的 3 煤煤层顶板高度比勘探钻孔控制的高度高出 2～3m，因此实际基建量较设计基建量小。经沈阳煤矿设计院重新校核，确定基建量为 $4.25 \times 10^6 \text{m}^3$。

（二）工程完成情况

2010 年 12 月，矿建剥离工程结束，LCL 公司停止了剥离工程，并提出竣工验收申请。12 月 22 日进行了预验收。经国华电力公司测量验收，截至 2010 年 12 月 15 日，累计完成剥离量 3996111m³。

在旱季，受征地滞后的影响，剥离滞后。而土地征下来之后，又受雨季到来的影响，下部平盘积水，影响剥离进度。

由于煤炭需求滞后，为防止煤炭风化和自燃，露煤区上部留有 0.5～1m 厚的覆盖土层以保护煤层，而没有按照设计剥离至煤层顶板，因此造成部分剥离量滞后。

根据《露天煤矿工程施工及验收规范》（GB 50175—1993），采掘场和排土场台阶高度、工程位置、平盘和边坡平整度均符合设计要求，工程质量符合要求，所形成的生产能力符合投产条件，整个工程符合合同要求。

竣工验收时，与设计校核后的计划量相比，有 253km³ 的剥离量没有完成，考虑到所欠工程量较少且不影响原煤生产，决定转入生产期剥离。

2011 年 1 月 1 日，煤矿移交投产。

2011 年 2 月 28 日，矿建剥离工程通过南苏公司竣工验收，工程技术资料移交给档案室进行管理。

2011 年 12 月项目竣工验收。

第 三 节   送 出 线 路 建 设 管 理

一、 立项和审批过程

根据 PPA 合同的约定，在印尼境内的独立发电经营商（以下简称 IPP）须垫资建设由电厂至变电站的送出线路工程，工程建成并经 PLN 验收后移交给 PLN 管理，PLN 以送出电量补偿电价的方式偿还发电商所垫付的建设资金。按照印尼 PLN 规划，南苏电厂送出工程将以两回同塔共架 150kV 线路接入规划建设的 Banjarsari 变电站，再经该站接入南苏电网枢纽 Lahat 变电站。

PPA 合同中约定，南苏电厂需配套建设电厂升压站-Banjarsari 变电站段送出线路工程（全长 76km），PLN 将以送出电量补偿电价支付该线路建设资金。经与 PLN 指定的两家送变电工程公司分别议标谈判，最终确定与 PLN 南苏送变电工程公司（PWS）签订了送电线路工程 EPC 总承包合同。

由于受到金融危机影响，原负责 Banjarsari 变电站以及由该站接入电网枢纽 Lahat 变电站线路建设的另一家 IPP 公司无法继续完成该变电站及相应送出工程建设，PLN 要求南苏公司输电线路直接接入 Lahat 变电站，相当于南苏公司送出线路增加建设 Banjarsari 变电站-Lahat 变电站段的输电线路，否则，项目将无法接入 PLN 南苏电网系统。为确保电厂发电负荷的顺利送出，南苏公司增加建设 Banjarsari 变电站-Lahat 变电站段 24km 的输电线路工程。

2010 年 5 月，中国神华能源股份有限公司下发中国神华规〔2010〕108 号《关于神华国华印尼南苏煤电工程配套送出线路项目的批复》同意送出工程建设。

根据印尼有关规定，新建电厂配套送出线路工程必须由相应的独立 IPP 负责建设，只需要由南苏公司与 PLN 签署相关合同，无须其他部门审批。因此本项目配套的送出线路工程 100km 部分已与 PLN 签订在 PPA 合同中，全部送出线路工程则不需要印尼其他部门审批。

印尼国华南苏项目 2×150MW 发电工程已于 2007 年通过了中国政府的项目核准，同时根据国家发改委 2004 年第 21 号令《境外投资项目核准暂行管理办法》的规定，适用于境外项目申请变更的情况包括：

（1）建设规模、主要建设内容及主要产品发生变化；

（2）建设地点发生变化；

（3）投资方或股权发生变化；

（4）中方投资超过原核准的中方投资额 20% 及以上。

根据以上依据，为进一步落实该送出工程审批事宜，南苏公司向国家发改委外资司进行了汇报和请示。外资司认为，由于全部送出线路工程投资未超过南苏煤电工程投资的 20%，同时，送出线路工程也不满足其他符合申请境外项目变更的情况，因此，送出线路工程无需向发改委申请变更，可直接报商务部按境内公司向境外控股公司放款的相关程序审核办理。

二、　项目实施情况

送出工程以 EPC 的方式承包给印尼当地 PT. PUTRA WALI SEJATI 公司（简称 PWS 公司）进行建设，该公司长期与印尼 PLN 合作，熟悉当地情况，具有较强的协调能力。工程自 2009 年 3 月开始进行初步设计，5 月开始施工图设计，7 月开工建设，2013 年 2 月 8 日线路及对端变电站调试完成，全部工程结束，双回输电线路及对端变电站投入正常运行。建设中的输电线路如图 2 - 34 所示。

从电厂到对端 LAHAT 变电站输电线路总长 100km，线塔 289 座，共涉及地主 1185 户。整个线路施工穿过丛林茂密的热带雨林，

图 2 - 34　建设中的输电线路

跨过层峦跌宕的丘陵山壑，克服了征地困难、降雨频繁等诸多不利因素的影响，最终顺利投运，这是南苏地区多年来唯一建成的长距离输电线路，赢得了印尼政府、PLN 的一

致好评。

图 2-35 所示为南苏公司建设完成的变电站。

图 2-35　建设完成的变电站

第三章

生产运行篇

第一节　电厂生产管理

南苏公司根据印尼当地的国情与法律法规，结合国华电力公司发电管理体系，探索新的管理模式和制度体系，坚持以风险预控体系的要求为基准，并充分考虑印尼的实际情况进行优化，将国华电力管理的精髓融入南苏项目中，确保了各项工作高标准完成。

南苏公司生产运营管理模式为：设备管理实行点检定修制，主辅设备运行实施高度集中管理，日常维护和定期检修工作委托承包商负责。

电厂的生产组织原则：主辅设备运行实施高度集中管理，全厂只设置一个控制室，即集中控制室，负责所有主辅设备的运行监控。运行组织分为主机设备集控运行和辅属系统集控运行两部分，总的原则是部门精简高效、人员一岗多能、管理流程顺畅。

一、生产管理组织机构

南苏公司作为国华电力公司的第一个海外项目，肩负着探索海外项目营运管理模式，培养国际化人才队伍的重任，经投运至今的运行实践考验，南苏公司的组织机构设置和管理模式有效保证了安全生产、经营发展的正常秩序，为海外项目的公司管理提供了宝贵经验。

（一）管理原则

（1）符合中、印尼相关法律法规，符合《神华国华（印尼）南苏发电有限公司章程》，尊重印尼文化和习俗；

（2）依托国华电力公司专业化管理平台，充分利用国华电力公司管理、技术、物流、培训、信息等专业化支持服务；

（3）坚持国际化方向，遵守印尼当地法律法规稳妥实施本地化进程。

（二）管理模式

（1）生产运营期南苏公司全面负责发电厂和煤矿的安全生产、经营管理工作，南苏公司自主承担业务范围：发电厂生产设备的运行管理和操作，发电厂锅炉、汽轮机、发电机等主辅设备的管理，及热控、电气二次设备的维护检修工作。依托准格尔能源公司技术支持负责煤矿管理工作。

（2）南苏公司外包业务范围：煤矿的生产工作，发电厂锅炉、汽轮机、发电机等主辅设备的维护检修工作，治安保卫、消防、生活后勤服务工作。

（3）公司本部及研究院为南苏公司提供全方位的管理与专业支持服务。公司本部在国际项目、人力资源、财务等方面提供全面的管理支持，研究院在技术管理、技术监督、物流、人员培训、信息化建设等方面提供专业化支持服务。

（三）组织机构

生产运营期南苏公司设置行政部、经营管理部、财务产权部、生产技术部、安健环监察部、煤炭供应部、运行部、维护部 8 个部门。相关组织机构和定员情况详见第六篇《人力资源篇》。

二、人员招聘和培训

（一）人员招聘

（1）印尼电力专业技术人才短缺，需提前招聘，并进行较为深入的理论和实践培训。印尼员工受文化影响，假期多且休假意识强，如需要加班，需进行协商，并支付高额加班费，离职率高。因此，印尼员工招聘需在配置数量和质量上综合考虑。

（2）印尼为岛国，岛与岛之间交通需乘坐飞机，本岛两地机场间无直飞，需在雅加达转机，因此要充分考虑地域和项目地处环境条件这两个主要因素对离职率的影响，尽可能招聘本岛人员。

（3）生产准备期及投产初期生产关键岗位公开招聘国华系统内员工，如：值长、主值、部分副值、专业主管等是国华系统具有实践经验的高素质骨干员工，以保证机组试运的顺利进行和投产初期的运行稳定。一般要求具备本科及以上文化程度，值长、主值应具有相应机组同岗位运行经验 1 年及以上。国华系统内员工要求具有一定的英文水平以适应海外工作沟通协调的需要，具有熟悉电脑英文界面和用 BFS＋＋办理工作票的能力。

（4）辅控岗位考虑本地化的要求，招聘印尼当地员工，一般辅控主值班员由中方员工担任，副值班员及巡检由印尼员工担任，同时为本地化做好准备。

（5）招聘部分中国留学生配置在每一生产岗位上，以利用其精通英语和印尼语、熟悉印尼文化的特点来满足生产的需要，发挥留学生的桥梁和纽带作用。

（二）人员培训

培训工作的主要任务是对中国骨干员工进行语言文化培训，熟悉语言文化环境，方便与印尼员工的交流，为机组安全稳定生产做准备；对印尼员工进行专业技术培训，使他们尽快掌握生产技能，通过精心培养，尽早实现本地化。同时通过培训，尤其是关键印尼骨干员工在中国的培训，对促进文化融合有积极的影响。图 3-1 所示为生产准备第一批员工在宁海电厂培训。

1. 语言培训

为便于生产运营工作的正常开展及员工之间的交流沟通，组织对中方生产人员开展英语和印尼语的集中培训，对印尼人员进行汉语及英语的培训，同时采取中国员工与印尼员工互相培训的方式，在学习的同时，加强了交流。

图 3-1　生产准备第一批员工在宁海电厂培训（2008 年 8 月）

2. 理论知识培训

南苏公司组织印尼员工进行了集中的电力系统理论知识培训。生产准备期间，新入职的印尼员工同中方员工一道到江苏徐州电校进行了为期 4 个月的集中学习，聘请了专业的老师用英文授课，系统讲解了汽轮机原理、锅炉原理、变压器、泵与风机等电力专业必备课程。短短 4 个月，每个员工都表现出了极大的热情，印尼员工掌握了电力专业课程的基本知识，而在此过程中，中方员工提高了英语能力，以及同印尼员工之间的感情交流、语言交流、文化交流等息息相关的情感，对未来印尼现场工作做了很好的铺垫。

3. 现场技能实习

采用理论实践相结合的方式，通过现场的实际操作，对同类型机组、同时期机组的学习，使员工逐步掌握实际的现场技能，满足生产运行的岗位要求。

为达到更好的培训效果，南苏公司组织机、炉、电、热工等主要专业的中国员工编写了培训教材，并组织员工自行进行了翻译。教材编制过程中克服了资料短缺、到岗时间短、人员不熟悉、无法查阅随箱资料等种种困难，在短时间内完成了 300 多页 20 余万字教材的编制和翻译工作。从后来印尼籍员工的使用效果来看，教材给他们提供了比较好的入门资料。

南苏公司组织骨干印尼员工到三河培训基地进行了集中培训，充分利用了三河培训基地的优势，采用了系统图、规程、操作票、现场、仿真机、测试、指导的流程进行了全面系统的现场技能培训。当国华惠州电厂进入调试阶段时，南苏公司抓住难得的学习机会，组织员工到惠州电厂进行了调试期的跟班学习。南苏公司还通过组织员工到盘山电厂、神木电厂、沧东电厂检修现场学习以及同类型盐城电厂的学习、到设备厂家的培训学习等多种培训学习方式，使员工切实掌握生产运行所需的专业知识和实际技能，满足生产实际的要求，培训工作取得了良好的效果。

4. 当地文化培训

作为建立在印尼苏门答腊的海外电厂，文化差异是中方员工面临的重要问题。南苏公司组织中方员工对印尼文化、法律、宗教进行学习，在了解的基础上，工作生活中充分尊重印尼员工的信仰。努力营造一个互相学习、互相尊重、互相信任的工作生活氛围，营造和谐的团队，建立良好的人文环境。

三、 生产准备

（一） 建纲建制

按照国华电力公司管控体系的框架和印尼当地的实际情况，建立南苏公司的管理制度，明确各级生产人员的权利及责任标准，制定相应的管理人员工作标准、生产岗位标准、岗位职责，建立健全生产指挥系统和生产系统各级岗位工作标准（包括：部门之间分工、各个部门的岗位规范、岗位职责及考核标准等）。

明确生产人员的 26 项技术行为准则，包括运行规程、运行系统图、检修规程、设备点检标准、给油脂标准、技术标准、作业标准和检修文件包等，并建立设备运行、检修的各种表单台账，落实到责任人。

（二） 生产人员参与基建管理

为尽快熟悉系统和设备，掌握现场设备的安装、调试进度，及时发现设备制造、安装、调试中存在的问题，将设备制造、安装、调试中暴露的问题消灭在基建阶段，保证机组"接得下、稳得住"，所有设备"可管、可控"，基建期间，要求生产人员均应保证每天下现场至少 2h；每天填写"现场跟踪情况表"，记录现场安装、调试的具体情况和发现的缺陷，并及时反馈至工程部等相关部门，较大的缺陷、问题，以及对提高设备安装、调试质量的建议等，以"工作联系单"的形式送达相关部门。图3-2所示为生产人员参与基建的情况。

（三） 生产人员参与机组调试

生产人员全程参与了机组调试工作，根据调试单位的调试计划，南苏公司对生产各个专业负责人的工作进行了周密安排，从做 ETS、MFT 联锁试验、安全门定砣试验、

图 3-2　参与基建——启动锅炉

发电机阻抗试验、发电机短路试验、发电机空载试验、注油试验、主汽门和调门严密性试验、OPC 试验、TSI 电超速试验、机械超速试验、阀门切换试验、真空严密性试验等，生产运行人员都积极参与并深度配合。在机组整套启动完成与进入 96h 试运之间的消缺阶段，由安技部各专业专工组织维护部维护人员，帮助安装单位进行现场设备消缺，既使新到位的维护人员熟悉了现场设备，同时也为机组提前进入 96h 试运行作出了自己的贡献。

（四）安健环管理工作

在生产准备期，南苏公司的安全活动都是在安健环委员会的领导下开展，安全第一责任人是公司总经理，各部门经理分别是部门的安全第一责任人。安全监察方面，公司的组织机构高度扁平化与集约化，生产技术部与安全监察部合并，设立安全技术部，安全技术部兼具生产技术管理、生产过程安全管理与安全监督职责。设备维护、检修工作全部外包，对承包商的管理依据《国华（印尼）南苏发电公司承包商管理评价办法》《国华（印尼）南苏发电公司日常维护承包商管理标准》进行。

印尼的法律、法规与国内不同，无法照搬国华电力公司风险预控体系，需提前学习掌握。印尼安健环管理主要依据 K3 标准（kesehatan dan keselamatan kerja），即安全与职业健康标准，主要涉及印尼环保部、劳工部和 PLN 电力公司等政府部门或单位，其中环保部负责环保监察，劳工部则负责压力容器、特种设备等管理，PLN 电力公司负责调度、运行人员取证等。海外项目应尽早开始相关法律法规收集和翻译工作，并尽早学习掌握，以便于顺利开始相关工作，符合当地法律法规要求。

（五）生产物资准备

南苏地区物资匮乏，机加工能力弱，交通不便，绝大多数生产备品备件需从国内采购，采购周期长。物资到中国集港后，需经过候舱、报关、海上运输、清关、印尼国内运输至现场等一系列环节，平均耗时达一个半月之久。因此导致现场物资仓储需求量大，物资储备成本高。南苏公司在基建期即开始了生产物资采购的策划与实施，部分备品备件随基建设备一起采购，既保障了备品备件的及时到位，又降低了造价。对于大宗材料、消耗性材料及工器具，提前做好需求计划，保证物资供应及时到位，有力保障了机组的检修及连续稳定运营的要求。

（六）技术监督管理

南苏公司高度重视技术监督工作，在生产准备期即确定了技术监督三级网络，创新性的将压力容器、起重、消防等特种设备纳入技术监督管理体系，并确定了相关管理制度及监督导则。强调"电力全过程技术监督"的重要性，重申了"非停就是技术监督工作的失败"的理念，明确做好技术监督工作的关键是各级技术监督网络人员的岗位责任，是日常技术管理的工作的重要内容，是设备状态检修的重要手段，是生产管理品质的重要评价指标之一。同时要求各专业技术监督人员对在平时工作中遇到的问题要结合印尼国内的技术监督要求及印尼电网具体情况进行探讨、研究，并提出解决办法。

（七）信息化工作

利用计算机网络对生产运行管理、设备管理、维修管理、备件管理、文档管理等实施现代化管理。在生产准备阶段，开发建设电厂生产管理系统（BFS＋＋），对生产系统、分类、设备、类型、部件清单和实时数据等基础单元进行收集、整理、统计。

（八）组建消防队伍

南苏公司于 2012 年 5 月底组建了自己独立的专职消防队，并聘请当地消防部门对专职消防队进行培训，以便对现场发生的火险火情能够专业、及时、规范扑灭。

为确保风险预控管理体系的有效实施，南苏公司共编制各类应急预案、处置方案 60 个。为了更好地检验应急预案合理性，应急体系的反应能力，确保及时、有效、迅速地处理事故，避免或降低各类事故可能造成的重大人身、经济损失和政治影响，举办了全厂范围内的消防演练，取得了圆满成功，增强了全员安全生产意识，为公司商业化运营提供了强有力的安全、技术方面的支持。

四、 设备综合提升和优化

2011 年两台机组相继投产后，南苏公司实现了机组连续稳定运行，各主要技术经济指标全部合格，达到或优于设计值。汽轮机、锅炉和发电机等主要设备运转稳定，可靠性高。2012 年是机组由基建转入生产的第一个完整生产年，作为南苏门答腊岛最大容量装机，机组出力满足调度需求，全年未发生人身、设备安全事故，未发生环境污染事件，得到了印尼 PLN 的高度赞扬。

由于本项目煤质为超高水分年轻褐煤，国内尚未有此经验，且其具有高挥发性、低热值、黏结性强、细粉量大、极易自燃等的特性，投产初期也出现了输煤系统及煤干燥系统堵煤、扬尘严重、煤粉自燃、高浓度含煤废水处理困难等问题，同时首次应用于电力系统的煤干燥装置也需根据实际运行情况进一步优化以达到和电厂系统的最佳匹配。为此，国华电力公司专门成立了由总工程师为组长的技术攻关组，调配国华电力公司研究院及各电厂的相关专家，并组织西安热工院、华北电科院、西北电力设计院等外部专家，开展了调研、研讨、方案论证和现场试验等工作，经过现场生产人员及专家的共同努力，通过一系列提升优化工作，最终问题得到了有效的解决。实现了机组长周期稳定运行，并最终取得了连续 7 年无非停的骄人成绩。

（一）输煤系统及煤干燥系统堵煤问题

由于原煤湿度大，易板结，投产初期输煤系统转运站、煤干燥系统湿煤仓及原煤仓等经常发生蓬煤、堵煤等情况，在雨季尤为严重，影响干燥机正常制煤。另外，煤干燥机出口的刮板输送机底部及侧板易出现煤粉黏结，造成刮板弯曲变形、浮链，影响刮板输送机出力，甚至导致刮板输送机无法正常工作。

为此采取了以下措施：

1. 湿煤仓和原煤仓的改造

根据现场实际情况和数据计算分析，在研究了国内外煤仓堵煤治理技术基础上，对

图 3-3　旋转煤仓

于湿煤仓和原煤仓的改造采用了旋转煤仓治理方案。如图 3-3 所示，旋转煤仓是在煤仓瓶颈部位安装旋转煤仓，解决煤仓底部双曲线锥度部位由于大量高水分原煤淤积造成的板结堵塞问题。旋转煤仓采用一次分离、二次疏松、三次搅拌、四次螺旋喂料的方式同时动作，在短短的 30s 内实现煤仓的全方位清堵，

彻底清除旋转范围内料仓的架桥、结拱、漏斗流等堵塞现象，进而减少堵煤的概率。现场改造完成的旋转煤仓如图 3-4 所示。

另外，根据煤仓堵煤的特点，设计了旋转刮刀设备清除插板门至给煤机部分落料筒的堵塞。旋转刮刀实现定点停运，旋转刮刀延伸至旋转煤仓固定刀座部位，实现改造范围内无旋转盲区。

旋转煤仓设备解决了煤仓底部板结堵塞问题。经过运行发现在煤仓中下部位置，旋转煤仓上方斜段仍存在大量板结情况，长时间运行板结厚度不断增加，严重影响煤仓下煤，平均每 4 天需要对煤仓斜段进行拉空并需要人工清理。为解决挂壁板结问题，现场进行了空气炮试验，效果良好，仓壁挂煤板结均可通

图 3-4　煤仓改旋转煤仓

过空气炮打落，因此在原煤仓和湿煤仓均安装了空气炮。

通过在湿煤仓和原煤仓瓶颈部位安装旋转煤仓，配套旋转刮刀清除插板门至给煤机落料管的堵塞，同时在煤仓加装空气炮，振打器等方案，从根本上解决了煤仓的板结、结拱、堵塞等问题。

2. 埋刮板输送机改造

由于煤干燥运行产煤携带蒸汽，到达埋刮板输送机入口后冷凝，部分煤粉湿度大，黏度高，易在埋刮板底部板结。埋刮板输送机刮板较薄、链条较轻，容易被积煤浮起，进而产生刮板弯曲变形。在进煤量不变的情况下，随着运行时间变长，底部板结积煤越来越厚，板结厚度甚至超过 100mm 以上，埋刮板的煤流越来越高，高至回程链的骨架后无法及时刮走，形成严重的堵煤状况。

将煤干燥机出口的埋刮板输送机改为螺旋输送机，可强制出料，避免煤粉堆积影响系统安全，起到锁气、防止空气被吸入的功能，且具有自密封效果。配套螺旋输送机已经在宝钢、太钢、攀钢成功应用，运行可靠、稳定，适应寿命长，克服了刮板机存在的缺点。改造后的螺旋输送机如图 3-5 所示，可完全满足出力要求，无板结停运事件发生，运行安全可靠。

图 3-5 改造后的螺旋输送机

3. 建设湿煤棚和初级破碎站防雨棚

通过建设湿煤棚（2.4 万 t，可满足 3 天的用量）和初级破碎站防雨棚（如图 3-6 所示），有效解决了雨天和雨后及时上煤问题，同时通过加强煤矿来煤质量监督、干煤棚堆放降温降水分、定期降仓位等运行调整措施，防止堵煤问题出现。

4. 转运站落煤管改造

将落煤管由方形改为圆形落煤管，且内衬高分子板，同时在落煤管加装空气炮，解决落煤管的蓬煤、堵煤问题。

5. 破碎站改造

对破碎站刮板给料机煤筒进行改造。将 M11 尾部滚筒向后平移 500mm，落煤筒角度改为向下平直，落煤筒两侧倾斜段扩大，改为向下平直。改造后圆环链

图 3-6 破碎站防雨棚

刮板给料机头部落料空间大，平直的落煤筒内黏煤系数降低，积煤能够及时掉落在输煤皮带上，刮板给料机回程箱内积煤大量减少。

另外，加强刮板机基座的结构强度，用型钢加固基座。改变基座的支撑结构，变悬臂支撑为三角支撑。加固刮板机驱动轮轴承座并升级紧固螺栓强度。从动轮张紧支撑由液压油缸张紧支撑改为固定插板张紧支撑，定期进行链条张紧调整，防止从动轮紧力不足。经调整，刮板机整体张力平衡、运行平稳，链条回程箱内积煤面平滑，积煤少。修订定期维护工作标准，圆环链传动的制造与安装精度要求低，运行环境恶劣，是圆环链刮板机故障高的原因。高标准的维护工作是降低圆环链刮板机故障的基础保障。

（二）粉尘问题治理

原煤经煤干燥系统加热失水后，温度达 80℃ 以上，干燥过程中煤粒爆裂，产生大量粉尘，且粒径小于 0.5mm 的占总组分的 80％ 以上。在高温干燥状态下，细小颗粒不易黏附在粗颗粒上，分离出来而形成粉尘。粉尘在煤流高落差转运、皮带运行牵引气流、诱导气流等作用下脱离煤流逸出，漂浮在煤流的外部空间。由于粉尘的粒径小，表面积大，飘逸时间长，造成空间粉尘浓度大。

扬尘不仅造成环境污染，危害职工身体健康，破坏电气绝缘，加速机械磨损，影响远程监控系统的可视度，甚至引起爆炸或发生火灾事故。因此，对扬尘的有效防治是南苏公司运行初期迫切需要解决的问题。

南苏公司经大量的生产实践摸索及研究分析，对于扬尘治理采用了"降尘、抑尘"等综合治理方案。总体上以降尘为核心主线，抑尘为辅助手段，根据不同部位的粉尘特性，采用适宜的措施，达到控制粉尘的目的。

1. 干燥后的粉尘浓度控制

从源头上控制粉尘浓度，首先要研究粉尘特性，研究粉尘浓度与煤的干燥度、温度、水分控制等的关系，找到合理的运行方案，从而达到降尘的目的。

南苏公司经大量的生产实践发现，扬尘活跃度与煤干燥度直接相关。当干燥煤水分大于 50％ 时，粉尘量大大减少，并且能够满足锅炉制粉系统及燃烧系统的安全稳定运行。因此南苏公司将干燥后煤的水分调整为 52％～54％。通过选取适合本项目煤质特性的干燥后煤水分，从源头上降低了粉尘的产生，最终作业环境粉尘指标全部达到印尼和中国环境标准。

2. 输煤系统粉尘治理

干燥后褐煤经过转储干煤棚内静置后，随着温度降低，粉尘活性降低，输煤系统扬尘随之降低。

输煤系统转载点产尘量过大是该系统扬尘形成的主要原因。转载点治理主要为导料槽、落煤筒治理，采取密闭点源的方法，最大限度地防止颗粒的外逸。现场对输煤皮带机尾部采用全封闭式导料槽，并将尾部导料槽延长，导料槽前、尾端安装聚氨酯合成橡胶条升降式挡尘帘，尾部安装干雾降尘设备，实现就地抑尘的目的。

另外，输送胶带为橡胶材质，输送胶带表面细颗粒粉尘吸附，输送带表面损伤等因素，使输送胶带清扫器无法彻底清理干净输送胶带表面煤粉。输送胶带缠绕输送机的改向滚筒形成封闭的环形运行，输送胶带表面煤粉在运行中振动脱落是造成输送带沿途粉尘扬尘原因。

解决方案为：一是更换合金清扫器、调整胶带清扫器运行清扫间隙，减少输煤皮带沿程扬尘。二是进行输煤皮带机防尘罩封闭，输煤皮带沿程无缝对接。三是在头部加装水喷淋及清扫器，工作面加湿、清扫，减少皮带工作面黏附煤尘，运行中皮带抖动的二次扬尘。四是对转动压带轮处进行抑尘网覆盖治理，消除沿程扬尘。五是调整犁式卸料器，安装输送胶带回程三角清带器，消除回程胶带带煤，减少回程胶带扬尘。

输煤皮带机采用上述防尘罩封闭，沿程无缝对接，尾部采用全封闭式导料槽，将转载点尽量封闭起来，对转动压带轮处进行抑尘网覆盖治理，同时在端部安装干雾抑尘装置等一系列措施，起到了很好的粉尘控制作用。图 3-7 所示为输煤系统改造后的情况。

图 3-7　治理后的输煤系统

3. 输煤系统除尘器治理

原煤仓层除尘设备采用的是环隙脉冲袋式除尘器，运行过程中布袋脉冲反吹除尘。原煤仓除尘器设计风量为 $5600m^3/h$，阻力小于 1200Pa。实际运行中，除尘器布袋积尘严重，煤尘吸附在布袋表面，煤尘厚度达到 20mm，布袋堵塞严重，影响除尘效果。在风机负压运行情况下，脉冲反吹无法将布袋表面的积尘清理掉，除尘器除尘效率大大降低，粉尘逃逸。布袋表面粉尘长期堆积发热，多次引燃布袋发生火灾。

运行人员经过多次除尘器运行方式的调整试验，发现在停除尘器的条件下，完成布袋脉冲反吹除尘，除尘后再启动除尘器运行。在 40min 间隔内，能够满足除尘需要。按照这种运行模式，解决了除尘器的布袋堵塞及积粉自燃问题。图 3-8 所示为原煤仓除尘器运行模式调整后的情况。

图 3-8　改善后的原煤仓层

　　另外，煤干燥系统后的输煤系统 3~5 号转运站粉尘浓度大，布袋除尘器无法满足除尘要求，采用了 3 个转运站共用一台冲激式除尘器作为除尘系统使用。将 3~5 号转运站的吸风口统一引至冲激式除尘器，收集粉尘及导料槽位置形成负压，有效阻止了粉尘外溢。除尘器可靠投运，各转运站导料槽负压环境运行，扬尘现象消失。

　　4. 干煤棚抑尘治理

　　干燥后的高温煤经过堆料机的高落差储存于干煤棚，使干煤棚内高温气体上升，煤棚穿堂风的气流扰动，造成粉尘飞扬。通过在干煤棚两端安装抑尘网，最大限度地衰减来流风的动能，降低其起尘和携尘能力，综合挡风抑尘率可达 80% 以上，从而达到抑制扬尘的效果，并大大降低煤场存煤煤耗。

　　5. 积粉自燃治理

　　由于南苏项目的粉尘易飞扬自燃的特性，生产过程中高度重视积粉自燃治理，通过不断探索，找出了一整套消除积粉堆积方法，即拆、换、罩、抖、封。通过这一整套方法的实施，有效避免了粉尘堆积及自燃。

　　拆，即拆除多余设备，消除夹缝积粉。

　　换，即将大平台上钢板更换为钢格栅板。

　　罩，即给操作、电气室屋顶大平面做个锥型帽子，如图 3-9 所示。

　　抖，即给运行设备钢梁夹角焊上钩钉抹上水泥坡化处理，设备运行中抖掉钢梁表面的积粉，输煤皮带机拉紧装置框架及钢结构 C 型钢等利用坡化治理减少积粉。如图 3-10 所示。

　　封，即封堵设备上的存粉孔洞，对输煤区域进行密封隔离等多种改造方法，减少输煤区域扬尘造成周边区域影响。

图 3-9 锥形帽子

图 3-10 坡化处理

（三）解决作业环境 "三高" 问题

由于南苏当地气象条件和本项目煤质特点，造成现场作业环境"三高"问题，即高温、高湿、高粉尘问题，这是生产运行必须解决的重要问题。除上文已经阐述的粉尘问题外，现场还采用了一系列措施解决高温及高湿问题。

防高温措施：对于不同部位采取针对性的措施，如干燥煤通过干煤棚转运散热、部分皮带护罩敞开、煤仓间和汽机房加大通风量、热控和电气元件加装遮阳棚等措施，预防高温，保证生产运营的安全稳定，如图 3-11 所示。

防高湿措施：采取了规范水冲洗范围、优化水冲洗次数、控制箱等设置通风孔、加装防雨棚等一系列措施，如图 3-12 所示。

图 3-11 加装遮阳棚

图 3-12 控制箱设置通风孔

（四）煤干燥系统优化

为达到煤干燥系统和电厂系统的最佳匹配，生产运行人员在生产实践中不断探索，对煤干燥系统出力、煤干燥装置防爆燃、煤干燥尾气处理等方面提出了优化方案。

1. 煤干燥系统出力优化

在不断地生产实践中发现，当干燥后煤水分在46%以下时，输煤系统扬尘严重。因此经现场反复摸索试验，将干燥后煤水分控制在52%～54%，不仅解决了扬尘问题，而且煤干燥出力完全能够满足锅炉制粉系统及燃烧系统的安全稳定运行。同时，生产人员在运行中也探索了不同季节条件下，满足出力的最佳汽煤比（干燥所需抽汽量与给煤量之比），在旱季时最佳汽煤比为1∶7～1∶8，雨季时最佳汽煤比为1∶5.5～1∶6.5。经过上述运行参数的优化调整，煤干燥机进煤量增加了约10%；在旱季，煤干燥系统采用三运一备的运行方式，能够满足机组满负荷出力，运行安全稳定。

2. 煤干燥装置防爆燃的运行措施

煤干燥装置在设计阶段就充分考虑了防爆燃的方案，启停时采用惰性气体保护，避免采用空气做载气的方案，并设置了氧量检测控制系统进行监控，同时干燥机入口采用密闭进料，以实现干燥机内的无氧干燥。

机组投运后，运行人员结合实际情况进一步提升安全运营环境。运行中发现，干燥机筒体入口与出口由于密封不严，易形成负压吸进空气，造成煤粉自燃。出口密闭皮带机在高温高湿条件下，运行皮带易跑偏，造成密闭皮带机内部积粉，长时间堆积可能引发自燃并产生爆炸。

在治理初期，针对密闭皮带机内部积粉自燃问题做了相应改造，在凝液罐引出保护蒸汽对密闭皮带机内部进行蒸汽保护。该改造对于停运时的密闭皮带机较为有效，但在运行过程中，水汽凝结造成煤干燥出料箱产生煤泥，一方面影响干燥度，另一方面，凝结的水汽导致密闭皮带机滚筒极易打滑跑偏，造成系统非停。

经充分研讨，将出口密闭皮带机换为螺旋输送机（改造后的现场如图3-13所示），改造后大幅提升了干燥机的密闭性，筒体内部负压和氧量稳定，螺旋机能适应来料不均匀的情况，并可适应较高的温度。运行稳定，输送能力强，叶片耐磨，使用寿命长，可靠性高，运行中杜绝自燃和爆燃风险。

图3-13 改造后出口螺旋给料机

另外，为避免煤干燥设备启动过程中出现氧量超标导致爆燃事件发生，制定了空载和重载启动措施，严格控制系统参数，杜绝了启停过程中干燥机内煤粉爆燃事件发生。

3. 称重给煤机优化

在投运初期，时常发生称重给煤机壳体内温度过高（时常超过 100℃），超过称重传感器的工作温度（−30～70℃），造成称重传感器零点飘移和损坏的事件，同样的情况当时国内外尚无可借鉴的成功案例参考。在充分论证后，将称重传感器水平上移至称重给煤机外部；在不影响称重准确性的基础上，使传感器与称重给煤机内部高温蒸汽有效隔离，从而延长了称重传感器的使用寿命，保证了煤干燥系统的稳定。

针对称重给煤机落料口洒落煤问题，技术人员对煤仓落料口进行了优化，将落料口由原给煤机上部改至给煤机内部皮带上方 2cm，基本完全封住原煤洒落方向，保证皮带稳定运行。

干燥机入料口原设计为溜槽式，原煤经过落煤筒通过溜槽导向进入干燥机本体干燥，在原煤进入落煤筒时易造成堵塞和板结。改造初期技术人员对煤干燥入料口加装了大功率振打器，但效果甚微，仍需要定期停运系统，清理落煤筒。经过与厂家沟通，将煤干燥入口溜槽改为螺旋给料机强制给料输送。经过改造，彻底解决了干燥机入口堵煤的问题。改造后的入料口情况如图 3-14 所示。

图 3-14　改造后煤干燥机入料端

4. 煤干燥凝液系统优化

煤干燥生产运行中，单套煤干燥系统凝液量约为 18t/h，低于原凝液泵设计值的 50％左右，虽然安装了恒量旁通管，但仍无法满足最小流量控制要求，致使凝液泵频繁启停，增大了泵产生汽蚀的概率。

根据现场凝液情况，技术人员分别将 1 号和 2 号凝液罐、3 号和 4 号凝液罐利用连通管合并排放凝液，靠单台泵排放两台干燥机凝液，可将凝液量增加至 36～40t，达到设计值 80％，属于凝液泵最佳运行区间，有效消除凝液泵气蚀振动大造成的设备损坏问题。

5. 煤干燥尾气处理装置优化

原煤经煤干燥机干燥后，产生的尾气从干燥机尾部的出料箱顶部排出，进入湿式除尘器，净化后的尾气经引风机吸出，通过排气管进行排放。由于原煤在干燥机内干燥后产生大量煤粉，经过水激式除尘器后，煤粉在尾部除尘管路内长期粘壁腐蚀，造成除尘器入口斜管段、引风机壳体及内部部件大面积腐蚀。

针对运行中出现的情况，检修时将易产生腐蚀的煤干燥尾部管路、引风机箱体、风道调节门等部位的材质由碳钢改为不锈钢，解决了腐蚀问题。另外，对除尘器补水系统、排污管路及旋流设备等进行了优化，减少了冗余系统，有效降低了能耗、优化了空间。图 3-15 所示为煤干燥系统湿式除尘器改造后的情况。

图 3-15　湿式除尘器改造后

除尘器补水系统优化：一是由于原煤属于年轻褐煤，煤质较轻，旋流设备无法进行清污分离，投产后一直未投入使用，改造时拆除旋流设备和附属部件，减少了冗余系统，优化了空间。二是将原清水池及清水泵拆除，由煤干燥工业水母管通过电动门调节进行补水。三是缩短排污管路长度，减小煤水排放阻力。改造后的补水和排污系统补水量约为每小时 30t/h，远低于原每小时 70t/h。四是取消了原有八台清水泵，有效降低了能耗，年节省电量 103.6 万 kWh。五是优化引风机运行方式，由原来的四运二备改为二运四备，年节省电量 184.8 万 kWh。

（五）含煤废水治理

煤干燥后产生的尾气经湿式除尘器处理后，产生了大量的高温、高浓度含煤废水，经实际运行观测，废水温度约 90℃，浓度达 32000mg/L，流量约 80 t/h。原设计废水治理方案为加药沉淀，定期进行反冲洗的方案。随着时间的推移，沉淀池容积有限，沉淀池中煤泥的清理、含煤废水的排放、废水处理设备故障频发等问题也接踵而来，稍有不慎就会造成含煤废水溢流，严重污染环境且造成原煤的流失。

通过对含煤废水的分析试验及多种处理方案的研讨，最终确定了采用短流程煤水固液分离系统，在原有煤水处理基础上，采用四台厢式压滤机（如图 3-16 所示），并自行设计多管联排式热交换器、含煤废水池扰流管改造等多项措施，综合治理含煤废水，成功实现了大容量高温高浓度含煤废水处理、废水达标排放、煤泥转运回用，满足了安全生产环保要求。

五、生产运行管理

南苏电厂双机分别于 2011 年 7 月 6 日和 11 月 3 日投产运行，于 2013 年 2 月正式实现商业运行。项目自投产以来，机组运营稳定，实现连续 7 年无非停、电厂等效可用系数 94% 以上的好成绩。截至 2020 年 12 月 31 日印尼南苏电厂安全运行 3467 天，1 号机组连续运行 1347

图 3-16　快开厢式压滤机

天，创造了印尼双机、单机连续运行最长纪录。

作为国华电力公司首家海外运营的企业，南苏公司坚持"以人为本，生命至上，风险预控，守土有责，文化引领，主动安全"的思想，以国华电力公司《安全风险预控管理体系》169 项制度标准为指导，深入融合印尼 SMK3（职业、安全、健康）安全和健康管理体系，更新 67 部预案，落实各级安全生产责任，实现"人员零伤害、机组零非停、消防零火险、环保零污染、外事零事件"的目标。2016 年以 93.97 分的成绩顺利通过印尼劳工部 SMK3 金色证件评审，成为第一家获得此认证的外资企业，第三家获得此认证的电力企业。

自 2011 年投产以来，设备综合提升和优化效果显著，人员操作逐步规范，圆满完成了两次机组的首次大修，成功处理了 10 次线路故障双机全停事件，并多次帮助 PLN 优化线路的保护定值，得到 PLN 的赞赏，同时还成功避免了 6 次线路故障停机风险，可靠性在区域电网内排名第一，连续六年实现机组无非停。

南苏电厂作为国华电力公司第一个海外项目，任务光荣、使命重大、责任艰巨。电厂成立之初，各级管理者深入了解南苏当地的人文、社会环境，不断梳理存在的困难和薄弱环节，研究对应措施。在当地，生产运行管理面临的主要困难，一是由于民族文化差异、宗教习俗以及语言交流存在较大障碍，在工作交流过程中存在较大困难。二是缺乏高层次的技能人才，在印尼员工中没有硕士以上学历人员。运行队伍有 2/3 的员工是当地村民，没有受过高等教育，文化程度较低，安全意识缺乏。三是由于文化理念差异，印尼员工认为学习是工作上的事，工作和学习是完全分开的，90% 的人下班后不会主动学习。四是南苏电网基础薄弱，保护装置及设置不完善，电网事故频发。五是南苏项目超高水分劣质褐煤极易着火、爆炸，褐煤干燥新技术的首次应用还需在运行中不断改进完善。

面对当地纷繁复杂的社会、人文环境，南苏公司精准定位运行队伍发展方向，着力打造一支技能优秀、操作规范、应急得当的运行队伍，确立了生产运行管理规范化、精细化、本地化的目标。

（一）深入开展运行班组基础建设

按照国华公司关于班组建设的要求，遵循"简约减负、重在实效""自查自改、自我完善""持续改进、分级管控、申报评审"的原则，按照"五化"管理达标要求扎实推进班组建设，充分发挥"国华电力星级班组建设管理信息系统"作用，以"星级班组"建设活动为抓手，强化制度、标准、规程和安全技术措施执行，推广"六必谈、六必访"和"五干"班组管理法等先进经验，实现班组"安全健康环保、技术技能优秀、文明进步和谐"目标。

（二） 全力推进运行管理标准化、 规范化工作

南苏电厂以国华电力公司运行规范化管理评价标准为契机，查找运行管理中存在的不足，制定了 49 项具体工作，修订完善运行管理制度 21 个。

（1）积极推进运行安全自主管理，运行部管理人员对现场的巡检、操作、三票的执行、日常行为进行全过程监察；充分发挥各值安全员的作用，积极发现存在的问题并及时通报、整改、闭环，做到事事有人检查、事事有人监督。

（2）建立运行安健环视角。运行部每周对部门管理人员发现的问题进行汇总，形成运行部安健环视角，并在生产例会上进行通报，主动暴露安全生产、文明生产中存在的问题，对相关问题按照部门归属认领闭环，大大提高了现场安全生产、文明生产、规范化管理水平，督促大家执行标准、规范行为。

（3）修订符合印尼特点的本地化运行管理制度 21 个，主要结合印尼员工特点及印尼 SMK3 标准，既承载国华公司管控体系又符合印尼传统文化要求。

（4）编写完成了《国华（印尼）南苏发电有限公司应急处置指导卡》17 个，涵盖了运行中典型异常处置案例，提升了运行人员现场处置能力。

（5）拍摄完成电气操作规范化视频，利用学习班时间进行专项培训，让每名印尼员工深刻体会到操作要点及风险点控制，大大提高了运行人员电气操作的规范化水平。

（6）全面开展现场操作专用执法记录仪使用，对印尼员工电气操作的规范性提供了示范作用。

（7）完成标准操作票库的建立，在原有标准操作票的基础上，增加正常参数值、高低限值及风险点提示，所有操作票都具有较强的操作性和风险点控制，具有较强的针对性。

（8）针对机组检修后的设备改造及运行方式调整情况，抽调专人修编规程及系统图，对现场设施、设备进行逐一核对，保证了规程及系统图的及时更新。

（9）严格按照定期工作标准及三票三制要求开展相关工作，投产八年来所有操作均无差错。

（三） 优化机组运行管理

建立优化运行激励机制，确定优化运行重点项目，每月对项目进展情况盘点通报；研究循环泵运行方式优化、机组启停方式优化等工作；深入开展机组指标竞赛和运行值际竞赛，总结经验，完善竞赛办法；开展运行参数与设计偏差分析，加强机组能耗统计分析及管理，深度开展"正平衡计算、反平衡校核"工作，有效监督设备及系统经济性，达到"每台机组能耗水平清、每项指标影响规律明"；强化入厂入炉煤采制化管理，确保入厂煤、入炉煤热值等数据准确；加强厂区非生产用能管理，降低全厂综合厂用电率。

（四） 成功处理十次因电网出线故障导致的全厂停电事故

南苏电网薄弱，每年都有因电网故障而发生的全厂停电事故，运行人员总结南苏公司历次因线路原因引起的厂用电全停事故经验，每季度开展一次厂用电全停事故演练。目前南苏公司已成功处理十次此类事故。全厂停电事故发生后，运行人员快速响应、正确处理，保证了机组安全停运，未发生设备损坏事件。在恢复厂用电过程中，运行人员分工明确、采取双人监护制度，2h 将厂用电全部受电完毕。启动过程中合理使用启动炉用汽，在保证启动炉最大供汽量的情况下，采用 1 号机组高压旁路后冷端再热器供辅汽联箱汽源进行并汽使用，保证了两台机组同时启动用汽，实现了两台机组同时启动。在南苏电网出现的 10 次故障中，南苏电厂都是恢复最快的，得到了印尼电网公司高度认可。

（五） 强力推进印尼员工本地化队伍建设

南苏公司始终把印尼员工的培养作为重要工作，每年年初制定详细的培训计划，设置月度考试专项奖励，对各专业考试成绩前三名的员工进行奖励，极大地激发了印尼员工的学习积极性。

针对印尼电网不稳定及超高水分劣质褐煤易燃易爆的特点开展了专项培训，提高了全体员工的事故响应能力、掌握了事故处理的要点，为机组安全运行提供了较大的支撑。

定期邀请热工、二次专业主管对基本控制逻辑、给水三冲量调节、保护的配置等进行了专题培训，开拓了印尼员工的视野。

积极发挥印尼籍主要岗位人员作用，印尼籍集控主值分系统编写 PPT 培训课件，中方值长进行审核，公司最后审批发布，形成了一整套具有印尼特色的培训教材，为新进员工提供了较好的学习素材。运行部经理、副经理牵头编写专项深度培训课件 8 个，对机组启动、分系统启动、设备原理等进行了详细的讲解，取得很好的效果。

目前运行部现有中方员工 10 人，印尼员工 110 人，印尼员工占比 92%。其中经理助理 1 名、值长 1 名，高级主管 1 名、集控主值 7 名、辅控班长 4 名、化验班长 1 名，成功打造了一支以中方员工为支柱、印尼员工为主体的运行团队。

六、 检修管理

南苏电厂检修管理，以生产技术管理为支撑，各专业配强技术管理人员，全面负责本专业技术把关、技术革新、技术改造等工作，为本专业提供全方位技术支撑。机组检修、日常维护施行整体外委管理模式，负责机组的 A、C 级检修，日常维护，点检定修。以检修管理精细化为核心，实现机组高标准检修、长周期运行的目标。在推进检修管理精细化过程中，存在诸多不利因素。一是受当地文化、语言、宗教等影响，日常工作中交流难度大，工作执行过程中容易走样。二是检修队伍全部外委，人员流动性大，使用中方员工存在较大用工风险，印尼员工综合素质不高，给检修管理带来较大难度。三是南苏电厂所处位置偏远，资源极度匮乏，物资采购困难，许多备品备件需要国内采购，采购周期较长。四是印尼本地检修队伍技能较差、检修工艺不达标、检修工期较长、检修及维护成本较高，无法满足电厂需求。五是由于南苏电网稳定性差；高水分劣质褐煤极易扬尘、着火、爆炸；褐煤干燥技术的首次应用等都给检修管理带来较大挑战。六是印尼没有电科院及相关机构，量值传递较为困难，技术监督自主管理，缺少第三方支持服务单位。结合印尼当地人文环境及生产实际情况，南苏电厂在检修质量管理、设备可靠性管理、隐患治理、机组计划性检修、承包商管控等方面有针对性地开展检修管理精细化工作。

（一）加强检修质量精益化管理

强化检修开工前准备管理，机组检修要提前 1 个月具备开工条件，检修管控文件覆盖率 100%。强化以生产副总经理为组长的指挥协调体系，落实"领导过程督导、重点区域分片负责、重大节点现场到位"责任，修后实现运行 300 天无非停。执行国华电力公司《检修现场施工管理标准化手册》，强化过程精细化管控措施的落实执行与监督。加强检修安全、技术、质量、工期的全过程危险源辨识与风险控制，动态有效管控高风险项目。实施专业化管理，建立机组检修技术组，落实责任，对检修过程和质量进行全过程的管控。严格执行包括文件包在内的各项检修控制文件，质检点均要做到专业人员复测。制订并落实修前、修后试验项目计划和试运措施，确保实现机组修后重要参数、经济性能指标全面优于修前。

（二）加强全寿命可靠性管理

开展设备定期检查、日常维护、系统诊断、缺陷分析，做到设备全寿命管理，严控机组非停。按照国华电力公司《火力发电辅助设备可靠性评价标准》，增加对非健康运行状态的统计评价，全面提升辅助设备可靠性。按照国华电力公司《发电设备可靠性评价规程》正确填报可靠性数据，确保数据真实准确完整。

（三）加强锅炉防磨防爆管理

成立锅炉防磨防爆领导组和检查组。生产副总经理是锅炉防磨防爆第一责任人，组织制定防磨防爆治理计划、参加检查验收、监督奖惩制度落实到位。严格执行《国华电力锅炉防磨防爆管理手册》，杜绝锅炉重复性泄漏事件。锅炉专业技术组吸取其他电厂锅炉四管泄漏的教训，防止共性原因泄漏事件在印尼南苏电厂重复发生。运行人员根据煤质的变化，优化燃烧调整，控制升降温速度，防止尾部受热面低温腐蚀，防止受热面超温。

（四）加强隐患排查治理监察

南苏电厂按《国华印电安全隐患管理制度实施细则》的要求建立隐患管理台账，对隐患随时发现、随时登记、随时上报、逐月汇总分析。重大隐患进行风险评估，制定运行监控措施、应急预案、治理方案。生产技术部监督隐患排查治理效果，逐项跟踪销号闭环。生产副总经理每月组织对系统性危险源至少进行一次全面的辨识与评估，强化动态评价严惩三违。各生产部门对安全法律法规和制度标准执行、安全生产责任制落实和安全生产体系建设、安全标准化、"三违"和"三类违章"、承包商管理、消防安全、环境保护、职业卫生、事件管理开展专项监察动态评价，按照岗位责任制细化各层级安全生产考核奖惩机制，坚持过程考核和结果考核相结合，突出强化对各级领导、部门负责人的履责考核，严惩干部违章指挥作业行为，并将考核结果与薪酬收入挂钩，作为评先树优的重要依据，实行安全一票否决。深入开展"三违"排查整治和原因分析工作，突出加强区域性、高频次不安全行为管控，制定有针对性的防治措施；推广实行不安全行为积分管控机制，构建部门自主、班组自治、员工自律的安全管理模式。

（五） 强化承包商全过程管理

严把承包商"五个关口（指准入关、责任关、稳定关、监督关、验收关）"，执行"五个统一（指统一推行本安体系、统一推行安全质量标准化建设、统一推行区队班组建设、统一进行安全培训和教育、统一考核与监管）"。严格承包商资质审查，审核承包商安全生产许可证、安全管理机构设置、安全生产资源保障和主要负责人、项目负责人、安全生产和技术管理负责人、特种作业人员安全资格证书，特别是施工设备设施的安全可靠性。严格承包商入厂培训，确保承包商人员100％参加"三级"安全教育培训、符合培训学时规定并考试合格。严格现场安全技术交底，确保承包商全员熟知现场危害因素，掌握作业程序、施工方法和安全技术措施，并确认签字。严格高风险作业管理，明确施工现场各方安全管理责任，严格审批高风险作业许可、安全工作程序及应急预案，监督检查"三措"等执行情况。严格禁止以包代管，杜绝转包或违法分包。严格承包商评价，修前对承包商人员考问摸底，修中动态检查，修后考核评价；安全、质量、进度不满足现场施工标准要求的必须升级管控或停工整改、约谈承包单位领导；随时掌握承包商人员状态和作业行为，严格执行承包商"黑名单"和清退机制。

（六） 海外 A 级检修经验

1号机组首次 A 级检修时间为 2015 年 4 月 6 日至 5 月 8 日，仅用时 33 天。此次 A 级检修是神华国华公司首次海外项目大修，各级领导高度重视，"纳百川之士，举国华之力"，印尼南苏电厂精心策划，周密部署，取得了一次点火、一次并网成功、各项经济指标优于修前的良好成绩。A 级检修后供电煤耗降低 4.5g/kWh，各项指标优良，初步形成了海外机组 A 级检修的管控模式。在 1号机组首次 A 级检修成功的经验基础上，南苏公司 2 号机组首次 A 级检修于 2016 年 3 月 10 日至 4 月 6 日圆满完成，A 级检修后供电煤耗降低 3.45g/kWh，各项指标优良，进一步巩固了海外机组 A 级检修的管控模式。经过不断实践和摸索，根据南苏电厂生产运行的实际情况，总结出每 6 年一次 A 级检修，每 2 年一次 C 级检修的经验。图 3-17 所示为南苏公司检修工作现场。

图 3-17　南苏公司检修工作现场

南苏公司 A 级检修的经验主要总结为以下几点：

1. 充分策划筹备

海外项目应及早启动 A 级检修策划筹备工作，做好检修计划；对准备阶段的各个节点确定责任人及关门时间；通过对设备运行状态深度评估，精心确定检修项目，确保检修项目立项科学合理。在最大程度降低费用的同时，在人员签证、安全管控等各方面都提供保障。定期对物资、机具进行盘点，确保及时到位、可用；对人员、同类型资源进行充分调研，取长补短。

2. 科学有效管控

南苏公司检修、维护队伍是一家单位，从指令传达、任务安排、协调配合上形成了无缝衔接，缩短了整个管理的链条，取得良好的效果。整个检修过程以专业化管理为主，领导、技术人员、支持人员全部编入各个专业组，从而形成专业合力，研究解决各种问题。南苏公司根据实际情况，检修过程中没有聘请专门的安全监理、质量监理单位，而是发挥各级安全网、三级质量体系的作用，并由南苏公司维护部承担二级验收职责，管控水平稳步提高。

3. 备件及时到位

南苏公司一贯高度重视海外项目备件管理，编制了《国华（印尼）南苏发电有限公司机组检修物资紧急采购应急预案》，对 A 级检修中可能出现的紧急采购提前预防；对时间紧、需求急、直接影响现场进度的备件，积极协调运输单位紧急空运，安排专人跟踪清关等过程，保证空运物资到港后第一时间运到现场。1 号机组首次 A 级检修，备件材料采购共 1778 件，国内采购 1256 件，印尼 522 件，紧急采购 50 件，全部备件材料准备充分、及时，没有因备件材料影响检修质量及进度。

4. 全面保障给力

在 A 级检修之前，明确各项保障任务，召开专题动员会（如图 3-18 所示），精心安排部署，各部门通力协作，千方百计调动各方资源，确保了各项工作顺利衔接、有序开展，保证了各项物资顺利到达，大修人员健康上岗，检修现场安保措施到位，全面保障了检修工作的顺利进行。

图 3-18　南苏公司 1 号机组 A 级检修动员会

七、 关于海外项目生产运行的思考

（1）需探索新的管理模式和制度体系。相对国内电厂岗位设置而言，海外项目人员相对较少，而集中休假时间较长，全面照搬国内发电管理系统有较大困难，应根据当地实际的人文环境、法律法规、资源状况，制定适应当地环境、保证机组安全稳定运行的管理模式和制度体系。

（2）尊重宗教信仰。印尼是个宗教国家，宗教文化浓厚，需对其宗教信仰给予充分尊重，为员工创造祈祷室等相应条件。在运行或设备检修等连续性要求较强的作业中，印尼员工并不会强行要求进行祷告等活动，但需在劳动合同中明确要求，在合同中的此类要求会得到印尼法律的保护。

（3）培训要尽早。印尼教育体系无专门的电力专业设置，电力专业技术人才短缺，需提前招聘，并进行较为深入的理论和实践培训。南苏项目在生产准备阶段，组织印尼骨干员工到中国进行理论实践培训，起到了很好的效果，并对改变员工工作态度，促进文化融合有积极影响。

（4）中方员工归属感问题需尽早解决。长期工作在海外，中方工作人员稳定性和归属感差，应在机制设置上筹划如何解决该问题。应做实 AB 角机制，建立网站平台，将各种资料、文件挂网共享，避免因人员流动、休假导致的资料流失、工作停顿现象。

（5）应尽早学习掌握当地法律法规。如安健环管理主要是 K3 标准（kesehatan dan keselamatan kerja），即安全与职业健康，主要涉及的政府部门为环保部、劳工部和 PLN 电力公司等，其中环保部负责环保，劳工部负责压力容器、特种设备等，PLN 电力公司负责调度、运行人员取证等。南苏项目受语言和调研方便性等影响，法律法规收集和翻译工作完成较晚，不利于相关工作提前准备。

（6）国华电力公司风险预控体系是高标准管理的有力保障。南苏公司在遵守当地法律法规的前提下，仍以国华电力公司风险预控体系为主要执行标准，有效保障了将国华管理的精髓带到南苏项目中，确保了各项工作得以高标准地完成。但国华管控体系在印尼的实施，需根据当地的具体情况进行优化，以适应印尼员工的工作效率、工作强度耐受度和理解能力，达到各项工作高效高标准开展的目标。

（7）物资储备成本高。印尼南苏地区物资匮乏，机加工能力弱，交通不便，很多物资需从国内采购。物资从国内到现场，需经过中国集港、候舱、报关、海上运输、清关、印尼运输等一系列环节，平均耗时一个半月之久，运输周期长，现场物资仓储需求量大。因此需提前做好物资需求计划及采购相关工作。

（8）检修维护资源紧俏。维护队伍在印尼尚未形成规模。利用当地人员作为骨干力量的方式，不但在技术上不能满足，在隐性成本上也没有优势。需选择优秀员工进行长期培养后方可逐步使用。

（9）设计应结合气候条件。印尼日照强烈，雨季雨量大，空气湿度大，但并不闷热、潮湿，因此设计上应对热控元件等进行防晒、防雨处理，防止老化或过热，同时应对控制箱等进行通风开孔。

（10）技术监督思路要创新。技术监督工作委托的方式和范围应进行认真研究。由于印尼当地技术监督和服务能力弱，技术监督工作可采用与国内技术监督服务单位签订合同的方式，对影响机组安全而自身无力实施的情况，邀请其远程或到现场实施监督、服务，电厂可自行开展监督的工作则不再委托，否则成本压力很大，这点与国内有所区别。

（11）印尼电网可靠性相对较弱。南苏公司曾发生过因线路故障，两条出线全部跳闸，厂用电全停事件。电网频率波动范围大，时有 49.30～51.7Hz 异常频率出现，一般在 49.5～50.45Hz 之间波动，已出现多次 oPC 动作情况。对超速保护和转速调节控制系统特性要求高，包括对 oPC 反复频繁动作下的 EH 油压稳定能力要求也很高，因此应对电网的保护设置和运行方式进行深入了解，并积极与电网沟通协调。

第二节　煤矿生产运营管理

一、煤矿简介

印尼南苏露天煤矿为电厂配套煤矿，于 2009 年 11 月 18 日开工建设，2010 年 12 月 20 日移交生产。2011 年 10 月，坑下备采煤量达到 132.98 万 t，具备达产条件。穆印露天煤矿地表境界东西长约 3.1km，南北宽 1.9km，面积 5.75km²，达产时采深约 70m，产量规模设计为每年生产原煤 210 万 t；其中一期生产均衡剥采比为 3.33m³/t；二期生产均衡剥采比 6.16m³/t。

矿区内主要可采煤层为 3、4 煤层，平均厚度分别为 2m、16m，3 煤层平均发热量 24.84MJ/kg，4 煤层平均发热量 24.87MJ/kg，可采储量为 7106 万 t，满足电厂 30 年的服务年限。

二、 生产运营管理

露天煤矿按照神华标准，坚持打造高标准、生态化一流煤矿。投产以来健全各项管理制度，编制 SOP（标准作业程序）管理标准，完成沉淀池修筑、排水管线移设、运煤主干道等工程，排土场复垦和工业广场绿化 75 公顷，复垦和环保工作都达到了印尼的 K3 标准。

煤矿的采煤和剥离作业均采用单斗-卡车开采工艺。煤矿承包商 LCL 公司投入挖掘机 13 台（4 台斗容 5.1m³、8 台 3.2m³、1 台 2.1m³）；卡车 61 台（17 台 40 T 级、10 台 30T 级、34 台 20T 级）；辅助设备 14 台（9 台推土机、1 台平路机、2 台压路机、前装机 1 台、1 台洒水车），设备共计 88 台。

按照神华集团露天煤矿的管理体系，结合印尼当地多雨软岩的气候特征和地质条件，南苏公司不断积极摸索适应煤矿生产的管理方式。

（一） 合理制订生产计划

结合印尼气候特点、电厂用煤量和承包商设备能力，合理制订生产年计划，并将生产任务分解到月计划，将各项工作细分到周计划，每周和每月对生产情况进行定量分析，提出具体技术措施，制定技术方案，避免施工的盲目性。

（二） 采矿方案优化

针对本地多雨的气候特点，合理进行生产组织，旱季抢剥离，雨季保供煤，将剥离物中较硬的夹矸层用于修筑采场及排土场道路，尽快实现雨后的生产恢复。在剥离欠量的情况下，优先推进剥采比较低的区域，保证足够的备采煤量，根据天气变化和电厂供煤需求，合理调整采煤位置，保障供煤。

（三） 煤质控制

为提高煤质，减少含水率，采用高台阶采煤；加强煤炭顶底板的清理，防止杂质的混入；控制 4 号煤底部涌水量；高灰地点、含水区域提前准备，进行配采。

（四） 承包商管理

通过加强对承包商 LCL 公司人员月度生产计划讲解、现场技术指导、日常监督检查、月底考核验收、专业知识培训等，不断提高承包商的管理水平和作业效率。

（五） 环保排放

当地降雨较多、水系复杂，但却没有可以依据的水文资料，给煤矿防治水工作带来巨大挑战，关系到生产安全可靠性。针对这些问题，开展降水记录和统计工作，对流域内的水位进行监测，摸清水文规律，形成一整套防治水措施。合理规划坑底积水坑的移设和施工，加强水泵抽水管理，做好沉淀池的日常加药、监测，确保外排水达标排放。

（六） 排土场管理

针对岩层含水较高、边坡稳定性差的问题，制定了边坡稳定性监测方案，相应采取清理排土场基底、积水疏导、分段排弃等措施，严格控制排弃段高，避免滑坡危害；严格控制排土边界，提前放界，精细化排弃，合理规划腐殖土存放点，已到界位置，全部整平并覆盖腐殖土。

（七） 复垦绿化

聘请专业公司对每年到界位置进行绿化规划和种植，对由于采矿扰动的区域全部绿化，达到水土保持、生态文明，如图 3-19 所示。

图 3-19　煤矿复垦绿化

（八） 排水管理情况

露天煤矿所处位置的气候特点为雨季、旱季各占一半，雨季雨量大，且降雨持续时间长。伯尼穆河水雨季期间仍有大量河水下坑，对坑下采剥作业造成严重影响，为此南苏公司进行如下工作：

（1）新建分流河道进行伯尼穆河河水分流处理，缓解雨季期间伯尼穆河水入坑问题。

（2）在坑下设置 2 台 2300m³/h、2 台 1000m³/h 水泵进行排水作业，保障雨季期间的采剥作业。

（3）在上部设置 1 台 500m³/h 柴油泵对伯尼穆河进行排水处理，减少入坑水量。

（九） 露天煤矿采场内运输管理情况

（1）对采场到界位置修筑安全连续的挡墙或设立醒目标识标志牌。

（2）运输道路上的浮矿及洒落物料及时清理。

（3）夜间工作时，所有作业点及危险点均设有足够的照明。

（4）分设备型号进行道路行车，防止车辆交叉作业。

（5）旱季进行道路洒水降尘，雨季着重对雨后行车安全防滑管理。

三、 煤矿生产运营需要关注的问题

（一） 征地问题

南苏公司除电厂建设用地外，还有配套的煤矿生产用地，煤矿生产期内规划用地1000公顷，涉及300多户村民，需要逐一完成征地工作，征地工作困难很大。

（二） 设备问题

在煤矿生产过程中，由于印尼当地设备配件不足和采购周期长的影响，设备维护保养不能及时到位，部分设备发生故障后得不到及时处理，造成采剥设备故障维修周期长，影响设备年出力能力。

（三） 管理问题

管理机制还需完善，国内矿山开采实行的是计件工资，设备应有的能力可以得到充分发挥。印尼当地执行的是计时工资，设备窝工现象较为普遍，且装车质量不高，降低了设备使用能力。

（四） 人员问题

煤矿生产人员综合素质不高，许多设备操作人员均为当地村民，只经过短期培训后直接上岗作业，操作技能不娴熟，给煤矿安全生产带来隐患。

（五） 季节影响

煤矿生产受季节性影响较为严重，必须充分利用旱季的有利条件进行大量采剥作业，否则雨季期间受频繁降雨影响，会导致设备闲置时间较长。

第四章

科技创新篇

作为中国第一个海外投资的煤电一体化 IPP 项目，印尼南苏项目在开发、建设及运营过程中，遇到了很多难题，如超高水分褐煤的燃烧应用、堵煤问题等。在此过程中，南苏项目的参与者们始终勇敢地面对挑战，以创新性的思维解决了一个又一个的难题，最终实现了南苏项目的安全稳定运行。

截至 2018 年底，南苏项目建设运营中形成科技创新成果共 16 项，获得专利共 38 项，主要科技创新成果项目有：

（1）"印尼超高水分褐煤干燥发电一体化关键技术研究及示范"获中国煤炭工业协会科学技术奖二等奖；

（2）"中速磨制粉系统锅炉燃用超高水分褐煤技术研究与应用"获得国华电力公司 2012 年科技创新成果一等奖；

（3）"高水分劣质褐煤燃烧调整试验优化"获得国华电力公司 2015 年科技创新成果一等奖；

（4）"高浓度、高温煤水短流程固液分离处理技术"获得国华电力公司 2016 年科技创新成果二等奖。

一、 印尼超高水分褐煤干燥发电一体化关键技术研究及示范

（一） 主要科技创新

国华电力采用产、学、研、用相结合的方式，通过理论分析、方案论证和试验研究，创建了超高水分褐煤"预干燥＋中速磨制粉＋煤粉炉"发电一体化工艺路线，研发了超高水分褐煤高效发电成套技术和装备，开发了超高水分褐煤干燥发电一体化系统运行控制技术和优化方法，并首次应用于印尼南苏电厂全水分超过 60％的褐煤干燥发电一体化项目，解决了超高水分褐煤高效安全燃用的技术难题，带动了我国电力装备和技术的出口，对我国电力企业走出去起到了示范和推动作用。

创新点 1：创建了超高水分褐煤"预干燥＋中速磨制粉＋煤粉炉"发电一体化工艺路线，如图 4－1 所示。

（1）首次研究揭示了超高水分褐煤干燥及热传导特殊规律。开展了国内外典型超高水分褐煤静态干燥、蒸汽管回转干燥、褐煤稳定性、干燥褐煤吸水特性研究，获得工业用干燥机换热面积、停留时间、粒径和干燥机出力等关键性能参数，掌握褐煤干燥传热系数、停留时间、加料量、转速等对褐煤干燥效果的影响规律，为超高水分褐煤干燥系统的设计优化提供理论依据。

（2）提出了超高水分褐煤"预干燥＋中速磨制粉＋煤粉炉"发电一体化创新思路，开发了适用于超高水分褐煤的抽汽预干燥发电一体化系统性能计算方法。

以超高水分原始褐煤为入口条件，建立抽汽预干燥褐煤热量平衡和汽轮机热平衡，

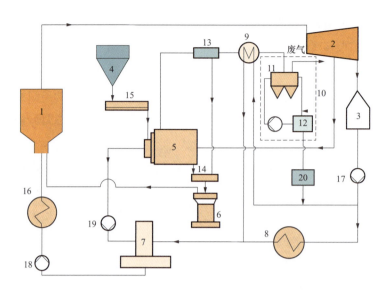

图 4-1　褐煤干燥发电系统集成示意

1—锅炉；2—汽轮机；3—凝汽器或空冷器；4—湿煤仓；5—干燥装置；6—磨煤机；7—除氧器；

8—低压加热器；9—热量回收装置；10—水回用装置；11—水激式除尘器；12—沉淀装置；

13—过滤装置；14—干煤给煤机；15—湿煤给煤机；16—高压加热器；17—凝结水泵；18—给水泵；

19—凝液泵；20—污水处理装置

从能量利用角度综合考虑燃煤消耗量、低压蒸汽热量、抽汽返回除氧器回收热量、冷源损失热量等因素，构建了整个热力系统的节能模型，形成褐煤干燥发电一体化系统热力计算方法。

（3）提出"安全经济含水量"理论，指导超高水分褐煤干燥发电一体化系统的优化设计。基于超高水分褐煤干燥后的传热特性，开展褐煤干燥系统不同干燥方案的对比分析和褐煤干燥发电系统的经济含水量研究，从系统投资成本、发电煤耗、运行电耗、水耗等方面进行系统整体性经济评价，获得干燥系统、制粉系统及锅炉系统的优化设计方案，确定全系统最优经济方案；研究超高水分褐煤的着火点、自燃等特性，分析干燥系统运行、干燥褐煤存放的安全风险，给出超高水分褐煤发电一体化系统安全经济含水量的优化值。

创新点 2：开发了超高水分褐煤高效发电成套技术和装备。

（1）研制了蒸汽回转干燥机关键结构，解决了进出料、蒸汽平衡、冷凝液排放等难题。开发了蒸汽管回转干燥工艺计算模型、凝液排放模型、物料流动模型、安全可靠分析模型等干燥机结构设计模型，结合应力分析设计和三维设计，完成干燥机整体强度分析和局部结构补强设计，研制了干燥机进出料、排液、汽室、超大型高温高压蒸汽旋转接头、密封、不凝气排放、管支撑等关键结构，解决了进出料、蒸汽平衡、冷凝液排放等技术难题，保障了干燥机设计精确和安全可靠，如图4-2所示。

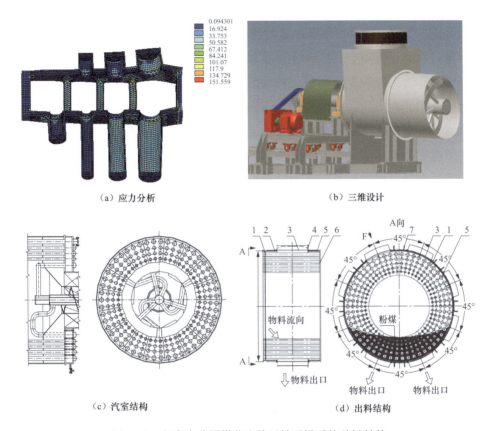

（a）应力分析　　　　　　　　　　（b）三维设计

（c）汽室结构　　　　　　　　　　（d）出料结构

图4-2　超高水分褐煤蒸汽管回转干燥系统关键结构

（2）开发了大型褐煤干燥机加工、制造及安装工艺，攻克了大型干燥机现场组装难题。开发了筒体整体加工—激光找正、管支撑定位技术，确保机身、进出端密封、换热管的同心度；独创两段法兰连接法筒体加工工艺，设计了一套筒体支撑、校正、测量、调节工装器具，实现了筒节及分段壳体的精确组对；采用"加工车间整体加工、组对、调试-分体运输-装置现场组装"三步合成法实现大型蒸汽管干燥机组的加工、调试、运输和现场组装，保障了大型干燥机机身整体质量。图4-3所示为煤干燥机筒体运输情况。

（3）研发了适用于印尼超高水分褐煤的中速磨制粉、锅炉高效燃烧技术和关键结构，为锅炉和制粉系统的安全稳

图4-3　煤干燥机筒体运输

定运行提供保障。依据超高水分原始褐煤煤质特性，进行了烟风煤粉系统热平衡计算，研制了新型大容积分离器和旋转喷嘴，开展了喷嘴校核、分离器相似性校核及综合分析，提高了磨煤机干燥出力和耐磨寿命，实现了煤粉细度的精准调控及磨煤机经济可靠运行；依据预干燥褐煤的燃烧特性，开展锅炉热力计算、总体布置、设计优化研究，解决了锅炉炉内结焦、燃烧与制粉系统匹配、燃烧组织及氮氧化物排放等问题。

创新点3：开发了超高水分褐煤干燥发电一体化系统运行控制技术和优化方法。

（1）开发了褐煤干燥发电运行监控系统和优化运行控制方法。针对印尼南苏电厂2×150MW褐煤干燥发电一体化系统，开展干燥机变工况优化研究，掌握了变汽煤比、干燥机转速、干燥机出口尾气负压、蒸汽参数对干燥机性能的影响规律；进行锅炉燃烧优化调整研究，掌握了变煤粉细度、一次风量和一次风压、辅助风挡板、燃尽风、烟气挡板等对锅炉燃烧性能和机组安全运行能力的影响规律；通过褐煤干燥发电集成系统的整体运行优化控制，形成了超高水分褐煤发电机组运行优化技术，实现了褐煤干燥系统、制粉系统和锅炉燃烧发电系统的高效匹配，创新了中速磨用于50%以上水分褐煤的制粉技术。

（2）提出了"旋转煤仓＋旋转刮刀"、干雾抑尘、板框式压滤等全系统综合治理方法，解决了堵煤、粉尘量大、自燃、爆炸、含煤废水排放污染等问题，实现了世界首个褐煤全水分超过60%的2×150MW干燥发电一体化系统长周期安全稳定运行，机组平均等效可用系数达到98%，年运行小时数超过7000h，连续7年无非停，截至2020年6月30日，机组安全运行天数达到3283天。旋转煤仓改造设计图和装置如图4－4所示。

图4－4　旋转煤仓改造设计图和装置图

（二）技术综合比较

本项目在基础试验、关键设备研发和系统集成基础上，开发了具有自主知识产权的褐煤干燥发电一体化技术，并首次成功应用于全水分超过60％的印尼褐煤，锅炉效率90％以上，与风扇磨配备煤粉炉和循环流化床相比提高约2个百分点，机组平均等效可用系数达到98％，年运行小时数超过7000h，连续7年无非停，截至2019年9月18日印尼南苏电厂1号机组已经连续运行877天，年内双机连续运行616天，创造了印尼双机、单机连续运行最长纪录。在超高水分褐煤高效发电领域达到国际领先水平，相关技术比较见表4-1和表4-2。

表4-1　　　　　　　　　　　　　　主要干燥技术比较

项目	蒸汽管回转干燥	回转管式干燥	烟气回转干燥
发电系统应用	首次	无	无
处理量	>120t/h	最大50t/h	>120t/h
电耗	基准的50％	基准的50％	基准
安全性	全密闭设计、氧含量可控	进料开放设计、氧含量不可控	全密闭设计、氧含量可控
节能效果	利用电厂抽汽冷源损失	利用电厂抽汽冷源损失	需要消耗燃料提供热量

表4-2　　　　　　　　　　　　　超高水分褐煤发电系统比较

项目	"预干燥＋中速磨＋煤粉炉"	风扇磨＋煤粉炉	循环流化床
锅炉效率	90.29％	88.3％	88％
可靠性	高	较低	较高（需补充床料）
煤耗	349.87g/kWh	356.18g/kWh	357.40g/kWh

（三）经济效益

印尼南苏电厂2×150MW超高水分褐煤发电机组于2011年成功实现商业运行，成为世界首个全水分超过60％的褐煤干燥发电一体化项目。截至2018年底，褐煤干燥发电系统已安全稳定运行超过7年，机组平均等效可用系数达到98％，机组连续出力能力远高于印尼电网试验规定的要求，产生了良好的经济和社会效益。

（四）社会效益

国华电力开展超高水分褐煤干燥发电一体化关键技术研究与示范，对超高水分褐煤资源的清洁高效利用、拓宽褐煤综合利用途径、改善环境空气质量起到了重要作用。

项目有效推动了超高水分褐煤发电技术的发展和相关装备制造业的进步，促进了褐煤干燥技术在电力行业的应用和推广，带动了原材料供应商、加工制造商等上游企业的发展。

项目成果在印尼南苏电厂的应用，不仅成功利用了当地储量巨大的高水分褐煤就地转化成电力，而且产生了良好的经济和社会效益，带动了当地的经济发展和就业，成功塑造了我国电力企业"重信誉、守承诺、高标准、严要求"的良好形象，在印尼产生了巨大反响，得到了印尼总统、政府部门以及国际同行的高度赞誉，并向中国大使馆提出以神华为标准推荐进入印尼的电力队伍，这对于中国神华能源股份有限公司进一步开拓"一带一路"沿线国家的煤电市场具有重要的战略意义，同时对于我国电力企业制定并实施"走出去"战略提供了很好的示范和推动作用。

二、 超高水分褐煤在中速磨制粉系统的应用研究

（一） 主要创新点

（1）通过优化调整试验，摸索总结出了高水分褐煤燃烧参数的最佳配比曲线，成功实现了52%～54%高水分劣质褐煤在中速磨煤机制粉系统的应用，在国际上尚属首例。

（2）通过燃烧优化调整，解决了锅炉燃用52%～54%超高水分褐煤的安全、稳定运行问题，提高了锅炉在褐煤领域煤质变化的适应性。

（3）通过中速磨制粉系统优化调整试验后，磨煤机的干燥出力由原来设计的36t/h提升至48t/h，大大提高了磨煤机的干燥出力，远远超出了设计能力。

（4）通过制粉系统及燃烧系统的优化调整，将原设计37.8%的入炉煤水分提高至52%～54%，每台干燥机的出力大幅增加，从而实现了煤干燥机的三用一备（原设计煤干燥机四台运行，无备用）。

（5）通过深度燃烧调整试验后，实现高水分褐煤锅炉机组负荷在55MW（36.6%出力）工况下锅炉不投油稳定燃烧。

（6）磨煤机振动由原来的8丝降低至3丝。

（二） 制粉系统优化调整

1. 变一次风量优化调整

通过制粉系统热态风煤比调整试验，保证磨煤机合适的风煤比例，既能使四个角煤粉气流同步着火，又能防止燃烧中心偏斜及炉膛结焦。通常褐煤水分偏高，磨煤机在设计中必须考虑足够的干燥出力，而对于直吹式制粉系统，一次风比例占据较多时，锅炉助燃二次风比例过分降低会加剧燃烧恶化。低负荷时段因炉膛温度较低，若一、二次风比例严重失调势必引起锅炉燃烧不稳定甚至出现灭火事故。

在实际运行中，通常因制造、安装质量以及运行中风环磨损、仪器仪表测量误差等原因，可能造成风粉比失调引起一次风量偏高（火焰偏斜或冲刷水冷壁），或偏低（磨煤机出口粉管风速偏低引起一次粉管堵塞）。为此需要在运行中通过试验做出不同煤量与风量曲线，作为运行人员调整的依据。试验以磨煤机石子煤不增加，出口温度不低于57℃，不超过65℃，一次风管不堵粉为基础，在干燥煤（水分52%～54%）前提下进

行，给煤机煤量分别在 25t/h、35t/h，45t/h、50 t/h，在一台磨煤机上进行热态调整试验。1 号锅炉通过对 13 磨煤机，2 号锅炉对 22 磨煤机运行参数分析比对得出试验最佳控制曲线如图 4-5 所示。

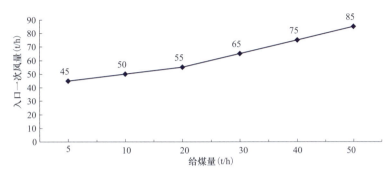

图 4-5 给煤量与一次风量关系曲线

在干燥煤水分 52%～54%前提下，通过试验得出煤量与磨煤机入口风量关系，可以保证磨煤机安全可靠运行。但如果原煤水分增加，对应关系可通过设置风量偏置来调整。设置偏置前提条件是保证磨煤机出口温度在 60～65℃，最低不得低于 56℃。为了保证锅炉运行安全，控制一次风量比例不得高于总风量 45%，否则一次风量偏高，将导致炉膛温度下降，一次风温进一步降低，形成锅炉燃烧恶性循环。

2. 一次风压优化调整

根据国内同类型磨煤机运行经验，ZGM 磨煤机阻力较大，通常根据锅炉负荷对一次风压（热风母管）进行控制。在保证制粉系统安全稳定前提下，适度降低一次风压，降低一次风系统节流损失是降低制粉单耗的主要手段。针对本制粉系运行特点，结合国内同类型磨煤机运行经验，通过一次风压变动试验，给出了一次风压与锅炉负荷控制曲线，如图 4-6 所示。

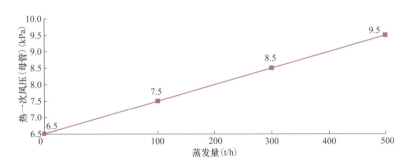

图 4-6 一次风压与锅炉负荷（蒸发量）关系曲线

3. 磨煤机加载力优化调整

根据南苏电厂褐煤较易磨制的特点，为避免因原煤水分高、加载力过高可能导致磨盘内原煤压实成煤饼，造成磨煤机堵煤，通过不同给煤量进行加载力试验，找出加载力与给煤量关系曲线，如图 4-7 所示。

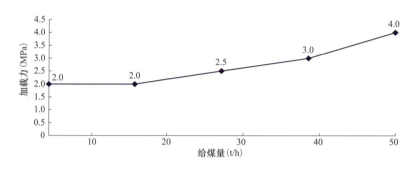

图 4-7　给煤量与加载力关系曲线

4. 磨煤机煤粉细度优化试验

针对 ZGM 磨煤机的运行特点，试验分离器折向挡板在不同开度下，煤粉细度与煤粉水分的关系。煤量在额定出力 80% 以上，维持试验磨煤机给煤量 30t/h 不变，在保持磨煤机出口温度在任何情况下均不得低于 56℃ 的前提下开始试验（控制范围 60～65℃），分离器折向挡板在 40°、45°、50°，煤粉细度与煤粉水分化验数据见表 4-3。

表 4-3　　　　　　　　　　　　煤粉细度与煤粉水分的试验数据

分离器挡板开度（°）	40	45	50
煤粉细度 R90（%）	20.7	21.8	32.6
煤粉水分（%）	22.21	36.21	38.53
磨煤机出口温度（℃）	58	58.7	59

通过表 4-4 数据可以看出：随着磨煤机分离器折向挡板开度增加，磨煤机出口温度呈上升趋势，煤粉细度逐步变粗，煤粉水分增加。分离器出口挡板开度在 50° 情况下，磨煤机运行电流比挡板开度 40° 时降低 3.2A，比 45° 降低约 2A。综合分析结果，分离器挡板开度在 50° 情况下，综合评价最佳。

（三）燃烧优化调整

1. 变周界风（燃料风）风量试验

通过合理控制锅炉运行氧量和一次风母管压力（空气预热器出口），可改善炉内壁面气氛，有利于防止高温腐蚀和炉膛结焦。通过高负荷试验观测，在磨煤机煤量 50t/h 情况下，喷口着火距离目测 400mm 左右，比较适中，控制曲线如图 4-8 所示。

2. 变辅助风挡板试验（炉膛与风箱差压）

制粉系统上下二次风门开度主要控制炉膛风箱差压，合理的炉膛负压与二次风箱差压，可保证二次风在最佳风速下运行，使得燃烧器出口煤粉与二次风合理配风，实现完全燃烧，同时可有利于控制燃烧器口结焦。对于低熔点煤种，二次风配风采取"正塔型

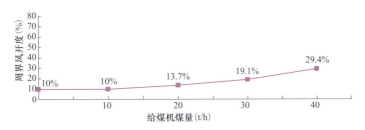

图 4－8　周界风挡板开度与给煤量关系曲线

配风"，即二次风挡板开度由下至上逐步开大。通常采取"正塔形"较"倒塔形"配风炉膛出口烟温低。通过试验确定了炉膛负压与二次风箱差压最佳控制曲线。通过对炉膛风箱差压加－150Pa"偏置"进行不同负荷跟踪，就地观测喷口及炉内燃烧火焰卷席情况均比较理想，控制优化曲线如图 4－9 所示。

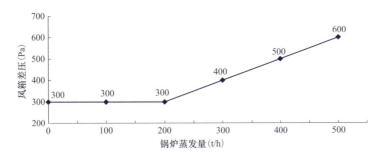

图 4－9　炉膛风箱差压与锅炉负荷（蒸发量）关系曲线

为了控制分隔屏入口蒸汽温度不超温，若二次风门或炉膛风箱差压等风门均不能投自动情况下，通过调节各层二次风挡板开度，保持炉膛风箱差压与上述曲线相吻合。在二次风控制调整中：AA 层二次风在 50％～100％负荷，开度控制在 15％～35％；AB 层二次风在 50％～100％负荷，开度控制在 15％～35％；OFA 层二次风开度 0～50％，BC、CD、DD 根据风箱差压进行控制（控制原则：停运磨煤机对应其上层二次风挡板可以关小至 10％），由下至上逐步开大直至风箱差压对应负荷值即可。若分隔屏入口温度低可采取由下至上逐步关小方式，但风箱差压必须保持与对应负荷不变。

3. 变燃尽风 OFA 试验

OFA 层风为燃尽风，该喷嘴与下层其余二次风喷嘴反向切角－15°，反切的目的是降低炉膛出口上部烟气残余旋转。通过 OFA 层二次风合理开度，可降低左右两侧烟气偏差，同时可减低锅炉 NO$_x$ 排放，提高锅炉运行效率。在锅炉蒸发量 350～500t/h 情况下，通过变 OFA 层二次风开度试验，观察锅炉两侧烟气温度、分隔屏过热汽温度、锅炉一级减温水投运情况，通过参数分析得出锅炉蒸发量与开度最佳控制曲线如图 4－10 所示。

通过合理控制炉膛与风箱差压，可以控制炉膛上部高温烟气的残余旋转，实现两侧汽温偏差在允许范围内，尤其上层磨煤机运行时，通过合理调整可降低炉膛出口烟温，

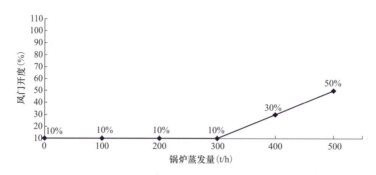

图 4-10　OFA 燃尽风与锅炉负荷（蒸发量）关系曲线

避免锅炉分隔屏过热器超温运行。在不同负荷下，在保证锅炉炉膛与风箱差压满足上述曲线前提下，随着燃尽风 OFA 打开，锅炉 NO_x 会有所降低，通过燃烧优化，1 号、2 号锅炉 NO_x 排放均低于 $260mg/m^3$。

4. 变总风量试验（变氧量试验）

锅炉运行中合理二次风配比，是保证锅炉燃烧充分前提条件，保证合理的锅炉过量空气系数，避免锅炉缺氧和过氧燃烧是控制锅炉结焦有效手段。在锅炉蒸发量 500t/h 情况下进行变氧量试验，在原控制基础上下降 1%～2%。额定蒸发量情况下，进行了锅炉氧量 1.5% 和 2.0% 两个工况试验，氧量在 1.8% 大渣明显发黑，化验大渣可燃物达到 24.87%，在氧量 2.0% 大渣可燃物 10.76%。为了保证锅炉完全燃烧，提高锅炉效率，对原氧量控制曲线进行如下修改。适度降低锅炉氧量，控制不同负荷 SO_3 生成，减缓尾部受热面发生复合硫酸盐腐蚀和空气预热器酸腐蚀。

在锅炉蒸发量 500t/h，锅炉氧量 2% 时，就地看火比较明亮，喷燃器煤粉着火距喷口 400mm 左右；在氧量 1.5% 喷口看火较 2% 差（稍微发红感觉），氧量稍显不足。锅炉正常运行时，考虑到实际情况，按照图 4-11 所示曲线控制，变化幅度 ±0.5% 可满足锅炉燃烧需要。

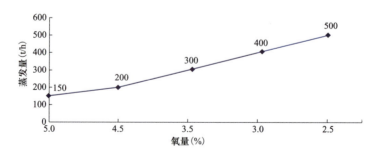

图 4-11　炉膛氧量与锅炉负荷蒸发量控制曲线

（四）社会效益

本项目的成功实施，解决了锅炉燃用超高水分褐煤锅炉安全、稳定运行问题，提高

106

了锅炉在褐煤领域煤质变化的适应性，为超高水分劣质褐煤燃烧调整开创先河，为今后燃用超高水分褐煤锅炉设计提供有效数据，具有较高推广价值。同时，避免了因不能燃用坑口煤，而需要长途运输带来的诸多安全问题，也大大降低发电成本，促进了印尼当地经济发展，为国家争得荣誉。

三、 高浓度、 高温煤水短流程固液分离处理技术应用研究

（一） 主要技术创新点

（1）大容量、高温、高浓度含煤废水无需加药、沉淀进行处理。

（2）实现含煤废水无须浓缩，即时快速固液分离处理。煤水库存小，占地面积小。

（3）流程简单，便于操作，可以多台并联运行，依次启动。设备运行安全可靠，资金投入少。

（4）采用 $800g/m^3$ 单面光无纺布滤布，不加药进行含煤废水处理，出水悬浮物小于 $20mg/L$，水质清澈，符合环保要求，经济性好。

（5）实现煤泥即时回收利用，煤水处理合格排放。

（二） 现有处理工艺

大部分燃煤电厂所产生的含煤废水，其处理工艺是把含煤废水排放到沉淀池进行沉淀，南苏电厂含煤废水当中的煤粉悬浮颗粒非常小，比重小，若单靠自然重力沉淀，需要较长的沉降时间，处理效果不明显。依靠传统加药的处理工艺也只能将废水当中少量的大颗粒煤粉和悬浮物除去，其中的部分细微悬浮物及色度并不能得到很好的处理。经过传统工艺处理后，废水当中悬浮物的含量仍较高，采取大沉淀池所需沉淀时间长，净化后煤水品质得不到保证，沉淀的褐煤回收困难，且回收的褐煤含水量大，沉淀池回收工程量大。

（三） 厢式压滤机工作原理

厢式压滤机工作时，由于液压油缸的作用，将所有滤板压紧在固定的尾板端，使相邻滤板之间形成滤室，料浆有固定尾板的入料口以一定的压力给入（一般采用泵压），在所有滤室充满矿浆后，压滤开始，并借助给入料浆的压力完成固液分离。待滤液不再流出时完成脱水过程，即可停止入料。此时通过液压系统松开滤板，滤饼借助自重自动脱落，并由设在下部的皮带运输机运走，卸饼后一般需要对滤布进行清洗，以防止滤布堵塞。至此，完成整个压滤过程。

（四） 含煤废水煤泥分析

物料特性：湿煤末经粗测，黏度较大，粒度较细，200目通过率为 71.96%；比重为 $1.47g/cm^3$；灰分为 25.90%。

褐煤湿煤末粒度组成分析详见表 4 - 4。

表 4－4　　　　　　　　　　　　褐煤湿煤末粒度组成分析表

粒度（目）	+40	40～80	80～120	120～160	160～200	200～325	325～400	＞400
产率（%）	3.51	4.36	3.05	17.12	0.10	4.68	1.40	65.78
累计产率（%）	3.15	7.87	10.92	28.04	28.14	32.82	34.22	100

（五）压滤实验分析

1. 试验要求

（1）测定滤饼水分及滤饼厚度；

（2）测定滤液含固量；

（3）选择适当的过滤参数，如进浆压力、生产能力等。

2. 试验设备及仪器

（1）厢式压滤试验机。过滤面积：$4m^2$；滤板数量：5块；滤室厚度：20mm；滤板规格：1000mm×1000mm。

（2）单螺杆压风机、渣浆泵、搅拌桶。

（3）磅秤、滤液收集瓶、托盘天平、电子天平、电热恒温干燥箱等。

（4）过滤介质：PA3316单丝滤布。

3. 压滤试验

（1）真空泵抽滤试验。使用的药剂名称及调配浓度：

1）阴离子聚丙烯酰胺：调配浓度：1‰。

2）阳离子PN－5：调配浓度：10%。

3）阳离子聚合氯化铝：调配浓度：10%。

从表4－5抽滤试验数据看，在相同的试验条件下，煤泥水不加任何药剂抽滤时间为92s；加入7mL阴离子聚丙烯酰胺后，抽滤时间为33s；在料浆中添加有机复合阳离子PN－5絮凝剂以及添加聚合氯化铝凝聚剂的效果不明显，只添加阴离子聚丙烯酰胺絮凝剂的效果明显，抽滤时间缩短近3倍，抽滤速度较快。

表 4－5　　　　　　　　　　　　抽　滤　试　验　数　据

序号	料浆浓度（g/L）	试样体积（mL）	阴离子（g/t）	阳离子（g/t）	真空度（MPa）	抽干时间（s）
1	380	100	—	—	0.06～0.07	92
2			80	—		65
3			130	—		50
4			160	—		40
5			180	—		33
6				1300（阳离子PN－5）		95
7				1300（聚合氯化铝）		76

（2）压滤机压滤试验。

1）压滤机压滤程序示意图。试验采用纯泵压入料工艺。试验中入料压力为 0.70～0.80MPa。

2）试验物料浓度的配制。根据试验的具体情况，煤泥加清水调配为 360、250g/L 的浓度进行试验，基本符合该种物料浓度的要求。

3）不同情况下的压滤试验。共进行了四种不同情况的压滤试验：①无压榨、无反吹、无药剂加入的试验；②无压榨、无反吹、有药剂加入（药剂按 180g/t 加入）的试验；③无压榨、无反吹、无药剂加入，且降低入料浓度的试验；④有压榨、有反吹、无药剂加入的试验。

4. 试验结果与分析

（1）在入料压力为 0.80MPa，单纯对煤泥水进行压滤，且没有加入絮凝剂时，入料 26min 后，测得滤饼厚度为 20mm，滤饼水分 48.3%。

（2）在入料压力为 0.8MPa，单纯对煤泥水进行压滤，絮凝剂按 180g/t 加入时，入料 26min 后，测得滤饼厚度为 20mm，滤饼水分 47.4%。可见，当在煤泥水中加入絮凝剂后，煤泥水絮团开始加大，絮团沉降速度快，在煤泥水中形成大而密实的絮团，快速、短距离沉降并形成连续而又稳定致密的絮团过滤层，有效地改善了煤泥水的过滤难度，同不加入絮凝剂时的滤饼水分相比较滤饼水分有所降低。

（3）当降低入料浓度、入料时间延长的情况下，在相同的压滤条件下，滤饼水分为 49.1%，滤饼厚度为 20mm。可见，当降低入料浓度后，压滤时间相应较长，滤饼水分较高。

（4）入料结束后，对滤饼进行挤压吹风，在挤压压力 0.6MPa，挤压 10min，反吹压力 0.6MPa，反吹 10min 后，滤饼水分为 46.5%，滤饼厚度为 20mm。可见，当压滤结束后，对物料增加挤压于吹风，使其破坏颗粒间形成的"拱桥"，从而改变滤饼的孔隙率，将残留在颗粒空隙间的滤液挤出，有效地降低了滤饼的水分。但相比不使用滤饼挤压、反吹风时的滤饼水分变化不大，不到 2 个百分点。

（5）压滤试验开始滤液略有浑浊，1～2s 后立即澄清，澄清时测的滤液固含量小于 0.6g/L，可以满足现场滤液水循环使用的要求。

（6）根据试验的具体情况，试验采用的滤布为 PA3316 单丝滤布，卸饼时，滤饼可自行脱落，滤布表面无滤饼附着，滤布无堵塞现象。

（7）试验所得的滤饼水分均为试验结束后取四个平行样测定的平均水分〔滤饼水分的测定是在干燥温度为（105±5）℃条件下烘干至恒重测得，生产能力是按理论过滤速率计算所得〕。

5. 试验结论

（1）从压滤机对该褐煤的压滤机压滤试验结果可以看出，采用压滤机进行煤泥水的固液分离是可行的，压滤后滤饼可成型，表观看有湿度，堆放失水后可与干燥煤混合后利用，试验获得的滤饼经国家级煤检中心化验，水分在47%～50%之间，满足电厂掺烧要求。

（2）压滤从试验的具体情况看，入料压力可控制在0.70～0.80MPa，入料浓度控制在300～350g/L，入料时间30～50min为宜。

（3）从滤布的使用看，过滤介质宜选用单丝滤布，单丝滤布具有过滤速度快、耐腐蚀、不易堵塞等特点。

（4）关于设备选型：使用普通滤板和使用隔膜滤板对物料水分影响不是很大。根据本次压滤试验的具体情况以及加入絮凝剂与隔膜滤板的对比试验情况看，建议采用快开厢式压滤机进行煤泥水的处理，能够满足现场使用要求。

（六）现场应用

选用XMZ340/1500-U压滤机，过滤面积大，设备稳定性好，能够满足现场含煤废水处理要求。

厢式压滤机滤板为增强聚丙烯材质，为保证压滤机长期正常使用滤板不变形，煤水温度必须降至60℃以下。为此设计了开放逆流式换热器，在高温煤水流经的煤水渠内布置多管联排式热交换器，多级纵向布置在煤水渠内，煤水经多级降温后温度稳定在50℃。

采用800g/m³单面光无纺布滤布，不加药进行含煤废水处理，出水悬浮物小于20mg/L，水质清澈，符合环保要求，经济性好，且单光面滤布利于煤饼自动剥离脱落。每年节省化学药品费用120万元。

选用80ZJL-A45渣浆泵，扬程50m，流量200m³/h，初始滤液可达200t/h，压滤时间40min，煤饼水分低于58%，滤饼成型性好。

压滤机安装在输煤皮带机上部，滤饼落在输煤皮带上和干燥机干燥后煤掺混直接入炉，实现煤泥回收利用。

（七）社会效益

本项目的成功实施解决了大容量、高温、高浓度含煤废水的处理问题，无须采用加药、沉淀等传统方式，实现了环保达标排放，在国内外均属创举，为今后燃用超高水分褐煤的煤水处理提供有效数据，具有较高推广价值，同时也实现了煤泥的有效利用，降低了发电成本，促进了印尼当地经济发展，为国家争得荣誉。

四、 无源无线测温系统在 6kV 高压开关柜中的应用与分析

在发电企业中，高压开关柜的动静触头和电气接点测温一直是个难点，由于该位置长期高电位运行，接触电阻过大、过负荷等原因极易使其温度升高，传统的点检测温方式已经无法满足实际生产的需要。如何准确、实时监测动静触头和电气接点温度，对实现故障提早预防，保障生产正常运行具有十分紧迫的意义。国华印尼南苏电厂在 2015 年1 号机大修期间，对 6kV 高压配电柜进行了加装测温系统的改造。

（一） 高压开关运行现状分析

1. 故障原因及危害

电厂所在地区属于热带雨林气候，具有高温、多雨（雨水显酸性）、风小、潮湿的特点，无寒暑季节变化，年平均气温25～27℃，年平均降水量 2000mm 以上，年平均湿度为 83％，当地水汽 pH 值在 5.3 左右。由于空气潮湿、呈酸性，对电气设备尤其零部件的接合面腐蚀非常严重。

南苏公司厂用 6kV 高压金属铠装式交流开关柜共 90 面。由于当地空气中的水分呈酸性，造成开关柜所有触头表面长期被酸性气体包围而受到腐蚀，在高压大负荷电流的作用下发热而被加速腐蚀，致使触头接触面电阻逐渐增大，随着运行时间的增长开关柜内触头发热也越发严重。另外，电缆接头、母线接头等电气连接点容易因接触不良、接触电阻过大而发热使绝缘部件性能劣化，严重时甚至导致绝缘击穿、起火燃烧而造成重大损失。而此位置由于完全隐蔽在柜子内部，普通检测手段无法对其进行有效监测，对高压开关柜的安全运行造成很大的隐患。

图 4－12 及图 4－13 所示为 2015 年 4 月 1 号机组大修时发现的部分母排、开关柜触头严重发热变色的情况。

图 4－12　因发热损坏的母排　　　　图 4－13　因发热损坏的动静触头

2. 现行测温办法及存在的缺陷

目前国内用于高压电气接点温度测量的主要方法：

（1）电接触表面涂一层随温度变化的发光材料，通过观察其颜色变化来确定温度范围，这种方法准确度低、可靠性差，不能进行定量测量。

（2）手持式红外测温仪，可对暴露在外部的被测点进行扫描测温，但是对于柜内发热点无法进行监测。

以上两种方式都需人工巡查，所得到的数据永远是滞后的，不能得到实时温度数据，起不到温度的实时报警作用。

（3）光纤温度传感器采用光导纤维传输温度信号。光导纤维具有优异的绝缘性能，能够隔离开关柜内的高压，因此光纤温度传感器能够直接安装到开关柜内的高压触点上，准确测量高压触点的运行温度，实现开关柜触点运行温度的在线监测。然而，用于隔离高压的光纤表面容易受到污染，将导致光纤沿面放电。这使得光纤测温系统用于室外开关设备的测温应用受到限制。

（4）最近几年市场出现的高压有源测温系统，虽然实现了数据的实时监测，但传感器需要电池，需要定期更换电池，增加了使用难度，并且由于电池属于易燃、易爆物，增加了高压开关柜运行时的危险系数。

以上现有各种高压测温方法的详细对比见表 4-6。

综上所述，高压开关柜内动静触头、各电气接点处亟须一种安全、实时、稳定的温度监测系统。通过对市场上几种较为成熟的技术产品进行分析比较，南苏电厂选定了 WTMS-068 无源无线测温系统对 1 号机高压开关柜进行了测温系统的改造，效果明显。

（二）WTMS-068 无源无线系统概述及特点

1. 系统概述

WTMS-068 监测系统由以下几部分组成：

（1）监测显示终端（如图 4-14 所示）：主要功能是完成人机交互控制和上位机通信联络，从测温模块获取温度测量信息、温度显示、超温预警等功能。

（2）测温模块：扎带型测温模块 TS-35（如图 4-15 所示）和环形测温模块 TS-49（如图 4-16 所示）、TS-79（如图 4-17 所示）。前者用于母排测温，后二者用于开关触头盒内触头的温度测量。TS-49 和 TS-79 的主要区别在于适用不同的触头盒大小。测温模块内部主要由自供电专用 CT（电流互感器）、ZigBee 无线传输模块、专用测温 IC、高性能单片机及相关功能电路组成，完成温度测量、与显示终端的无线温度传输、管理信息交换等功能。

测温采用数字温度传感器直接接触测温的方式，其优点是可在电网的磁场、电场和

表4-6　各种高压测温方法对比表

产品或系统名称	精度	数据处理能力	是否需要人力干预	是否和周围电气有电连接	安装、扩展	成本	运营成本	测温方式	温度读取	观测局限性	在线检测	智能报警	安全程度	维护难易
红外线测温仪	较高，受环境影响比较大	无	需要	无	不存在	昂贵	高	红外测温	红外	人工巡检	否	无	高	—
红外在线测温	精度高	有	不需要	有	布线复杂，需电源	昂贵	高	红外		无局限	是	有	高	位移和灰尘影响精度
光纤测温系统	精度高	有	不需要	有	需要布线不容易安装，扩展性不好	昂贵	低	光纤测温	光纤	无局限	是	有	低	较难
高压无线测温系统	精度高	有	不需要	无	相对比较容易安装、不需要布线，扩展性好	性价比好	低	有源无线	无线	无局限	是	有	高	电池存在爆炸风险
高压无源无线测温	精度高	有	不需要	无	简单	性价比好	低	无源无线	无线	无局限	是	有	高	免维护

热场复杂情况下有效运行，抗干扰能力强。当一次侧电流在 50～4000A 范围内（注：大规格时启动电流稍高），模块内部电路均可正常工作。

（3）环境温度测量：仍采用测温专用 IC，内置于监测显示终端，近似测量环境温度，以便采用相对温度进行监测。如果确有需要，也可以将其安装于合适的外部位置，并从监测显示终端端子接入。

图 4 - 14　监测显示终端　　　　图 4 - 15　TS - 35 测温模块（扎带型）

图 4 - 16　TS - 49 测温模块（环形）　　　图 4 - 17　TS - 79 测温模块（环形）

WTMS - 068 无线温度监测系统采用先进的自供电方式实现实时温度采集，无须外接电源即可工作，其系统组成如图 4 - 18 所示。采集到的温度数据通过 ZigBee 2.4G 无线通信传递给温度显示终端，从而实现自动超温报警功能。采集到的温度数据通过无线传输方式传递到温度显示监测终端能够在满足中高压绝缘要求的同时，达到安全、可靠温度在线监测的要求。

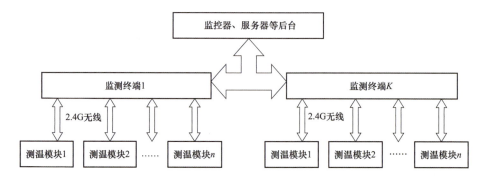

图 4 - 18　WTMS - 068 无线温度监测系统组成示意

2. WTMS‐068 无线测温模块的特点

WTMS‐068 的无线测温模块采用了当今国际先进的电力电子和微电子技术，其模块化的结构设计，具有以下特点：

（1）极低功耗，模块功耗小于 0.1W。

（2）高性能 CT 电流互感器，具有电磁感应强、转换效率高、发热小的特点，为测温模块的稳定工作提供了电源保证。

（3）极低的启动电流和极高的截止电流，在 16～4000A 时测温模块均可正常工作。

（4）耐高温设计，整个模块从电子元器件到壳具、配件均采用耐高温材质，保证模块在 115℃ 的高温环境下都能正常稳定工作。

（5）高可靠性：测温模块采用工业级的电子和结构设计，保证了设备运行的长期可靠性；在设计中还充分考虑了各种 EMC 问题以及设备工作环境的复杂性，确保设备在恶劣的工作条件下也能稳定运行。

（三）现场安装应用

1. 设备安装

WTMS‐068 测温系统的监测终端是卡簧式的固定方法，所以只要按尺寸开好孔后直接安插监测终端到底即可。温度传感器安装在断路器的动触头或静触头、母排、电缆连接处等高压开关柜内的主要位置，对于触头采用直接套装方式，对于母排等可用耐高温尼龙扎带将其固定。

2. 注意事项

（1）在安装时要尽量将测温触点与被测点充分接触，保证测量温度的准确性。

（2）TS‐35 的硅钢片要紧密连接在一起，应该有一定重叠，该处需要用耐高温扎带先行固定，以保证感应电流正常。

（3）开关柜或断路器等安装好无线测温模块后，需要在 WTMS‐068 设定主机查询的测温模块 ID 号，注意要与模块的 ID 一致，否则将无法建立通信。一般铜排 A、B、C 测温模块在设置时分别为 1、2、3 路，上触臂 A、B、C 测温模块在设置时分别为 4、5、6 路，下触臂 A、B、C 测温模块在设置时分别为 7、8、9 路。如果只有铜排只显示前 3 路，只有静触头只显示前 6 路。要根据主机上的安装说明的模块 ID 编号安装模块。在设置画面时，将模块的 ID 逐一输入主机，然后设定主机的工作频段，注意要确保站内的每台主机的工作频段都不一样，一个站点主机≤99 台，每台柜子频段不同且相邻柜频段尽可能错开；如站点主机＞99 台，则相同频段柜子空间距离要尽可能大。

（四）运行效果分析

南苏电厂 1 号机 6kV 开关柜共安装无源无线测温装置 40 套，投入运营后实现了各被测点温度的实时记录，监测系统准确稳定。在 2015 年 5 月 7 日 1 号机组 A 级检修设备试运行时，无源无线测温装置显示：11 送风机开关的负荷侧 A 相温度比其他两相高 53℃、12 送风机开关的负荷侧 B 相温度比其他两相高 67℃，如图 4 - 19 所示。

图 4 - 19　12 送风机开关的负荷侧 B 相温度为 T05

对于测温装置显示的温度高的现象，南苏公司迅速进行了停机检查。将开关拉出马上测温，发现 11 送风机开关的负荷侧 A 相、12 送风机开关的负荷侧 B 相温度确实高，测温装置显示的温度值非常准确。做进一步检查发现是由于触头与母线的接触面不正确，造成负荷电流流经触头固定钢芯螺纹而发热超温。

图 4 - 20 所示为存在加工质量缺陷的高压开关柜触头，经过测温装置温度的显示得到了及时发现、处理。如果没有测温装置的显示，此种隐患很难发现，只能等到隐患发展成事故了。

图 4 - 20　存在加工质量的高压开关柜触头

另外，可以通过对无源无线测温系统记录的大量温度数据进行统计分析，判断出触头劣化的趋势。根据设备温度曲线在一个较长周期内（6 个月以上）出现的有规律的缓慢爬升和波动，排除实际运行负荷变化、环境温度变化等因素影响外，能够准确判断出触头劣化的趋势，以便在以后检修及设备维护中适时安排处理，保证高压开关柜及负荷设备的供电可靠性，避免运行中设备由于高温或断相烧毁而发生事故。图 4 - 21 及图 4 - 22 所示为 WTMS - 068 系统实时数据显示及历史温度曲线。

五、 关于科技创新的思考

南苏项目作为原神华集团第一个走出去的海外项目，在基建、生产、运营的各个阶段经历了前所未有的挑战，攻克了印尼原煤干燥提质、超高水分褐煤在中速磨直吹系统的应用、输煤系统扬尘、煤水处理等技术难题，创造了印尼电力史上一个又一个奇迹，

图 4 - 21　WTMS - 068 实时数据显示

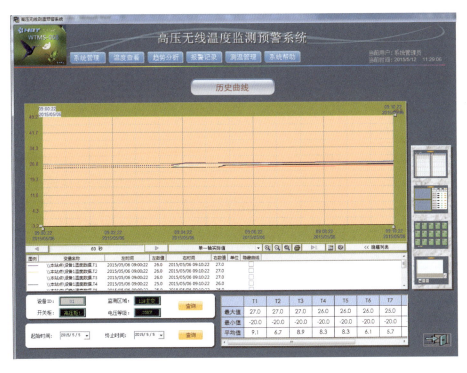

图 4 - 22　WTMS - 068 历史温度曲线

为印尼超高水分褐煤的开发和利用开了先河，具有极大的推广借鉴意义。

1. 科技创新是引领发展的第一动力

创新是推动一个国家、一个民族向前发展的重要力量，也是推动整个人类社会向前发展的重要力量。在激烈的国际竞争中，唯创新者进，唯创新者强，唯创新者胜。抓创新就是抓发展，谋创新就是谋未来。南苏公司在成立之初就积极开拓创新，针对当地煤质，经过研究论证，创新性地在电力系统采用了自主研发的褐煤干燥燃烧一体化集成技术，经运行实践中的进一步优化调整，成功地将当地经济价值极低的劣质褐煤就地转化成电力，为印尼储量丰富的高水分低热值褐煤的开发和利用提供了实践经验。不仅对于印尼劣质褐煤的开采使用具有示范意义，而且为国际上高水分褐煤在电力行业的大规模利用开创了先例，为中国电力企业走出去，推动中国装备制造业发展打下了坚实的基础。

2. 科技创新的过程就是刀刃向内自我革命的过程

南苏电厂投产初期因燃用印尼超高水分、高挥发分、低热值煤所带来的粉尘飞扬、输煤皮带积粉自燃、着火、原煤干燥系统、制粉系统爆炸等现象时有发生，给人身、设备安全带来较大威胁。南苏公司管理人员及技术人员、国华电力支持组、国内技术专家等经过多次专题会探讨，逐一分析问题根源，制定解决方案，根据现场实际，不断进行技术改造，打破了既有的技术标准及操作规程，摸索出一整套适合印尼南苏电厂特点的技术改造方案、运行措施，彻底消除了煤粉自燃、着火、爆炸的风险，为机组长周期安全、稳定、经济、环保运行提供了国华方案。

3. 科技创新要聚焦和培养人才

"盖有非常之功，必待非常之人"，推进科技创新，人才是关键因素。没有强大的人才队伍作后盾，科技创新就是无源之水、无本之木。南苏公司高度重视人才队伍建设，尤其是国际化人才队伍建设、技术人才队伍建设，形成了一整套人才培养和使用机制，让实践经验丰富的老员工与高素质青年员工结对子，取长补短，让丰富的实践经验与高素质、专业化人才融为一体。让中印尼员工结对子，把科技创新的种子播撒在印尼大地。经过几年来的摸索和实践，南苏公司培养出了一批素质过硬、技能突出、创新能力强的高素质、专业化人才队伍，为原神华集团后续在印尼发展储备了大量国际化人才。

第五章

财务经营篇

南苏项目作为国华电力公司投资的第一个海外项目，从业务到财务均面临着比国内电厂更多的难题和问题，要取得与国内相同的成果往往需要付出几倍的努力。南苏公司的财经管理从一张白纸开始，以国际一流财务管理水平为标杆，立足公司战略发展的大局，突出管理创新和信息化，着力提高价值创造力、制度执行力、风险控制力和财经队伍国际化管理能力，把资产管理贯穿于基建、生产、经营的全过程，努力践行国华电力公司"资产保值增值、管理品质提升、员工身心愉悦"的管理理念，迎难而上，走出了一条学习先进、摸索完善、不断创新的发展之路。

南苏公司在本地化发展过程中，积极探索 BOO 模式下的海外电站经营模式和经营理念，在海外电厂与燃煤供应公司、本地供应商、国外供应商、当地电网公司等上下游企业之间形态迥异的供应链问题，在公司内部税务资源配备与税务局、税务中介等的协调配合问题，在印尼投资委员会免税清单、中国-东盟自贸区等形式下的物资进口及退免税问题，在多币种下的会计核算、预算管理、资金管理及汇率利率风险防范问题，在中国国有资本和印尼私人股东之间的利益分配问题，在中国-印尼两国员工相互协同工作问题等方面积累了大量的实践案例，其经验和教训对中国企业特别是基础建设企业走出海外具有一定的借鉴意义。

一、 财经体系的建设和发展

为确保将第一个海外项目做好、做优、做强，国华电力公司从南苏项目筹建阶段开始即本着举全公司之力、调配最优质资源的态度推进各项工作，以"构建国际一流的财经制度体系，培养国际一流的财经管理团队，造就国际一流的资产管理品质"为目标，将财经工作视作海外项目管控、盈利的重要支撑，从项目开发伊始即予以充分重视。

（一） 建设国际一流的财经队伍

建设一支高素质、专业化、国际一流的财经队伍，是落实好公司国际化战略，确保项目高标准建成投产、实现持续盈利能力和发展能力的重要保障。经过多年的实践锻炼，国华电力公司南苏项目中培养了一大批素质高、经验丰富的国际化人才队伍，而且海外财经队伍的建设成果对中国国内财经队伍建设也产生了正向回馈，在解放思想、拓展思路、拓宽视野等方面发挥了十分积极的作用。

1. 财经队伍的建立

2008 年南苏公司成立之初，国华电力公司从系统内挑选了业务能力强、精通外语的优秀员工支援南苏公司，从印尼当地大学（主要是中国籍留学生较多的印尼总统大学）招聘优秀的中国籍留学生，在项目筹建初期搭建起了以系统内老员工为骨干，新聘的中国在印尼留学生为桥梁，印尼籍本地员工为辅助的南苏公司财经人员梯队架构。同时，国华电力公司按照授权管控体系，对南苏公司从重大决策到具体业务执行过程进行全方位、全过程的监督和指导。

在保障业务质量的前提下，南苏公司将本地化作为推进财经队伍结构变化的重要内容。经过几年的业务实践和队伍建设，财经队伍已从最初的以国内派遣人员为主逐步发展为以中国籍留学生为核心，以印尼籍员工为骨干的本地化队伍体系。公司为每位员工制定了未来职业发展道路和能力发展规划，并特别为中国籍留学生员工建立了与中国国内相连的待遇和职业发展通道。在制度保障的基础上，财经人员素质逐步向专业化、国际化的国际一流水平迈进，专业人员情况如下（截至目前）：

（1）工作经验方面，拥有具有当地 5 年以上工作经验财经人员 6 名，并建立了每周一次的集中学习研讨机制，以畅通新老员工间、各业务模块间工作经验的交流和传承，加快新进员工的进步。

（2）学历教育方面，拥有研究生 1 名、在读研究生 1 名，财经队伍所有员工均为本科及以上学历。

（3）专业能力方面，会计师职称 1 名、ACCA 通过 1 名、ACCA 在考 2 名，鼓励员工参加专业资格考试。

（4）语言技能方面，多数员工均通晓汉语、英语、印尼语三种语言中至少两种，实现与中国、印尼各方面的无障碍沟通。

南苏公司财经队伍历经多年奋斗形成的这笔宝贵的人力资源财富，是确保南苏公司财经工作稳步推进的关键。

2. 财经体系的优化

随着国华电力公司在印尼发展规模的逐步壮大，为共享经验、降低成本、稳定队伍，财经管理开始探索实施业务和人员共享机制，在印尼首都雅加达建立了财务共享（合署办公）中心。2016 年，南苏公司、美朗发电公司、爪哇发电公司、爪哇运维公司、印尼代表处共 5 个国华电力公司在印尼投资单位组成财经资源共享平台，形成了包括成本费用组、基建资产组、资金税务组、管理业务组、综合业务组在内的较为扁平化的共享平台结构，如图 5-1 所示。

南苏电厂投运数年后，作为项目当地最重要的税源之一，税务部门对南苏公司的税务稽查力度逐渐加强。为进一步提高企业的合规纳税能力，降低税务风险，南苏公司逐渐加强了税务力量的配置，设立了税务经理、税务助理等岗位，使税务管理逐渐达到了与传统财务管理同等重要的地位。

3. 财经队伍建设的难点

由于电站项目一般地处偏远、厂区周边环境较差，而且近年来中国赴印尼投资企业逐渐增多，南苏公司财经队伍存在有经验的员工频繁流动和流失问题。自 2008 年南苏公司成立至今，财经人员累计入职超过 25 人次，相当于过去十年间全部人员更换过 3 轮。

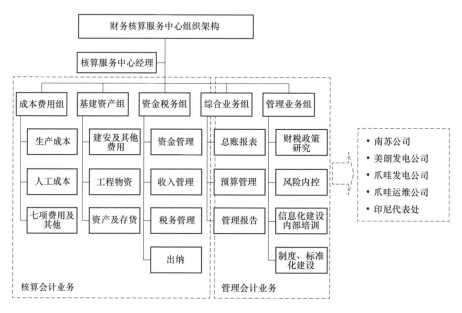

图 5-1　财务核算服务中心组织架构

如何保证员工队伍长期稳定，如何保持和持续提升专业化服务能力仍是南苏公司财经管理面临的一项长期课题。

南苏公司通过实施具有吸引力的工资待遇、优化业务流程、运用信息技术手段使一部分业务实现在雅加达远程办公，并着力完善制度和文化建设加强员工归属感等一系列措施，取得了较好成效。

（二）财经管理制度体系本地化

从投资人角度来说，财经管控的目标可分为两个层面，一是要能够贯彻母公司对子公司的管理要求，二是要能够确保子公司依法合规稳健运营和发展。南苏公司财经管控体系以实现投资人期望为目标，以依法合规运营为准绳，以国华电力公司管控体系为基础，吸收印尼当地法律法规和人文环境因素，经过几年的发展完善，稳步迈向国际一流。

1. 国华电力公司管控体系

国华电力公司在成立初期，学习借鉴香港中华电力公司建立了较为现代化的具有国华电力特色的管控体系，以专业化的管控体系为支撑，专业化的人才资源、专业化的信息平台、专业化的技术管理、专业化的组织结构和专业化的分工协作支持实施管理，该管控体系在纵向层次结构上体现了组织管理思想，横向系统结构上充分体现 PDCA 管理思想，内容结构上充分体现企业价值链管理和流程管理思想，并充分吸收和借鉴了美国COSO《内部控制整体框架》和《企业风险管理综合框架》，国资委的《中央企业全面风险管理指引》，财政部、证监会、审计署、银监会、保监会联合发布的《企业内部控制基本规范》，以及迈克尔·波特的价值链理论等管理理念和管理思想。

到南苏公司成立的 2008 年，国华电力公司管控体系经过多年、多轮持续性的完善，已在中国国内电站项目管控中取得了良好的应用成效。

2. 南苏公司财经管控体系

南苏公司成立后，在国华电力公司管控体系基础上和授权范围内，吸收印尼的法律法规和社会情况，开始了本地化财经管控体系的建设工作，形成了如表 5-1 所示的南苏公司财经管控体系。

表 5-1　　　　　　　　　　　　南苏公司财经管控体系

	涉及的主要机构	涉及的主要规定
中国政府层面	国家发展改革委	境外投资项目核准和备案管理办法 企业境外经营合规管理指引
	商务部	境外投资管理办法 外经贸发展专项资金管理办法
	国务院国资委	中央企业境外国有资产监督管理暂行办法 中央企业境外产权管理暂行办法 中央企业境外投资监督管理办法
	国家外汇管理局	关于境内企业境外放款外汇管理有关问题的通知 境内机构境外直接投资外汇管理规定 服务贸易外汇管理指引实施细则 跨境担保外汇管理规定
	中国人民银行	跨境贸易人民币结算试点管理办法 关于进一步完善人民币跨境业务政策促进贸易投资便利化的通知 关于明确跨境人民币业务相关问题的通知 关于简化跨境人民币业务流程和完善有关政策的通知
	国家税务总局	营业税改增值税跨境应税服务增值税免税管理办法 关于境外所得征收个人所得税若干问题的通知 关于扩大境外投资者以分配利润直接投资不征收预提所得税正常使用范围有关问题的公告 境外所得个人所得税征收管理暂行办法
印尼政府层面	印尼立法机构	中国和印尼关于对所得避免双重征税的规定 印尼所得税法 印尼增值税法 印尼公司法 印尼劳工法 印尼外资法 印尼投资法 印尼土地法

	涉及的主要机构	涉及的主要规定
印尼政府层面	印尼央行	关于在印尼境内强制使用印尼盾的规定
		关于银行和非印尼机构的外汇流监管规定
		关于外汇业务的报告及管理非银行公司外债业务的报告规定
	印尼矿能部	关于坑口煤电厂煤炭价格的确定及供应的程序
		关于国家电力公司并行运作电厂及电网的规定
		关于矿物质和煤炭价格定价程序
		关于根据生产费用进行煤炭定价的规定
		关于坑口煤电站煤炭定价的方法
		关于购售电合同的内容规定
		关于 PLN 供电基本成本核算机制
上级公司层面	国家能源集团/中国神华能源公司	一般性的集团公司通用管理规定 境外投资管理办法 境外投资财务管理办法 境外国有产权管理办法 境外机构资金管理规定 境外项目信息报告管理办法
	国华电力公司	国华电力管控体系 "三重一大"决策管理办法
南苏公司	南苏公司	本地化财经制度 40 余项

南苏公司成立以来,陆续发布管理授权手册和财经制度 40 余项,保证各项工作有章可循,有法可依。例如,基于海外投资项目以及作为 BOO 项目的特殊性,南苏公司全面预算管理体系的建设以现金预算为核心,在满足公司总体发展战略的前提下,基于公司现金贡献的目标和要求编制现金预算,并以"股东回报和现金流入确定现金流出"为原则,编制投资、成本、费用等业务预算,在业务预算的基础上编制财务预算,积极推进业务财务一体化。经过几年的努力,南苏公司预算管理体系逐渐完善,业务计划与年度预算紧密结合,三级责任中心管理体制逐步得到全体员工的理解和支持,全面预算管理工作在资源合理配置、运营有序进行、价值稳步提升等方面提供了有力保障。

在南苏公司成立初期,由于部分人员未能理解财经管理的重要性、本地化制度尚不完善、财经力量相对国内同类项目薄弱等情况,许多制度未能得到有效执行,部分管控流于形式,造成了财经风险逐步积累的不利局面。为补足管控缺陷,在国华电力公司监督和指导下,南苏公司组织开展了全面查漏补缺、建章建制工作,持续完善管控体系,规范财经管理,支持项目顺利建设。

项目投产稳定运营后，财经管理体系的重点逐步向精益管理的更高标准迈进。南苏公司开始围绕财经业务的程序化、标准化、信息化管理，对管理授权手册以及《货币资金管理制度》《发票管理制度》《费用报销管理制度》《成本费用管理制度》《会计核算手册》等财经制度进行持续修订和优化完善，系统组织制度修编 3 次，累计修编完善各项管理制度近百次，规范各类成本、费用管理流程，有效提升了财经部门内部工作、各部门间接口工作、与上级公司接口工作的程序化和标准化，形成管理流程的硬约束，以内控管理流程的优化来规范财经工作标准。

在完善制度体系的同时，大力强化制度的宣传贯彻力度，以制度修编的主笔人为讲师，对制度管理的重点、修编的要点进行培训讲解，特别是与员工或部门关系密切的制度，更是采用集中学习讨论的方式，确保员工理解快、培训效果好。另一方面，南苏公司高度重视计算机信息技术在管理中的作用，实施了财务信息系统、物资管理系统等管理系统，通过建立集成、共享、高效的信息系统以提高工作效率，同时积极以技术手段来实现制度的硬约束，有效实现管理的事前、事中控制，事后及时反馈。

3. 发挥国企特色强化制度管控

南苏公司作为中国国有控股企业，国资委监事会、国华电力公司在项目不同阶段组织了在建审计、竣工决算审计、成本费用专项审计、企业负责人离任审计、监事会检查、国资委海外项目检查审计检查活动，就南苏公司财务管理、会计核算、预算管理、资金管控、税务管理、物资管理、收入结算、风险控制、人员培养等方面存在的问题和不足提出了相关意见，南苏公司积极以外部检查促内部管理提升，持续完善管理工作。例如，成本费用专项审计中发现，在授权管理方面，南苏公司由于在印尼南苏门答腊省和雅加达均设有机构，公司管理层经常往返于两地之间，且公司在成立初期尚未实现电子化办公，授权程序不尽完善，造成审批效率低下，部分成本费用审批为口头批准，需等相关管理层人员到达项目现场后补充签字程序的问题；在备用金管理方面，在印尼社会特别是偏远地区仍需较多的现金支付，员工因公借入的大量现金备用金存在核销期限过长、单次金额过大的问题，备用金相关制度未得到严格执行。

南苏公司以外部检查和审计为契机，结合审计检查结果组织公司各部门进行全面深入的自查，通过优化制度、强化执行和考核、完善信息化手段等方式，有效提升财经管理。

（三）财经体系管理经验小结

1. 重视项目全寿命周期的管理

以 PPA 为核心的 BOO 或 BOOT 电站项目，其电价机制、煤炭开采和采购、设备管理计划和经营计划的安排在项目前期阶段就应从项目全寿命周期角度设计，项目要实现预期收益必须在确保实现当期预算目标的同时兼顾未来经营的可持续性，在设计制度和实施管理时不仅要解决一时的问题，更要从项目全寿命周期角度着手规划长远的问题。

2. 加强海外项目人员培养的计划性

管控体系的实施离不开人的因素，管控体系的改进更是需要充分发挥员工的主观能动性，只有当员工具备足够的积极性、积累足够的经验时，才能有效促进管控体系的优化，这在具有各式各样特殊性的海外项目中的重要性尤其突出。因此，海外项目应做好员工的梯次培养以及骨干员工的接续计划，确保项目的长期稳定发展。

3. 尽早推进本地化进程

海外投资面临巨大的文化背景、法律法规的差异，中方员工在海外工作时不可避免的或多或少存在国内的思维定式，这种思维定式极易对一些海外业务产生误判，对企业短期经营甚至长远发展产生严重后果。因此，海外项目在初期即应加大有工作经验的本地员工的聘用，鼓励本地员工参与到管理体系的制定中去，引导本地员工积极提出合理化建议，以开放、包容的心态加强与本地员工、本地机构的沟通，降低中方管理人员因思维定式而发生误判的可能性。

4. 加强制度执行的刚性

海外项目的特点是突发状况多，突发状况可分为公司内与公司外情况，其中公司内情况大部分是由于各部门各专业事前考虑不周造成的，因此需要加强执行闭环、考核评价，并借助信息化手段加强制度执行的刚性，以保持制度和管理工作的严肃性。

5. 管理标准和手段要与时俱进

每个海外项目都有其特殊性，照搬中国国内成熟的管控体系会产生很多水土不服的问题，例如在管理实践中发现，印尼籍员工对于管理制度和标准的遵从性较好，因此制定详细、完善、操作性强的管理标准以便于印尼籍员工"照表操课"的需求较中国国内更具价值。从长远来看，如何确保海外项目管理的有效性、如何因地制宜提高管理效率、如何公允合理的评价海外项目经营业绩是我们需要长期思考、不断改进的一大课题。

6. 建立以现金流和风险为导向的管理体系

由于中国国有企业的效益评价长期以来以利润为中心，对于企业现金流的关注相对较少（特别是在现金流较充裕的企业中）；而且在国内相对成熟的环境中经营财务风险一般并不突出，所以对于经营财务风险的关注也相对较少。但海外项目往往很难直接获取国内的政策、资金支持，税务、资金、长期运营策划的风险成为海外项目财经管理面临的关键风险，现金流管理成为海外项目的生命线，因此以现金流为基础的预算管理体系将更为符合海外项目的管理需求，以风险为导向的管理标准也将更为符合海外项目的长期可持续发展。

二、　项目资金的筹措和优化

资金是项目的生命线，海外项目的资金管理更是项目顺利实现建设和运营目标的重中之重。南苏项目是中国神华投资的首个海外电站项目，开发建设时正处于美国次贷危机期间，金融市场表现十分审慎，在国际金融市场融资难度较大。因此，虽然南苏项目拥有较为优质的 PPA 协议，但其首次融资仍主要依托中国神华的股东能力和中国国内金融机构。南苏项目在建成投产后，又根据市场变化及集团公司整体资金规划，进行了两次再融资，实现了长期资金成本的进一步降低。

（一）　项目资本结构

南苏煤电项目计划的资本金比例为 20％，由中国神华和 EMM 公司按照 70％：30％的股权比例出资，其中中国神华以现金出资，EMM 公司为实物出资。资本金以外的债务资金全部采用美元贷款。

根据印尼所得税法中资本稀释的相关规定，在印尼一般运用的负债权益比率为 4：1，即融资成本可全部进行税前扣除的债务最多为权益的四倍，南苏煤电项目的资本结构设计最大限度发挥了税盾作用。

（二）　首次实现项目融资关闭

1. 融资关闭过程

2007 年 10 月国华- EMM 联合体与 PLN 签署 PPA 框架合同（Heads of Agreement with regards to the Power Purchase Agreement），约定在 PPA 合同签署后一年内应完成融资关闭，否则 PPA 合同可能失效。2008 年 3 月南苏公司成立，并开始与 PLN 就 PPA 协议进行谈判，2008 年 12 月 22 日南苏公司与 PLN 正式签署 PPA 合同。由此，南苏公司以 2009 年 12 月 22 日前完成融资关闭为目标，积极与金融机构进行沟通谈判，争取融资支持。

鉴于 2008～2009 年正处于新一轮全球金融危机之中，国际市场融资难度较大且当时中国神华主要金融资源仍为国内资源，因此在中国神华和国华电力公司的支持和直接参与下，南苏公司先后与国家开发银行、中国进出口银行、中国银行、中国工商银行、中国建设银行、中国农业银行、中信银行等境内金融机构进行了广泛接触，探讨提供融资的可行性，落实初步贷款条件，同时与中国出口信用保险公司（简称中国信保）洽谈海外投资政治保险事宜。在与银行的谈判过程中，各银行普遍提出由中方股东即中国神华提供覆盖项目建设期和运营期的担保，否则需要中国信保提供政治保险等要求。而当时中国信保正与印尼政府进行一揽子项目谈判，但由于南苏项目不属于该次谈判的政府间合作项目，因此中国信保表示无法及时为南苏项目承保政治保险。

经过 1 年多的前期沟通、比选，国华公司和南苏项目公司综合平衡"尽快完成融资关闭""严控融资担保风险"这两大目标后，最终决定将本项目融资分为两个阶段，即项目基建期由股东方为融资提供担保支持，项目运营期由中国信保为融资提供担保支持，并确定了由中信银行和香港振华财务公司组成的中信内部银团为南苏公司提供融资。2009 年 10 月 9 日南苏公司与中信银团签订了美元长期贷款协议，贷款期限包括 3.5 年的宽限期和 10 年还本期，与南苏项目的建设工期和电价结构匹配；贷款担保结构以内保外贷方式由中信银行为本次融资向贷款银团出具有效期限 3.5 年的备用信用证担保，同时由向股东方提供反担保，项目公司再向股东方提供反担保。备用信用证担保期结束后，中信银团将重新审查贷款条件，进行贷款重组。首次融资的担保结构如图 5-2 所示。

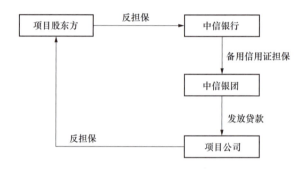

图 5-2　首次融资的担保结构

在满足所有提款先决条件后，项目公司于 2009 年 12 月 22 日第一次提款 5000 万美金，于 PPA 规定的最后期限完成融资关闭，不仅满足了项目建设资金需求，也避免了融资失败导致 PPA 合同失效。

南苏项目基建阶段开展的内保外贷融资模式，在当时仍有较为严格的政策管理要求，此后在 2014 年国家外汇管理局在《跨境担保外汇管理规定》（汇发〔2014〕29 号）中对跨境担保政策进行了系统性修订，主要修改有：

（1）取消内保外贷的数量控制。取消境内机构融资性和非融资性内保外贷的事前审批或指标核定，并取消所有形式的数量控制。

（2）取消大部分资格条件限制。除个别适用于所有机构的一般性限制条款外（如担保资金用途限制），取消针对特定主体（担保人、被担保人资产负债比例或关联关系要求，以及盈利性要求）或特定交易（如非融资性担保）的资格条件限制。

2.担保风险简要评估

股东方为南苏项目提供融资担保的风险主要有政治风险、项目终止风险、支付风险、经营风险、合作关系风险和建设风险等，具体如下：

（1）政治风险。政治风险主要指征收、战争及政治暴乱、汇兑限制、违约等情况下，项目公司无法履行还本付息义务的情况。

印尼实行多党制，立法、行政、司法三权分立。一方面，近十多年来，印尼民主化改革不断推进，国内环境保持相对稳定，民族、宗教和文化多元化建设和发展，政府通过把权力下放给各省和各地区，营造了稳定的、强壮的执政系统，政府受党派利益左右的情况逐渐弱化，政治、安全形势得到较大改观。困扰印尼政府的分裂主义和恐怖主义等问题集中地区，均远离项目所在地。另一方面，尽管印尼和其他亚洲国家一样遭受了2008年金融危机，但是由于近10年来的金融监管力度不断加强和现代化建设的快速推进，使得印尼央行保持了稳定，确保了投资者和商业的信心，经济继续强劲增长。

总体来说，南苏项目不存在显著的政治风险，且印尼整体政治风险也处于不断弱化的趋势，因政治风险而产生股东担保风险的可能性不高，而且从长期看政治风险仍可以通过中国信保为项目提供担保。

（2）支付风险。支付风险指PLN无法按PPA协议约定支付电费等款项的风险。PPA协议约定，PLN应在接到发票30天到期时给付电费，如果PLN发生拖欠情形，PLN应为这些未付款按当期利率支付利息。PPA协议还约定，在项目运营期，若因PLN原因造成项目终止，PLN将按未来投资回报部分电价的总收入折现计算补偿支付给项目公司。

在1997年亚洲金融危机中，PLN受影响颇深，但经过十余年的恢复和发展，PLN实力显著增强，根据历史经验判断，南苏项目支付风险不高。实践证明，南苏项目投产以来，PLN均按合同约定按时支付电费，未曾发生款项拖欠情况。另一方面，支付风险作为PLN违约风险的主要表现，目前已可作为政府违约事项纳入中国信保保险范围。

（3）经营风险。

1）市场风险。电价构成及调整机制方面，2008年12月南苏公司与PLN签订了期限为30年的PPA合同，合同期内项目公司将按227MW的净容量、至少80％的可用系数向PLN销售电力，PLN以约定电价向项目公司支付电费。这种以IPP与PLN签订PPA合同的经营方式，既可以确保发电运营商获得长期稳定经营效益，又可以使PLN得到长期稳定可靠的电力供应。

电力市场需求方面，按照PPA合同约定，无论印尼电力市场需求是否旺盛，项目公司均能以"照付不议"的方式取得与投资回收和固定运维相关的电费收入，南苏公司不需承担市场需求波动风险。

市场价格波动方面，PPA合同约定，包括煤价在内的B/C/D部分成本价格的波动风险主要由PLN承担，PLN每年按照通货膨胀指数动态调整电价，以保持电价与物价的联动。

综上可见，项目发电成本波动的绝大部分风险已转移至PLN，南苏公司的任务即通过精细化管理，将成本波动控制在物价波动范围之内。

2）汇率风险。在基建期，项目建设资金主要来源为美元贷款，而基建期绝大部分设备、材料及人工费支出为人民币计价，在人民币升值的情况下项目建设会承受汇率损失，反之将取得汇率收益。汇率风险可以通过锁定建设合同价格、汇率掉期等方式规避。后续建设实践表明，基建期的人民币升值使项目公司承受了一些汇率损失，但最终仍通过造价控制、电价调整等方式获得了弥补。

在经营期，根据 PPA 合同约定，在 PLN 支付的电费款中，A 部分电费全部以美元支付，B/C/D 部分按照成本的币种构成，美元和印尼盾支付分别占 50％。南苏公司对应 A 部分电费收入的还本付息支出均为美元，其他经营支出中印尼盾和美元基本相当，即项目资金收、支的币种基本匹配。所以，经营期不存在显著的汇率风险。

3）利率风险。项目融资成本由不变的基础利率部分和变动的 6 个月美元 Libor 利率部分组成。Libor 利率根据国际金融市场走势波动，过去十年间该 Libor 利率在 0.39％～5.61％间波动，利率波动风险为项目运营的主要风险之一。

针对利率波动风险，南苏项目按 Liobr 掉期利率水平管理利率风险，即在执行市场掉期利率水平的假设下，设计筹融资方案、还本付息计划、成本控制和项目回报目标等。因此，南苏公司虽然未实际进行利率掉期操作，但利率风险已得到较为妥当的考量与应对。

4）合作关系风险。管理经验方面，南苏项目由中国神华下属的国华电力公司负责具体管理，项目公司管理层及关键岗位人员主要由国内选派，均具有丰富的从业经验。实践表明，在项目公司管理层的艰苦付出以及国内母公司的大力支持下，本项目成为印尼第一个比 PPA 工期提前完工的 IPP 项目，创造了印尼中国机组投产后连续运行最长周期的记录，打造了印尼电力建设奇迹。

公司控制权方面，南苏公司管理机构主要由股东大会、董事会、监事会组成，根据公司章程相关规定及公司法相关条款，当地股东 EMM 公司持有的南苏公司 30％的股权仅限于在公司兼并、合并、收购、解散和清算以及公司资产处置中可能影响公司相关股东会决议，除此以外其他需股东会决议事项则由中国神华完全控制。因此项目公司的正常建设、生产和经营活动中的合作方关系风险处于可控状态。

5）建设风险。建设风险的控制主要基于国华电力公司在中国国内丰富的电站建设经验。作为国内最大的新兴发电商之一，国华电力公司拥有较为成熟完善的建设管理体系和一大批经验丰富的基建管理人员，自主建设管理的电站规模超过 3000 万 kW，具有较强的电站建设管理实力。南苏项目的建设正处于中国电力行业快速发展和国内电站项目建设的大发展期，基于国华电力公司的基建管理实力和资源调配能力，南苏项目的顺利建设有较为扎实的保障。

实践也证明，南苏项目建设风险控制良好。其中工期风险方面，南苏项目于 2011 年实现投产，较 PPA 约定提前；造价风险方面，虽然建设期间面临人民币大幅升值以及地价、物价上涨等因素，项目造价较 2007 年发改委核准投资有所增加，但通过优化设计、精细化管理等手段，最终造价仍控制在中国神华批复的概算范围之内；性能风险方面，项目机组投运后机组等效可用系数达到中国国内先进水平，大大高于 PPA 合同约定值，得到了 PLN 的充分肯定。

（三）建设资金缺口解决方案

海外项目由于外汇管制原因，建设经营过程中如果发生计划外资金缺口，资金筹措过程往往十分耗费时间和资源，南苏项目在建设过程中调研和积累了较多经验。

1. 通过前期费形式解决项目开发阶段资金需求

在海外项目开发中，国内母公司可以通过直接汇出前期费的形式为境外项目前期工作提供资金支持。根据《国家外汇管理局关于进一步改进和调整资本项目外汇管理政策的通知》（汇发〔2014〕2 号）规定：

（1）境外直接投资前期费用（以下简称前期费用）累计汇出额不超过 300 万美元，且不超过中方投资总额 15％的，境内机构可凭营业执照和组织机构代码证向所在地外汇局办理前期费用登记。

（2）前期费用累计汇出额超过 300 万美元，或超过中方投资总额 15％的，境内机构除提交营业执照和组织机构代码证外，还应向所在地外汇局提供其已向境外直接投资主管部门报送的书面申请及境内机构参与投标、并购或合资合作项目的相关真实性证明材料办理前期费用登记。

（3）境内机构自汇出前期费用之日起 6 个月内仍未取得境外直接投资主管部门核准或备案的，应向所在地外汇局报告前期费用使用情况并将剩余资金退回。如确有客观原因，境内机构可向所在地外汇局申请延期，但最长不超过 12 个月。

此外，根据国家外汇管理局服务贸易项下为"具有关联关系的境内外机构代垫或分摊的服务贸易费用"的相关规定，国内机构还可为国外前期项目通过签署代垫协议垫付资金。

2. 通过增资形式解决新增建设项目资金需求

海外项目开发建设的重要特点之一是突发事项多、不确定性大，特别是在初次"走出去"过程中。如果项目在建设过程中由于设计方案变更或追加建设项目等原因产生资金缺口，则为项目增加资本金投入是融资途径之一。从中国向境外汇出资本金，需取得经国家发展改革委、商务部备案或核准的投资额度，而后方可办理外汇汇出。

按照当时国家发展改革委对于 1 亿美元以下的境外投资进行备案管理的要求（2014年国家发改委对《境外投资项目核准和备案管理办法》进行了修订，已取消 1 亿美元的限制），新增项目或新增投资需重新报批。

3. 通过股东境外放款解决项目建设资金缺口

对于境外项目资金缺口，除增加资本金投入外，还可以按照外汇管理局关于境外放款的相关规定以股东借款形式向借出资金予以解决。

根据《国家外汇管理局关于境内企业境外放款外汇管理有关问题的通知》（汇发〔2009〕24号），境内企业（金融机构除外，以下简称"放款人"）可以以合同约定的金额、利率和期限，使用其自有外汇资金、人民币购汇资金、境内外汇贷款（2012年修订后新增该项资金来源）以及经外汇局核准的外币资金池资金向其在境外合法设立的全资附属企业或参股企业（以下简称"借款人"）（2014年修订后，外汇局允许境内企业向境外与其具有股权关联关系的企业放款）提供直接放款的资金融通。

（1）境外放款实行余额管理，境内企业在外汇局核准（2012年修订后，外汇局取消了境外放款专用账户资金汇出核准，由银行根据外汇局相关业务系统中的登记信息为境内机构办理境外放款购汇及对外支付手续）的境外放款额度内，可一次或者分次向境外汇出资金。境外放款额度有效使用期为自获得外汇局核准境外放款额度之日起2年（2014年修订后，外汇局取消了境外放款额度2年有效使用期限制，境内企业可根据实际业务需求向所在地外汇局申请境外放款额度期限）。期限届满后如需继续使用，应在期限届满前1个月内，由放款人向所在地外汇局提出展期申请。

（2）放款人境外放款余额不得超过其所有者权益的30%，并不得超过借款人已办妥相关登记手续的中方协议投资额。如企业确有需要突破上述比例的，由放款人所在地外汇局初审后报国家外汇管理局审核。

（四）运营期贷款重组

1. 按照首次融资安排开展贷款重组

根据2009年12月南苏公司与中信银团签署的长期贷款协议的担保安排，中信银团为该笔贷款提供的备用信用证担保最晚到期日为2013年6月20日，南苏公司需于该日期前完成以担保置换为主要内容的贷款重组工作，否则中信银团有权要求南苏公司在担保到期后的1个月内归还所有贷款。

2012年初，国华电力公司与南苏公司共同启动了担保置换工作。考虑项目投产后技术经济指标稳健、当地电力市场良好，以及当时的中国信保的商业担保成本仍然较高，且其能否担保在还存在较大不确定性等原因，此次担保置换工作仍延续建设期首次融资的担保结构，以股东方向中信银团提供担保的模式推进。

2. 运营期第二次贷款重组

2015年6月，中国神华以其主权级的信用评级首次在境外发行了15亿美元债券，该债券成本低于南苏公司存量贷款的远期利率水平。为规避利率风险，进一步降低融资成本，南苏公司将存量贷款置换为中国神华发行的美元债券。

（五） 申请项目财政补贴

多年来，中国政府为鼓励和支持中国企业"走出去"，在对外投资、对外承包工程、对外劳务合作、境外经济贸易合作区建设等方面推出了众多优惠措施，虽然每年推出的鼓励政策的侧重点有所不同，但该类政策的推出逐渐呈常态化趋势，"走出去"企业应积极跟踪了解，以便及时争取各类优惠政策和补助资金。

1. 前期费补贴

2008 年财政部、商务部联合发布了《对外经济技术合作专项资金管理办法》，鼓励中国企业加快对外投资步伐，对中国企业为从事境外投资而发生的相关法律、技术及商务咨询费、勘测调查等前期费用进行直接补助、贷款贴息等支持。专项资金申请企业必须在中华人民共和国境内依法登记注册，具有独立企业法人资格。

根据该办法规定，国华电力公司和南苏公司全面整理了南苏项目前期开发过程文件和合计记录，向中国财政部上报了补贴申报文件，并于 2009 年成功获得"前期费用"财政补贴。

2. 贷款贴息

根据财政部、商务部联合发布的《对外投资合作专项资金管理办法》规定电力、交通运输基础设施建设投资中，对由我国企业或我国企业在境外设立的控股公司从境内外银行取得的贷款实行贷款贴息优惠政策，2013 年国华电力公司和南苏公司据此成功申请获得中信银团贷款的贷款贴息补助。

2014 年根据财政部、商务部联合发布的《外经贸发展专项资金管理办法》，于 2015 年继续获得了贷款贴息补助。

（六） 银行账户管理

1. 账户开立管理

中国神华对子分公司银行账户实行统一管理政策，所有银行账户的开立、变更、注销均需取得控股股东——中国神华的批准。鉴于中资银行当时在印尼仅中国银行的业务功能相对健全，南苏公司在成立伊始即向上级公司申请于中国银行开立银行账户（户名为"PT. GH EMM INDONESIA"），并在取得印尼司法部批文后完成开立。随着中国神华对海外公司资金管理力度的加强，在无法与国内实现资金集中管理的情况下，南苏公司后续又在中国银行雅加达分行为国内母公司办理了网上银行查询业务，保证中国神华和国华电力公司能够实时查询南苏公司资金余额与日常资金往来。

在工程进入开工阶段后南苏公司银行往来业务逐步增多，银行业务需求逐渐多样化，南苏公司开始筹划在印尼本地银行开立银行账户。经过调研并咨询其他驻印尼中资机构，选择了在 BCA 银行开立账户。BCA 银行是综合实力在印尼排名前三的大型银行，盈利情况良好，网上支付技术在印尼领先，网点遍及印尼境内，服务质量好，客户反应及时，可以满足现场小额合同款及印尼人员工资的发放。

在项目运营期，南苏公司申请取得美元纳税许可后，在可提供美元纳税接口服务的印尼四大国有银行之一的曼迪利（Mandiri）开立纳税专用银行账户。

2. 账户风险管理

除了选择在实力强大、合作良好的银行开立银行账户外，南苏公司持续通过加强资金内控建设管理资金风险。南苏项目公司最初的银行账户在雅加达开立，由于银行未实现网银功能且当地通信落后，生产现场的部分资金支付业务只能通过电子邮件发送到雅加达办事处，由办事处人员传真向银行提交付款申请。为防范资金支付风险，南苏公司与开户银行协商在传真付款申请的基础上建立了电话复核机制。后期，中国银行雅加达分行开通网上银行业务后，南苏公司第一时间办理网上银行业务，设立了由出纳提交、财务经理审核、公司分管领导审批的3级付款审批程序，保证了资金支付的安全可靠。

同时，对资金支付业务实施"双签"制度，即在报销环节需由财务分管领导和业务分管领导共同审核后才可进行银行账户资金支付，其中重大资金支付必须由董事长、总经理、总会计师中的至少2人审批，其中1人必须为总会计师。

（七）资金管理经验小结

通过回顾南苏公司的资金筹集和管理工作的经验教训，海外项目投资及南苏公司的资金管理工作需注意以下几个方面：

1. 将落实项目投资的资金来源作为项目开发阶段的重要内容

海外项目可能存在多重外汇管理，中国境内资金受外汇管制无法随时自由汇出，而东道国可能也同样存在资金入境备案等管制措施，如果资金无法及时到位，项目的建设运营将会十分被动。为控制资金风险，保障工程建设不因资金缺口出现延宕，应在工程建设计划与资金筹措计划间做到统筹安排，以工程建设计划为中心编制资金筹措计划，以资金筹措计划中的硬约束来调整工程建设计划。

2. 提升资金预算的前瞻性并严格执行财经纪律

海外项目投资不确定因素较多，突发情况频出，如果没有前瞻性、考虑全面充分、执行准确的资金收支计划，公司就需要为突发的计划外资金支付临时筹集资金。这不仅会打乱了其他建设项目的资金支付计划，而且由于境外资金筹措特别是临时筹措远较境内困难和复杂，时间上经常难以满足需求，成本上也常常十分昂贵。同时，如果不能及时筹集到资金，项目公司建设及运营中涉及的当地供应商及当地员工易受到虚假谣言等不利消息的鼓动，容易产生罢工等极端行为，对公司正常运营造成冲击。因此，公司各个环节紧密联动、体系完善、执行严格的资金预算体系对海外项目的顺利运转显得十分重要。

3. 正确对待股东担保融资问题

在担保问题上，常常是无追索的项目融资更为大家所推崇，似乎代表着更为先进和科学的项目运作方法。从另一个角度来说，无追索的项目融资和有追索的股东担保融资两种模式，其区别实质在于各方对于风险和收益的不同安排，两种模式各有优缺点，并无绝对的高低优劣之分，选用何种融资模式取决于投资人的风险取向和项目的风险等级，应针对具体公司和具体项目做具体分析。

对于实力较强的母公司而言，通过母公司股东担保融资可以将母公司财务能力变现为经营效益，有助于项目公司及时顺利取得融资，并降低项目资金成本和工程造价，增强项目公司在经济周期中的抗风险能力。是否为海外项目提供母公司担保，不仅要从项目本身的风险角度考虑，还应从集团公司整体的风险水平、资金资源、发展战略以及相应的反担保措施考虑，对于南苏项目之类具有 PPA 照付不议条款的项目来说，风险水平相对较低，股东担保可以放大投资收益，在较低风险情况下帮助海外项目取得更为成功的投资效果。

但采取股东担保融资时，需特别注意加强对项目公司资金的管控。在股东担保融资（或股东直接融资）情形下，银行（或股东方）对贷款资金以及经营现金流的监管要求相对较少，借款人的资金运作空间较项目融资情况下更为宽松，但这也往往是柄"双刃剑"，如果项目公司和股东方对资金的监管科学、严格、完善，则在获取股东担保融资收益的情况下也往往能较好地控制经营和担保风险；如果项目公司和股东方缺乏足够的资金管理能力，则在没有其他约束的情况下往往容易产生新的风险，可能得不偿失。

4. 建立必要的汇率风险对冲手段

海外项目收入结算、成本支出、投资、筹资的币种多样化，南苏公司同时涉及人民币、美元、印尼盾三个币种，如果存在汇率风险敞口，则汇率波动对公司的资金管理影响将十分巨大。因此在考虑融资以及产品购销结算安排时，要尽量做到收支币种匹配以实现汇率风险的自然对冲，剩余的风险敞口则可考虑使用一些可以使汇率风险对冲的金融产品。

三、 重要会计准则的影响与应用

企业采用的会计准则不仅会影响财务报告的列报，往往还会影响企业的税收缴纳、股利分配等事项，最终对企业经营产生重大影响，是企业进行海外投资时必须予以考虑的重要因素。在南苏公司经营过程中，影响最为重大的会计准则应用为印尼会计委员会2010 年出台的 ISAK16《服务特许权准则》。

（一） 服务特许权准则适用性的认定

1. 服务特许权准则的相关规定

2010 年 10 月 1 日印尼会计委员会发布了新的印尼会计准则，其中 ISAK16 公告规定了关于公用设施类资产所有权移交给政府或公用设施机构（Service Concession Arrangements）的资产核算方式。它要求承建方对此类资产以服务特许权方式进行账务核算，即会计上不确认为固定资产，而是确认为金融资产，再对金融资产使用实际利率法摊销。本规定于2012年1月1日起正式实施。

根据ISAK16公告规定，服务特许权的认定标准为具有以下情况的"公到私"服务特许权协议：

（1）授权人控制基础设施的使用（如果授权人控制或监管与基础设施一起提供的服务、服务的提供对象以及服务的价格时，则应视为授权人控制基础设施的使用）；

（2）授权人在协议有效期结束时（通过所有权、权益或其他方式）控制基础设施的任何重大剩余利益（授权人对任何重大剩余利益的控制应为限制营运商出售或抵押基础设施的实际能力，并授予授权人在协议有效期内持续使用基础设施的权利。如果服务特许权协议结束时基础设施存在重大剩余利益，则该剩余利益必须归还给授权人才属于该解释公告的范围；如果服务特许权协议结束时基础设施不存在重大剩余利益，则该协议并未被排除在该解释公告的范围之外）。

2. 南苏公司适用服务特许权准则的认定

南苏公司作为特许经营项目，与印尼国家电力公司（PLN）之间的PPA合同（购电协议）属于ISAK16关于服务特许权的核算范围，其依据主要有：

（1）PLN为印尼国家电力公司，南苏公司为印尼注册的有限公司，且电力供应属于公共服务项目，故符合"公到私"的要求。

（2）PLN实际控制南苏公司电厂的使用，主要体现在：①南苏公司与PLN签订的PPA合同规定南苏公司须在合同期限内按照南苏公司电厂合同容量的80%向PLN提供电力，因此PLN控制南苏公司的服务范围；②PPA合同11.1条规定"除了另外规定之外，卖方（i）不参加任何商业活动，除了履行其在项目文件下的义务和享有权利所合理需要的活动，或（ii）与任何实体签订兼并、合并或联合协议，或（iii）除了债权人因实施卖方向债权人支付义务而另有需要外，处理其全部或实质上全部资产"，以及19条规定，"没有得到另一方的事先书面同意，任何一方都不能出售、转让或以其他方式让与其在本协议下或按照本协议的权利或义务"，因此PLN实际控制南苏公司电厂的服务对象；③PPA合同规定了南苏公司30年经营期的售电单价，包括A－E部分的各部分明细单价，因此PLN控制或监管南苏公司提供服务的价格。

（3）南苏公司与PLN签订的PPA合同约定南苏公司电厂的运营期限为30年，而南苏公司电厂大部分专用设备及建筑使用年限为30年，因此南苏公司电厂资产在PPA合同期满后无重大剩余利益。因此，虽然PPA合同未明确合同期满后电厂所有权的转让事宜，但由于合同期满后南苏公司电厂资产无重大剩余利益，所以南苏公司电厂仍然适用于ISAK16关于服务特许权的准则。

综上所述，南苏公司被认定为适用于 ISAK16 关于服务特许权的准则。

（二）执行服务特许权准则对南苏公司的影响

经与印尼当地会计师事务所研究，南苏公司全面采用 ISAK16《服务特许权准则》的相关规定，投资、资产采用 ISAK16《服务特许权准则》、ISAK 22《服务特许权：披露》的要求进行核算、列报和披露，并据此出具审计报告。

1. 利润影响

根据服务特许权准则，南苏公司主要资产被认定为金融资产，采用实际利率法计算资产相关收入（即电厂容量部分收入）。按照该方法，南苏公司的会计账面收入呈"前高后低"的逐年递减趋势，与中国国内多数电厂采用的固定资产准则相比，在项目运营前期，服务特许权准则核算的利润将高于固定资产准则核算的利润，在项目运营后期则会呈相反状态。

但考虑到编制中国国内合并报表及印尼税务局相关要求，经与当地会计师事务所沟通，南苏公司在日常业务核算过程中仍采用《固定资产准则》等相关准则进行核算，在每年出具审计报告时再按照《服务特许权准则》进行调整。

2. 税务影响

由于印尼税法暂未执行 ISAK16《服务特许权准则》相关标准，因此当地税务局要求南苏公司仍采用《固定资产准则》等相关准则进行核算并计算、申报企业所得税；经与当地会计师事务所沟通，在审计报告披露中也仍采用印尼所得税法相关规定进行披露，不按照服务特许权准则核算的利润计算所得税。

但当地税务局在后续税务稽查中，其综合 PPA 协议、服务特许权会计核算方式等，曾认为南苏公司资产在会计上作为金融资产存在与 PLN 间资产转让的实质，由此认为南苏公司应缴纳相关的所得税、转让环节增值税等。此后，南苏公司通过税务争议解决程序，最终取消了该认定。

（三）会计准则执行经验小结

海外项目投资前要对采用当地会计准则的影响进行评估，要统筹考虑采用的会计准则对企业经营的影响。

1. 充分考虑会计准则对企业经营筹划的长远影响

南苏公司的股息分配以审计报告中的未分配利润为参考，这就使得在服务特许权准则下公司股息分配可以较固定资产准则下提前，便利了投资方资金提前回收。但由于服务特许权准则下核算的收入与实际现金流入并不匹配，因此在制定股息分配政策时，需注意股息分配计划与贷款偿还计划的匹配，避免超前的股息分配损害公司长期偿债能力。

2. 关注使用特殊会计准则所衍生的问题

由于采用服务特许权准则而衍生出的税务风险等问题，应通过当地专业咨询机构，综合考虑法律规定和执法环境，做到提前预判和应对。

四、 争取和维护税务权益

随着国华电力公司在印尼发展规模的逐渐扩大，与印尼当地公司以及各政府部门业务往来的不断增多，科学完善的税务管理体系在企业发展中的重要性日益突出，这既是保障企业生产经营活动顺利开展的客观需求，也是确保企业资产及资金安全，降低经营成本、提高经济效益的重要组成内容。

（一） 税务管理概况

南苏公司在 2008 年 3 月成立后即开始向所在地税务局申请税号，并于当年 5 月得到项目当地 BATU RAJA 税务局的批复。后鉴于南苏公司距离 BATU RAJA 税务局需要近 5 个小时车程，办理业务极其不便，南苏公司又将税务管理地更换到距离项目公司现场最近的 PRABUMULIH 税务局，极大方便了公司的税务办理。2018 年，因南苏公司每年纳税金额较大，印尼税务部门主动将南苏公司主税号由 PRABUMULIH 税务局升级至南苏省省会 PALEMBANG（巨港）税务局，分税号仍在 PRABUMULIH 税务局，其中所得税、增值税等纳税地为 PALEMBANG 税务局，一般代扣税等的纳税地仍为 PRABUMULIH 税务局。

在项目基建期，南苏公司税务管理的重点工作是做好中国出口物资的退税和印尼进口物资的减免税工作，其中中国出口物资的平均退税率达到约 11％，印尼进口物资的减免税范围超过 90％。

进入运营期后，南苏公司先后申请取得了美元纳税申报许可、美元缴税许可，不仅便利了税务计算和申报，也减少了汇率损失。在进口免税方面，南苏公司根据东盟与中国自由贸易协议中有关税务条款，办理了 FORM E（货物原产地证明）进口货物签证，减免了进口关税，实现了整体进口物资税率的下降。

（二） 印尼税务法规体系

印尼实行中央和地方两级课税支付，税收立法权和征收权主要集中在中央政府。印尼现行的主要税种有企业所得税、个人所得税、增值税、奢侈品销售税、土地和建筑物税、离境税、印花税、娱乐税、电台与电视税、道路税、机动车税、自行车税、广告税、外国人税和发展税等。

印尼税务总署是所属财政部负责税务征管的部门。根据纳税人自行评估制度，纳税人有义务通过所属住宅或办公区域的税务局或税务咨询办公室进行登记，并获得纳税人识别号。纳税人也可在网站上进行税务登记，通过税务总署网站获得纳税人识别号。个人和企业（包括有限公司、有限合伙、独资企业、合资企业、非盈利组织、基金会、大众组织等）都需要在当地税务局登记并注册，以获得纳税人识别号。

（三）　适用的主要税种

1. 增值税（PPN）

增值税是对在印尼关税地区转让应税货物或提供应税服务而征收的税项，税率均为10%。南苏公司在发电和售电业务中涉及增值税的业务主要包括：

（1）在印尼采购货物或服务时，涉及一般增值税。

（2）从印尼境外取得服务时，涉及自估增值税。

（3）从印尼境外进口货物时，涉及进口增值税，但若公司取得免税清单（Master List），则进口清单中物品在税务局办理免税证明（SKB）后可免除该项进口增值税。

（4）南苏公司向 PLN 销售电力时，因电力产品最终销售客户 PLN 是印尼政府企业，根据印尼增值税税法规定，政府企业免交增值税，故南苏公司无增值税销项增值税，亦无法进行进项税抵扣，进项税均直接计入成本。

2. 企业所得税

企业所得税征税客体为纳税人的所得，其定义为纳税人经济能力的增加，具体表现为从印尼和海外收到或应收的，可用于消费或增加纳税人财富的所得。其中，对于印尼常设机构的征税范围包括：

（1）来源于经营活动的收入以及其拥有或控制的财产取得的收入。

（2）来自总机构在印尼从事的经营活动、销售商品或提供服务的收入（该收入性质应与其常设机构的业务相类似）。

（3）与常设机构有实际关联的财产转让或商业活动所获得的收入。

印尼企业所得税实行预缴企业所得税（PPH25）方式，企业所得税的缴纳以最近一年的企业所得税申报金额为基准，以按月分期缴纳的方式进行预缴。

印尼企业的最终按照企业所得税（PPH29）执行，税率为25%。若纳税年度内预缴的税款（扣减已被代扣代缴的 PPH23，PPH22 和预缴的 PPH25）总额少于实际应缴纳的企业所得税，则公司需补缴差额。

此外，印尼对中、小、微型企业还有税收鼓励，减免50%的所得税的优惠。

3. 预扣税（PPH）

印尼的所得税主要以预扣税的形式征缴。如收入所得需要缴纳预扣税，支付方一般须负责代扣并代缴。南苏公司经营业务涉及的预扣税主要包括：

（1）预扣税第21条（PPH21），即为个人所得代扣税。公司向员工发放工资性收入以及公司接收印尼境内独立个人劳务时需代扣个人所得税。

（2）预扣税第22条（PPH22），公司进口物资时预交的所得税。根据进口商是否拥有进口许可，税率通常在 2.5%～7.5% 之间。基建项目若取得免税清单（Master list），则进口清单中的物资在税务局办理免税证明（SKB）后可免交预交进口所得税

（PPH22）。此外，南苏公司售电给时也被按照1.5%的税率代扣代缴企业所得税。

（3）预扣税第23条（PPH23），即一般代扣税。接受当地公司服务时，应扣缴2%预扣税；向印尼当地股东分红时，应扣缴15%的预扣税，但若股东方为印尼注册的有限责任公司、合作公司或国有企业，且其在公司持股比例超过25%则可免征该项预扣税。

（4）预扣税第4条第（2）款（PPH Final），即为最终代扣税。较为常见的是建筑施工、建筑设计、规划及监理类服务需根据供应商建筑资质的不同代扣代缴2%～6%的所得税。

（5）预扣税第26条（PPH26），即为境外所得代扣税，境外企业或个人从印尼公司取得的任何形式的收入（包括利息、分红、奖金、劳务所得、服务所得等）均需代扣代缴所得税。根据中印双边税收协定，若该境外企业能取得纳税证明（CERTIFICATE OF DOMICILE，FORM DGT），则可享受对服务预扣税的免除以及降低股息、利息等的预扣税税率。

4. 土地房产税（PBB）

土地房产税为地方税，是对公司所拥有的土地（矿区土地除外）或建筑物征收的税，其税率为0.5%（基于应税价值），应税价值（NJKP）为土地或房产总价值（NJOP）的20%（总价值在10亿印尼盾以下）或40%（总价值在10亿印尼盾以上的）。房产的应税价值（NJKP）根据公司所在地地方政府所规定的区域地价乘以所占地面积计算得到。

5. 关税（BM）

进口关税按进口商品的海关完税价格为基础，税率为0～150%之间。根据中国-东盟货物贸易协定（ATIGA），进口货物时申请中国-东盟自由贸易区优惠原产地证明书（FORM E），印尼政府将免除或降低关税税率，因此南苏公司现行货物进口关税实际在0～20%之间。

6. 印花税（Meterai）

印花税主要用于各种协议、函件，以及涉及货币金额的各种文件，如收据、存款单、余额单等。印尼印花税分两种面值（3000印尼盾和6000印尼盾），金额超过100万印尼盾的涉税业务以及各种协议、法律文件、公证文件使用6000面值的印花税票，金额在25万至100万印尼盾之间的涉税业务使用3000面值的印花税票，25万印尼盾以下涉税业务则可不计印花税。

（四）税务稽查和争议解决机制

印尼采用自我评估机制，即纳税人需根据现行税法和规定计算、缴纳和申报其应纳税额。国税总局可能会就纳税人自估税额进行税务稽查并出具评估结果。一家企业的税务稽查可能涉及某一税项，或某段纳税时期（一个纳税月）或纳税年度内的所有税项。

1. 引发税务稽查的情况

企业退税申请总会引发税务稽查。由于国税总局需在12个月内对退税申请作出决定，因此税务稽查工作一般会在成功递交退税申请后的几周到几个月内开始。企业所得税退税申请一般会引发全面性的、涵盖所有税项的税务稽查。其他税项的退税申请一般只会引发针对该税项的税务稽查。国税总局也可能会扩大税务稽查范围至其他税项。其他可能引起税务稽查的因素包括：

（1）溢纳税申报（并非一定含退税申请）；

（2）年度所得税申报为亏损状态；

（3）纳税人更改其会计年度、记账方式或进行固定资产重估；

（4）风险分析后，选择未在规定时间内提交报税表或于警告信注明的截止日期之后提交报税表。

税务申报符合国税总局稽查（未披露的）要求标准。

被稽查的纳税人需在规定的一个月内提供税务稽查所需的文件和信息。如果纳税人有关联方交易，这些文件可能包括转让定价文件。如未能在一个月内提供税务稽查所需的文件和信息将会促使国税总局以认定利润计算企业应纳税额。未能在一个月内提供的文件和信息也将无法于后续的税务评估复议中使用。

税务稽查结束时，稽查人员会出具含纳税调整的书面稽查结果通知。如果纳税人对税务稽查结果持不同意见，须在参加稽查结束会议（最后决定）前的7～10个工作日内以书面形式回应此通知。

纳税人需在税务评估函签发后的一个月内缴纳到期应纳税额。如果纳税人未按时缴纳且未提出异议，应纳税额将以扣押令征收。

2. 行政复议

对税务评估函持有异议的纳税人可以在评估函签发日后的三个月内向国税总局提出复议。提出复议须陈述纳税人所计算的到期应纳税额且需列举不认同国税总局税务评估结果的原因。

国税总局必须在复议申请日起的12个月内做出决议。如果12个月内国税总局未作出决议，则自动视为国税总局批准了复议。

如果复议被国税总局拒绝，未缴应纳税额将被加收50%的罚款。然而，如果纳税人向税务法庭就国税总局对复议的决议提出申诉，则暂时不用缴纳上述未缴应纳税额与罚款。

3. 税务法庭申诉

若纳税人不愿接受国税总局对复议的决议，则可以在接到国税总局复议结果后的三个月内向税务法庭提出申诉（banding）。如国税总局的决议要求纳税人缴纳到期应纳税额，根据税务法庭法规定，在提出申诉前必须缴纳至少50%的到期应纳税额。现行的《税务行政管理法》规定纳税人仅需缴纳在税务稽查结束会议上商定的税额。这两种规定并不一致，但是目前税务法庭一般遵从《税务行政管理法》。税务法庭一般在 12 个月内对申诉做出裁决。任何由税务法庭裁决所造成的未缴纳的应纳税额均需另行加征 100% 的罚款。

4. 最高法院复审

税务法庭裁决乃最终裁决而且具有完全法律效力。但是，涉及税务纠纷的双方可以就税务法庭裁决向最高法院提出复审请求，只有在下列任意条件满足的情况下才能提出此请求：

(1) 以对方当事人的伪证、欺骗或虚假证据为基础的裁决；

(2) 发现可能导致不同裁决结果的重要书面证据；

(3) 部分请求被无理忽略；

(4) 授予未要求的事物；

(5) 裁决与现行税务条例产生明显矛盾。

(五) 税务管理经验小结

1. 加强海外项目专业税务管理人员的培养

海外业务涉及的税收种类往往远多于国内，而且各个国家和地区的税法差异巨大，海外项目需要税务管理人员具备相当高的综合素质，不仅要掌握东道国语言、海外工程财务税务管理知识，还需要具备丰富的实务管理操作经验和沟通协调能力，这样的能力在税收法规不健全或者执行不规范的国家和地区尤为重要。

2. 加强对税收政策和税收筹划空间的研究

在实际海外项目操作中发现，印尼与中国的税制差异是影响海外项目收益的一个重要因素，也是在海外纳税管理需重点考虑的因素之一。

在项目投资时，如果不熟悉东道国地方税制，在投资决策时很可能会因遗漏重要税收义务或对税收义务考虑不足，特别是对于地方性税收的考虑缺失，造成投资决策失误。

在企业日常管理中，需持续做好税务政策跟踪和研究，制定相应的财税策略，正确把握税务管理和企业管理的关系，提前筹划，未雨绸缪，为企业创造更大的价值。例如，为避免因申请退税引发税务稽查，企业可通过优化税务折旧方法等手段提前对项目周期的利润分布进行策划；目前中国与东盟地区签订了自贸协定，约定各项物资所涉及的税种与税率，在物资采购过程中需清楚掌握物资的税种与税率，以便能及时估计公司的物资成本，为公司的成本管控提供支持。

3. 签署合同过程中要明确税收责任

海外项目往往与母国或其他第三国存在大量交易，会涉及预提所得税、关税、增值税等大量跨国税收。例如在与中国供应商签订服务类合同时，涉及的印尼境外居民企业所得税、自估增值税以及中国的增值税减免优惠等应在合同中明确各税种由谁承担、哪种情况下适用哪级税率，中国供应商应提供何种形式的非居民纳税人证明文件等，以免造成不必要的纠纷，影响合同执行。

4. 坚持依法合规纳税维护公司合法利益

坚持依法合规是最低成本的纳税方式，海外项目如果未能依法合规纳税，最终往往会成倍的付出代价。海外项目开展之初，可聘请一流的税务中介顾问、招聘高素质的专业税务人员帮助建立税务管理体系、进行知识转移，以快速提升税务合规能力。

五、 PPA 合同中的电价机制

2008 年 12 月南苏公司与 PLN 签订了 PPA 合同，合同对南苏项目及配套送出工程的设计、融资、基建、调试、验收、运行及结算等方面做出了详细的规定，合同期限为 30 年。PPA 合同约定，南苏公司负责电厂的投资，以 BOO 模式建设和运营，PLN 以支付购电电费的方式保障南苏公司的投资收益；负责 76km 送出线路的投资，建成后移交 PLN，PLN 以支付购电电费的方式保障南苏公司的投资收益。

PPA 合同规定南苏公司电厂应达到的净可靠上网容量为 $2×113.5MW$，在商业运行日后南苏公司保证电厂可用系数达到 80％以上（相当于需具备达到 7008 利用小时的能力），电量全部出售给 PLN。

（一） 电价组成及结算机制

根据 PPA 合同南苏公司实行两部制电价，分为 A、B、C、D、E 五部分，其中 A、B、E 部分为容量电价，不与发电量挂钩，只要机组满足合同规定的可靠性要求，即为照付不议电价；C、D 部分为电量电价，按实际售电量支付。同时，A、E 部分为固定电价，不随 CPI 等因素的变化而调整；B、D 部分电价可随 CPI 变动而在结算时相应浮动；C 部分电价也可根据市场燃油价格、CPI 及南苏地区劳工成本的变动而在结算时进行相应浮动。

这种采用固定的容量价格和变动的电量价格相结合的“两部制”价格机制，较好地将机组可靠性、机组运行效率、机组实际产出与电费收入水平相结合，具有照付不议、煤电联动、兼顾效率的特点，是一种能够比较真实地反映成本构成和各方利益的相对合理的电价制度，既确保了发电运营商获得长期经营效益，又可以使 PLN 得到长期稳定可靠的电力供应。

1. 容量电价——A 电价

即投资回收电价，包含还本付息、收回资本金、取得投资收益、缴纳所得税等资本性项目，具有照付不议特点。即

$$A 电费＝A 电价×可用容量×可用系数$$

其中：

当实际可用系数（其定义见后续第 5 点）＞80％时，超过 80％部分的实发电量可获得 A 电价 50％的奖励；

当实际可用系数＜80％时，对不足部分不予结算 A 电价，并对不足部分加计 A 电价 80％的罚款；

A 电价按照初始约定，一经确定，在整个项目寿命周期内即保持不变；

A 电价以美元计价和支付。

2. 容量电价——B 电价

即回收固定运维成本电价，包括修理费用、人工成本、保险费用、除所得税以外的税费、行政办公类费用等，也具有照付不议特点。即

$$B 电费 = B 电价 \times 可用容量 \times 可用系数$$

其中：

当实际可用系数＞80％时，超出部分无额外 B 电价补偿；

当实际可用系数＜80％时，对不足部分不予结算，也无罚款。

B 电价以初始约定的价格作为基期基准价格，每年根据印尼、美国的 CPI、PPI 调整，其中以美元计价、印尼盾支付的部分还将进行汇率调整。

3. 能量电价——C 电价

即燃煤成本补偿电价，仅包括燃煤，不含燃油。其中：

$$C 电费 = \frac{PPA 约定售电能耗}{PPA 约定煤炭热值} \times PPA 约定煤价 \times 实际售电量$$

其中：

C 电价以 PPA 初始约定的售电热耗和所耗煤炭的热值为能效基准，能效基准在整个项目期内保持不变；

PPA 约定煤价每年根据市场燃油价格、CPI 以及南苏地区劳工成本的变动而在结算时进行相应调整。

4. 能量电价——D 电价

即变动运营成本补偿电价，包括运行材料费、水费、灰渣处置费等。其中：

$$D 电费 = D 电价 \times 实际售电量$$

D 电价以 PPA 初始约定价格作为基期基准价格，每年根据印尼、美国的 CPI、PPI 调整，其中以美元计价、印尼盾支付的部分还将进行汇率调整。

5. 实际可用系数（Actual Availability Factor，AFa）

PPA 约定各年计划可用系数均为 80％，即机组扣除设备检修、意外停机等影响后，其各年的备用能力需至少达到设计能力的 80％以上。按照照付不议机制，实际可用系数的计算标准为机组"能达到"何种产能水平而非"实际达到"什么产能水平。即

当实际售电量<80％时

$$AFa = \frac{\text{实际利用小时} + \text{视同可调度利用小时}}{\text{日历小时}}$$

但此情形下，AFa 最大不超过 80％。

当实际售电量>80％时

$$AFa = \frac{\text{实际利用小时}}{\text{日历小时}}$$

此情形下，AFa 可超过 80％。

（二） PPA 电费结算流程

根据 PPA 合同约定，南苏公司按月与 PLN 结算电费，双方共同确认结算数量和结算金额，并应在 PLN 收到电费发票后 30 日内结算完毕。电费结算的具体流程如下：

（1）南苏公司根据 PPA 合同向中南苏调度中心提交年度维修计划及预期可用系数，调度中心向发电商下达月度/周度/每日负荷调度计划。

（2）调度中心根据计划实行调度，并向发电商提供审核后的每日/每小时调度计划。

（3）每月 1 日南苏公司协助调度中心共同整理上月电表度数（主表及复核表读数并下载每小时度数记录），以及南苏公司运行数据（调度计划，审核调度，发电商声明，及停机跳机情况）。

（4）调度中心与南苏公司共同审核电表数据（主表及复核表）的真实性及准确性，以小时为单位核对两表的数据记录（PPA 规定两表的差异在 0.25％以内）。

（5）在确认数据的真实性及准确性后，PLN 调度中心与南苏公司共同准备正式电量表。

（6）南苏公司与 PLN 调度中心确认电表度数、运行指标、相关经济指标，并根据 PPA 合同规定计算电费。

（7）南苏公司准备电费结算表及电费计算明细表，并由 PLN 调度中心签字确认。

（8）南苏公司根据 PLN 调度中心签字确认后的电费结算表终稿向 PLN 总部开具发票。

（9）PLN 总部根据 PPA 所规定的条款及南苏公司开具的发票金额进行审核付款。

（三） PPA 电价管理经验小结

1. 高度重视首次电价谈判工作

BOO 项目的特点是电价一经确定即不再变动，首次电价谈判时确定的电价水平和调整机制将对项目产生长远的决定性影响，因此在首次确定电价的过程中应将工程造价、融资方式、风险管理方案、成本项目范围、当地物价水平、主要原材料来源、国内外币种安排等各项工作做实做细，充分考虑各种可能情况，确保初期的项目策划具备较强的预见性和可行性。

2.积极和创造争取电价调整机会

虽然在 BOO 项目机制下电价一般无法调整，但伴随着主客观条件的变化，项目公司在严格执行 PPA 合同的同时，仍应将策划的重大技改项目或其他重大经营调整与相关主管部门积极沟通，争取电价调整机会。

3.重视电价结构与成本结构的匹配

PPA 合同约定的电价结构包括币种结构、通胀调整结构、汇率调整结构、容量电价和电量电价结构等，如果说投资的主要目的是通过经营获取资本回报，那么项目的电价结构应与成本结构进行最大限度的匹配，减少因欠匹配等非经营性因素导致的回报波动。

4.根据电价机制开展市场营销

虽然从电价机制上来说，实行照付不议机制的 BOT 电站的主要收益来源为其投资回收电价（A 电价），但在电站的实际运行中仍可以通过精细化管理，开展有针对性的电量营销工作，获取额外收益。例如当机组的实际热耗水平或煤价低于 PPA 约定值时，可通过营销争取多发电，从燃料中获取收益，反之则可以通过营销少发电；再如，由于每年实际发电计划一般以月度为结算单位，则当电站的发电边际贡献大于零时，可通过优化年度发电计划安排、加强电量营销，在部分月份争取超计划发电，获取额外的 A 电价奖励。

六、 企业经营状况概览

（一） 经营概况

南苏公司自 2011 年 11 月投产以来，等效可用系数、供电煤耗等关键技术指标表现平稳，截至 2020 年 12 月累计发电量 153 亿千瓦时，平均等效可用系数 98.4%，连续安全生产 3467 天，其中 1 号机组连续运行超过 1347 天，创造了印尼中国机组投产后连续运行最长周期的纪录。

盈利方面，自项目商业运行（COD）以来，企业持续盈利，截至 2019 年底累计实现利润总额 8.1 亿元，为当地贡献各类税收超过 5 亿元，是中国神华第一个实现收益的海外资产项目。

（二） 经营管理经验小结

1.严守由 PPA 合同确立的财经纪律

PPA 合同约定除非重大政策变化，否则不予调整电价，因此项目公司应尽量在 PPA 合同约定范围内开展建设和运营工作，避免发生无法获取电价补偿的过度投入或违反合同约定的投入不足问题。

2. 以推进本地化进程作为降低成本的主要途径

向海外项目派遣中国籍熟练员工虽然可以更好的保障机组可靠性水平，但整体用工成本也将随之呈倍数上升，削弱项目盈利能力，并影响企业与当地社会的融合。本地化工作不仅包括业主方的本地化，还需大力推进承包商雇员的本地化，依托中国国内丰富的案例和人力资源开展印尼籍员工的培训，以此在确保项目运行管理水平的基础上降低中国派遣员工数量。

在项目公司管理稳定后，针对财务、人力、行政甚至检修等业务可在印尼当地以及中国国内开展共享化管理，努力实现增强人员稳定性、提升人员业务能力、减少低效作业、降低人工成本的目标。

3. 建立对环保的前瞻性管理能力

印尼作为发展中国家，与很多国家类似，其环保标准正处于逐渐完善和提升的趋势之中，因此项目的设计规划应充分考虑未来的环保要求，预留环保提升空间，在当期的可预见性支出和未来的合规成本之间寻求最佳平衡点。同时，要拓宽环保管理思路，例如在印尼作为 B3 类废弃物管理的灰渣，除了进行填埋处置之外，还可研究推广灰渣综合利用方式。

4. 有针对性地制定海外项目管控体系

海外项目具有众多有别于国内项目的特殊性，因此国内母公司在制定海外项目管控体系时，切忌按照国内标准进行"一刀切"式管理，有必要在制度体系建设、经营管理导向、项目人员配置、员工薪酬待遇、信息报送等方面进行有别于国内的优化调整。

第六章

人力资源篇

南苏公司人力资源工作一直遵循"走出去"的战略思想，紧紧围绕创建世界一流发电公司的目标，充分利用国内人力资源支持和印尼本地人才市场，着力探索海外项目人力资源管理模式，经过多年的努力，形成了完整的海外人力资源管理体系，积累了丰富的管理经验，为国华电力公司的海外发展奠定了重要的人力资源基础。

一、 人力资源管控体系

2007 年国华电力公司通过《关于成立国际项目管理部的通知》，明确了海外工程项目的管理定位，随后发布了《关于成立印尼南苏门答腊煤电项目筹建处的通知》及《关于成立国华（印尼）南苏发电有限公司的通知》，正式启动南苏项目、成立南苏公司。

工程建设伊始，结合南苏项目的海外特点，国华电力公司发布了《关于国华（印尼）南苏发电有限公司基建期组织机构设置和定员方案的批复》，对基建期的管理模式、组织架构、人员配置、部门职责和岗位规范提出了要求。随着项目从基本建设向生产运营的过渡，国华电力公司又发布了《关于对神华国华（印尼）南苏发电有限公司组织机构、岗位定员及人员配置的意见》，对南苏公司生产期的组织机构、岗位设置等提出了要求，明确了要依托国华电力公司的管理、技术平台，精简组织机构和人员配置，同时发布了《关于明确印电公司国华派出员工人工成本管理有关问题的通知》《关于明确印电公司国华派出员工人事管理有关问题的通知》并整合为《国华印尼南苏电厂中国籍员工人力资源管理办法》，确定了生产运营期国华电力印尼项目人事管理和人工成本管控模式。

南苏公司根据自身管理需求，同时考虑到两国法律、文化等环境因素差异，在国华电力公司管控体系的基础上，完善了《人力资源配置管理》《劳动合同管理》《员工培训管理》《员工薪酬管理实施细则》《员工绩效管理》《中方员工考勤及休假管理》等制度。并依据印尼法律要求，完善了《南苏电厂和工会关于员工劳动管理的集体协议》，对印尼员工的人力资源管理各个方面做了详细的规定，建立起较为完整的人力资源管控体系和实施流程，满足了南苏公司人力资源管理要求。

二、 组织机构与定员

南苏公司的组织机构设置遵循科学高效的原则，突出国际化和先进性的特点，同时符合基本建设到生产运营不同阶段的管理需求。

（一）基建期组织机构

1. 组织机构

按照国华电力公司基建生产一体化的管理模式，国华电力公司国际项目部实施深度管理的特点，基本建设期设置行政及人力资源部、财务经营部、现场协调部、工程部、物资部、计划部、矿建部、生产准备部共 9 个部门。另设雅加达办事处，隶属行政及人力资源部。南苏公司基建期组织机构如图6-1所示。

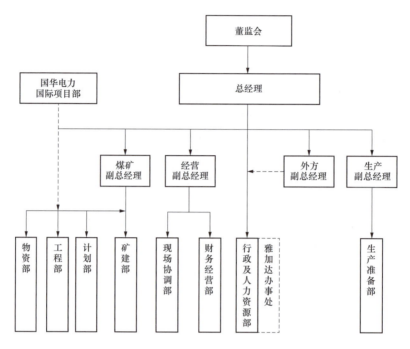

图6-1 南苏公司基建期组织机构

工程部、计划部、物资部和矿建部人员主要由国华电力公司国际项目部直接组织和管理，电厂建设期间的管理协调工作主要由工程部、计划部和物资部按职责分管负责。工程建设期间主要施工和设备安装管理工作由工程部负责，所涉及的招标采购、工程结算、合同管理和投资计划管理由计划部负责，所涉及的设备材料采购、集港、运输、通关、清关、免税、退税、验收、复核及保管等工作由物资部负责。项目基建期结束后工程部、物资部、计划部和矿建部随之撤销。

矿建部根据南苏公司与神华准格尔能源有限责任公司（以下简称准能公司）签订的委托管理协议规定，由准能公司配备管理和技术人员，以业主工程师形式具体负责电厂配套露天矿的建设管理。

现场协调部主要负责协调本工程与印尼国家电力公司、地方的关系，组织配套送出工程前期、设计、审查、验收等工作，同时开展二期扩建前期工作，实现公司规模效益，基建期结束后随之撤销。

2. 定员情况

作为国华电力公司的第一个海外项目，国华电力公司对本项目基本建设高度重视，根据印尼南苏煤电一体化项目的特点，以及当时当地的情况，本项目建设采取自主管理模式，新设置了矿建部、现场协调部等部门，并配备了较强的人力资源，以确保项目高质量高水平建设投产。后续项目可在既有经验基础上，结合项目的实际情况进行优化，并尽可能扩大本地化比例。印尼南苏项目公司基本建设期定员详见表6-1。

表6-1　　　　　　　　　印尼南苏项目公司基本建设期定员表

部门	定员	中方员工	印尼员工	说　明
管理层	5	4	1	
行政及人力资源部	10	6	4	印尼法律规定人力资源部经理须为当地人
财务经营部	6	4	2	
现场协调部	5	3	2	
工程部	25	25	0	
物资部	10	10	0	
计划部	7	7	0	
矿建部	7	7	0	
生产准备部	14	14	0	
雅加达办事处	2	1	1	
合计	91	81	10	

（二）生产期组织机构

2011年12月项目进入生产运营期后，为建立健全海外项目管理模式，培养国际化一流人才队伍，创建世界一流发电企业，国华电力公司成立了印尼南苏项目管理模式调研组，对印尼本地发电企业、中资企业海外投资电站项目、发达国家海外投资电站项目三种类型的企业进行了深入了解，对承揽海外电站项目运行维护的国内电力企业承包单位进行了调研，在深入调研的基础上，调研组研究提出了南苏公司的运营管控方案，国华电力公司组织多次召开会议，专题研究第一个海外项目的运营管理模式，并最终发布了《印尼南苏发电公司组织机构、岗位定员及人员配置指导意见》（以下简称《意见》）。该《意见》按照"充分依托国华电力管理平台、提供专业化支持服务"的管理原则，将组织机构精简为行政部、经营财务部、生产技术部、安健环监察部、煤炭供应部、运行部、维护部7个部门，合理控制劳动用工人数及结构，岗位定员由起初的231人调整到198人，其中中国国内派遣员工由81人调整到44人，该《意见》为南苏公司的运营管理提供了纲领性指导，并在此基础上推进、落实本地化政策。南苏公司生产运营期组织机构如图6-2所示。

与此同时，南苏公司积极推进多元化用工，进一步拓展海外人才和社会优秀承包商的引进渠道，自主承担安全生产、财务经营、人力资源管理等主体业务；生产维护、治安消防、后勤服务等辅助业务则采取了外部承包方式；国华电力公司本部和国华研究院、研究中心及物流中心在职能管理、技术监督、物流、信息化建设及人员培训等方面对其提供全方位专业化支持服务，不断降低项目运营成本。

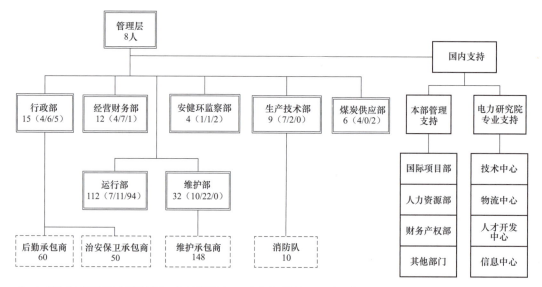

注：1. 印电公司定员198（44/49/105），其中国华派出44，印电中国籍员工49、印尼籍员工105。
　　2. 印电公司全口径用工466（不含煤矿生产承包商）。

图6-2　南苏公司生产运营期组织架构

三、 印尼劳工政策

印度尼西亚国家建立有完整的劳工政策，内容丰富、结构严谨，涉及劳动用工管理的各个方面，主要通过国家法律、总统法令、部委条例等构成，从管理对象的角度区分，可以分为外籍劳工政策和本国劳工政策两个方面。

（一）外籍劳工政策

外籍劳工政策主要包括从业禁止政策、工作签证政策以及作为合法外籍劳工后的其他配套政策。

1. 从业禁止政策

印尼政府禁止外籍劳工从事任何和人力资源管理相关的岗位，在其劳工部 2012 年 40 号部长令（Nomor 40 Tahun2012 Tentang Jabatan – Jabatan Tertentu yang dilarang diduduki Tenaga Kerja Aing）中，以列表的方式明确了相应的禁止岗位，包括分管人事的董事、人力资源部经理、人事管理、职业生涯规划、员工培训等多达 19 个岗位，包括全部的人力资源从业人员。旨在通过岗位限制保护本国劳工在外资企业中的合法权益。

2. 工作签证政策

工作签证政策是印尼政府比较敏感的政策之一，最近几年调整频繁。应密切关注签证政策情况，提前做好签证各项准备，以保证人员按时到位。

工作签证目前可以办理 6 个月和 12 个月两种，12 个月工作签原则上只发放给董监会、经理会以及在管理层、办公主要代表等人员，并且可以申请延期。

6 个月签证则提供给一般的外国专家，并不可以延期，以下岗位人员除外。

（1）人力资源部门；

（2）法律部门；

（3）健康、安全、环保事务部门；

（4）供应链管理部门；

（5）质量控制及检查部门。

工作签证办理的具体流程见表 6-2。

表 6-2　　　　　　　　　　　　　印尼工作签证办理流程

步　骤	备　注　说　明
1. 申请外籍劳工用工计划许可（PRTKA）	一份允许公司使用外籍劳工的用工计划，由印尼国家劳工部批准
2. 工作准许可	
3. 缴纳发展基金（DKP-TKA）	缴费额度取决于允许的工作时间，一个月 100 每年，一般是 600 美金/年，或 1200 美金/年
4. 发放工作许可（IM-TA）	现在可以合法的在印尼工作（国家劳工部）
5. 暂住许可（VITAS）	工作许可（IMTA）是向移民局申请暂住证的基础，暂住证的有效性将会调整以保障工作居住要求的最大限度，将会从进入印尼当天计时，暂住证许可由印尼移民局批准，不过可以在选择的印尼驻外大使馆领取
6. 暂住卡（KITAS）	当持有暂住许可进入印尼后，需要尽快转换成暂住卡，这个过程中需要到移民局注册个人信息
7. 多次往返许可	持有此许可，可以多次进出入印尼，只要暂住卡是有效的
8. 居民登记	家庭卡、临时居民卡等一系列居住在印尼需要办理的证件

12 个月工作签证延期只需要延期工作许可（IMTA），暂住证（KITAS），可以不出境。

6 个月工作签证不允许延期，到期后需要重新申请。

3. 其他配套政策

（1）外籍劳工参加印尼社保政策。根据印尼社会保险法规定，在印尼工作的外籍劳动，需要参加印尼的社会保险。

（2）个人所得税政策。取得工作签证，在印尼工作超过 183 天的外籍劳工，需要向税务局登记居民纳税资格，取得税卡，按照印尼居民身份申报个人所得税。

（二） 本国劳工政策

1. 基本政策

印尼劳工政策的基础是 2003 年 13 号劳工法（Undang－undang Indonesia Nomor 13 Tahun 2003 Tentang Ketenagakerjaan），该法律由国会颁布（高于总统法令），2003 年 3 月 25 日正式开始实施，该法律系统规定了劳动用工的方方面面，主要包括：①就业平等；②人力资源发展计划；③培训教育；④人力资源配置；⑤扩大就业；⑥外籍劳工使用；⑦工作关系；⑧职工保护和健康管理；⑨劳工关系；⑩解除劳工关系及补偿；⑪争议解决；⑫劳工调解及仲裁等方面。

在管理实践中，各个单位一般制定《公司制度（Peraturan perusahaan)》，或《集体劳动协议（Perjanjian kerja bersama)》，将劳工法中规定的内容全部具体化，作为员工管理的基本制度，并按照要求到所在地区的劳动主管部门备案。

公司内部如果没有成立工会，一般制定《公司制度（Peraturan perusahaan)》在听取员工代表意见后，公司签发，劳工部备案后即可执行；如果公司内部成立了工会，工会有权参与并制定为《集体劳动协议（Perjanjian kerja bersama)》，双方签字后到劳工部备案后即可执行。

2. 社会保险政策

2011 年 11 月 25 日，印尼总统佐科维在雅加达签发了关于社保体系执行机构的 2011 年 24 号国家法律，通过整合各社保执行机构，建立统一的社会保障体系，重点包括两大部分，一是针对全体国民建立医疗保障体系（称为全民医疗保障体系），二是针对职工建立系列保障计划（合称职工保障体系），针对企业管理需要，单就职工保障体系介绍如下。

职工保障体系包括工伤死亡保险计划、退休保障计划、养老储蓄计划和医疗保障（包含在全民医疗保障体系中）。

2015 年 6 月 30 日，总统佐科维在雅加达签发了 44、45、46 三份政府法令，对职工保障体系中的三份计划的具体执行进行了详细的规定，其社保体系如图 6－3 所示。

备注：

NO. 24－2011 全称：Law No. 24/2011 on the implementation agency of social security（关于社保体系执行机构的 2011 年 24 号国家法律）

NO. 12－2013 全称：President regulation No. 12/2013 concerning health care benefits（关于医疗保险的 2013 年 12 号总统令）

NO. 44－2015 全称：Government Regulation No. 44 Year 2015 regarding the implementation of an accident and death insurance program（关于工伤及死亡保险执行程序规定的 2015 年 44 号政府法令）

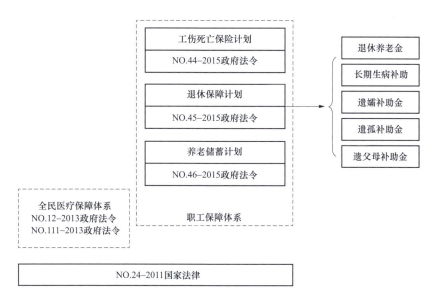

图6-3 印尼社保体系示意

NO. 45-2015 全称：Government Regulation No. 45Year2015 regarding the implementation of a pension benefit program（关于退休保障计划执行程序规定的2015年45号政府法令）

NO. 46-2015 全称：Government Regulation No. 46Year2015 regarding the implementation of an old age saving program（关于养老储蓄计划执行程序规定的2015年46号政府法令）

关于以上社保计划的缴费比例如表6-3所示。

表6-3   印尼各类社保缴费比例

序号	社保名称	缴费比例（企业）	缴费比例（个人）	备注
1	工伤/死亡保险	0.24%～1.74%（工伤）	—	
		0.3%（死亡）	—	
2	退休保障计划	2%	1%	
3	养老储蓄计划	3.7%	2%	
4	医疗保障计划	4%	1%	

注　1. 工伤保险的缴费比例根据风险的大小可以分为五档，极低风险缴费比例0.24%，低风险缴费比例0.54%，中等风险缴费比例0.89%，高风险缴费比例1.27%，极高风险缴费比例1.74%。
　　2. 退休保障计划的缴费比例计划在三年内从3%提高到8%。

社保政策属于法律强制性的政策，管理实践中按照法律要求落实即可。

3. 劳动外包政策

印尼关于劳动业务外包主要在2012年19号中规定（Nomor19 Tahun2012 Tentang Syarat-syarat Penyerahan Sebagian Pelaksanaan Pekerjaan Kepada Perusahaan Lain），

2012 年 11 月 14 日开始执行。对于公司的业务外包规定有两种，一是业务外包，二是服务外包（类似中国的劳务派遣），并且在法律中明确详细的规定了两种外包的性质、定义，以及其承包公司的资质要求，双方签订的合同要求，可外包的业务规定，以及承包公司和其职工间的关系等，如图 6-4 所示。

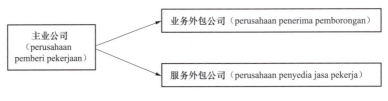

图 6-4　劳动业务外包类型

双方关系的确立分别通过业务外包合同（perjanjian pemborongan pekerjaan）和服务外包合同（perjanjian penyediaan jasa pekerja）确定。

（1）外包公司的资质。业务外包公司至少具备四个资质要求：①法律主体；②有公司注册证；③有业务许可（营业执照）；④已经报告了其所拥有的人力资源，并留有报告证明。而服务外包公司在此基础上又增加了三个要求；一是法律主体且必须是有限责任公司，即印尼的 PT 公司；二是必须有固定的办公场所和相应的营业许可（指可提供劳务服务的业务许可）；三要有税务登记。从法律的理解上来看，服务外包公司要求更为严格。

（2）业务外包的范围和关系。业务外包关系下，主业公司和外包公司签订的是工作或业务承包合同，其中可以承包的业务范围要求如下：

1）可以和主要的管理或业务工作分离；

2）根据行业协会制定的业务流程划分，作为支持主要业务，或简化主要业务的支持性工作；

3）不直接影响主要业务的开展，属于附加性的业务，即使停止业务开展，也不影响到主要业务的正常运行。

业务承包合同至少包括三部分的内容：一是各方的权力和义务；二是根据相关法律规定，对职工的保护；三是拥有可履职其服务业务的员工。

对于外包的业务，发包方即主业公司必须将其要发包的业务报告到当地劳工部门，并且在报告之前，是不允许将其业务外包的，如果没有报告而直接发包业务，那么业务外包公司和其职工的劳动关系将会换至发包方即主业公司。

服务外包公司业务主要包括保洁服务、餐饮服务、安保服务、在采矿和石油领域内的支持性服务、运输服务。

南苏公司目前外包的业务主要有机组日常检修、后勤服务、消防、安保、绿化保洁等工作，南苏公司和相应的承包商签订承包合同，由其雇佣印尼籍员工开展工作。

四、 本地化进程

南苏公司本地化工作从 2012 年开始正式启动，最早可追溯到生产准备期印尼员工的系统化培养工作。2012 年初，国华电力公司派出人力资源专家组，对海外多家典型电厂的管理开展了模式调研，形成了《海外项目管理模式调研报告》，并就南苏公司未来的本地化管理提出了设想。2012 年 12 月，国华电力公司基于调研情况和管理实际，确定了南苏电厂基本的管理模式，下发了《关于对神华国华（印尼）南苏发电有限公司组织机构、岗位定员及人员配置的意见》，明确了南苏公司的人员配置标准。在此基础上，南苏公司编制了具体的实施方案，开始本地化工作。

（一） 组织机构调整

2013 年 1 月，对基建期的组织机构进行了调整，合并行政部、人力资源部及现场协调部成立行政部，合并财务经营部、物资部成立经营财务部（后又于 2016 年分设经营管理部、财务产权部），变更发电生产部为运行部、变更矿管部为煤炭供应部，成立维护部与生产技术部合署办公，撤销工程部和计划部，由此完成运营期组织机构的设置。

（二） 人员配置调整

南苏公司定员 198 人，截至 2019 年底在职员工 194 人。南苏公司从 2012 年开始调整人员配置，到 2015 年基本实现调整目标：南苏公司 2012 年底在职员工 236 人，其中外单位派遣员工 42 人，通过与定员比对，共计有 164 人符合定员要求，剩余 72 人需在本地化过程中逐步撤离、调配；另外在减员过程中，需招聘大约 34 人。2015—2019 年之间人员自然流动、轮换，整体无大的变化，截止到 2019 年底员工 194 人，其中借调员工 52 人，中籍员工 2 人，外籍员工 140 人，超计划完成了初期设定的本地化目标。

在实际执行过程中，南苏公司严格地落实了本地化人员调整计划，于 2015 年底实现了定员配置要求。从 2012 年到 2019 年连续七年无非停以及期间创造的各项安全生产指标来看，本地化工作是成功的、有效的、值得借鉴的。

从本地化程度来看，运行人员集控副值、辅控班长及以下员工实现本地化，部分优秀的印尼员工已经成长为值长、集控主值及专业主管。检修人员以外包为主，管理部室非核心关键岗位全部实现本地化。

（三） 本地化配套政策

本地化工作的顺利实施，和一系列配套政策是分不开的。制定相应的配套政策，是开展本地化工作的关键。

1. 借调员工轮换政策

在《国华印尼南苏电厂中国籍员工人力资源管理办法》中，国华电力公司配套出台了借调员工的轮换政策，包括工作满 2 年可以申请回国，并保留在印尼同岗级别待遇 2 年。海外工作的员工纳入国际化人才库，在晋升等方面给予优先的考虑，给予派出单位一定的人工成本奖励，鼓励单位支持人员派出。

轮换政策的配套实施，有利于派出员工的顺利退出和稳定交接，同时也保障了后续优秀派出员工源源不断的补充，对稳定整个本地化过程起到了十分重要的作用。

2. 印尼籍员工岗位培训和晋升政策

本地化工作开展期间，南苏公司一方面大量招聘合格的印尼籍员工，一方面开展员工培训和岗位晋升工作，以考促学，促进员工快速成长（详细内容见职业发展部分）。

3. 印尼籍员工薪酬福利政策

南苏公司制定了一套完整的印尼籍员工薪酬福利体系，稳定印尼籍员工，促进本地化工作的开展。政策具体内容见员工薪酬福利部分。

五、 人员招聘、培训及职业发展

（一）员工招聘

南苏公司员工分为三类，派出员工、中籍员工和印尼籍员工，其中派出员工从国华各电厂选派，负责电厂生产经营，主要配置在公司领导、各部门负责人、技术骨干等岗位，不对外招聘。

中籍员工是由南苏公司招聘的具有中国国籍的员工，以中国在印尼留学的留学生为主（主要是印尼总统大学留学生），主要配置在市场营销、物资采购、财务税务等需要对外沟通协调的业务岗位，起到对外沟通的桥梁作用。

印籍员工是公司在印尼本地招聘的印尼国籍员工，主要配置在生产运行岗位，支撑公司运行本地化工作。印籍员工中懂中文、印尼文的印尼籍华人，与留学生作用相似，主要配置在物资采购、对外协调、行政管理等岗位。

考虑到印籍员工稳定的需要，印尼籍员工主要面向南苏公司所在的苏门答腊省地区招聘，包括新毕业的大学生和来自周边几个电厂的社会人员。华裔印尼籍员工主要在印尼几个主要的华裔聚集城市招聘，如棉兰、泗水、巨港等。

为稳定包括派出员工在内的中籍员工队伍，国华电力公司制定了《国华印尼南苏电厂中国籍员工人力资源管理办法》，给予相应的人力资源配套政策，解决员工的后顾之忧。

（二）职业发展

国华电力公司建立了海外人才库，国华派出员工、中国籍员工在海外的工作经历记录在员工履历，为南苏项目基建、生产、经营发展做出贡献的员工，国华电力公司在职业发展、岗位晋升、技术专家和技能大师评审、培训培养等方面优先破格考虑。

南苏公司编制了《岗位归级及晋升考核管理办法》，对印尼员工的职业发展进行了详细的规划和晋升安排，包括岗位、岗级的设置，职级动态管理和运行序列岗位动态管理等方面。

1. 职级动态管理

（1）管理序列职级设置主管、高级主管和专业经理，生产序列设置主管、高级主管和主任工程师。

（2）生产技术岗位分主专业和辅助专业两类，相同的职级（如高级主管），辅助专业较主专业低一岗。

（3）专业管理岗位分主专业和辅助专业两类，相同的职级（如高级主管），专业管理主专业和生产技术辅助专业一致，专业管理辅助专业职级较主专业职级低一级。

（4）主任工程师、专业经理、高级主管设置基本资格条件，便于晋升的考评。

2. 运行序列岗位动态管理

（1）运行序列岗位设置值长、集控主值、集控副值、集控巡检、辅控班长、辅控主值班员（技术员）、辅控巡检岗位。

（2）运行序列岗位集控副值（含）、辅控主值班员（含）以上岗位采取空缺填补的动态管理原则，集控巡检及辅控巡检岗位采取技能考核晋升的动态管理原则。

（3）集控副职（含）、辅控主值班员（含）以上岗位空缺后，由行政部、运行部联合组织空缺岗位竞聘考试，参加竞聘人员为空缺岗位下一级岗位在岗员工，录取数量以空缺人员数量为准。

（4）通过竞聘考试的员工在新岗位上上岗实习三个月，期间岗级按照新岗级降一级执行。三个月实习期后由运行部进行新岗位胜任考核，通过考核的员工正式办理上岗手续。未通过考核的员工延长实习期三个月，再次考核不通过的，由行政部、运行部重新组织竞聘考试。

（三）员工培养

员工培养工作的开展主要依托国内的培训制度，结合印尼的海外实际情况而开展，分为基建期生产准备培训和运营期培训两个阶段。

1. 生产准备培训

生产准备培训主要针对招聘的印尼籍生产员工，编制有《生产准备培训大纲》对生产员工进行系统的理论培训，并组织印尼员工到国内的三河电厂和徐电培训中心进行集中的培训活动。

2. 运营期培训

转入生产运营期后，南苏公司完善了生产期间培训管理体系，建设了公司三级培训网络体系，编制有《员工培训管理办法》《员工技能等级管理办法》，针对不同员工，开展有针对性的培训工作。

（1）中方员工。中方员工的职称评审和技能鉴定工作，原则上依照国内的政策开展，保证其回国工作后的延续性。

针对中方员工开展外事安全培训和语言培训活动，外事安全培训是中方员工在海外工作的必修科目，主要课程包括《中国领事保护和协助指南》，语言培训主要开展印尼语日常口语培训，编制有印尼语口语培训教材和视频教学资料，通过闭路电视进行循环播放，每周开办印尼语培训班，组织中方员工集中学习。

（2）印尼员工。印尼员工主要围绕技能提升和从业资质两个方面开展，技能提升以岗位竞聘为主要促进手段，结合员工的职业生涯发展，南苏公司建立了"职业发展—岗位竞聘—培养学习"的良性循环和以能力定发展的培训导向，考试比武定发展，以考促学练水平。从 2012 年投产以来，始终坚持竞聘上岗的机制，扎实培养了一批值长、主副值、班长。

结合岗位需要开展安全、岗位技能取证等一系列工作，按要求参加"印尼电厂专家协会"（简称 HAKIT）组织的一系列取证、技能等级考试，包括锅炉操作、电气及进网作业、特种设备等，以及 SMK3（印尼安全管理体系）体系要求的安全从业人员资质。

六、 员工绩效管理

南苏公司执行以绩效为导向的目标管理并实施"PDCA"管理循环。南苏公司每年初与上级国华电力公司签订《南苏公司目标责任书》，并与下属部门签订《部门目标责任书》，依据目标责任书编制南苏公司《年度运行纲要》，同时根据上级公司职能部门下发的《年度重点工作任务》，编制并分解落实职能部门重点工作，从而形成公司全年系统性的经营管理纲要文件，指导年度工作的开展。

日常管理工作中，根据运营纲要、年度重点任务等分解落实月度综合计划，并按周进行工作落实和反馈，形成"周保月、月保年"的落实执行模式，充分采取"PDCA"的管理循环，加强管理监督和反馈，确保全年工作按时完成，如图 6-5 所示。

在公司绩效管理的基础上，开展员工绩效管理，依据制度《员工绩效管理实施细则》，由人力资源部在南苏公司绩效评价管理委员会领导下具体开展员工绩效管理工作。

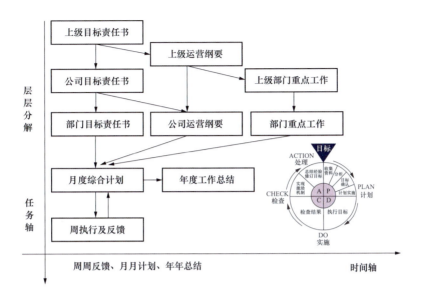

图 6-5　南苏公司工作任务分解

七、 员工薪酬管理

南苏公司在薪酬体系设计上，在遵循印尼相关法律法规的基础上，既考虑了薪酬一体性的建设，也考虑了收入差距的激励功能。

（一） 薪酬政策

（1）在印尼法律层面，2017 年 3 月 21 日，劳工部出台了 2017 年 1 号法令，关于工资结构和水平的规定（Nomor 1 Tahun 2017 Tentang Struktur dan Skala Upah），此规定做了指导性的要求，包括薪酬要素要考虑到岗位、工龄、受教育水平以及员工知识、技能的待遇补偿等。薪酬体系要明确规定到公司制度（Peraturan Perusahaan）或集体劳动协议（Perjanjian Kerja Bersama）中去，并被全体员工知晓。

与中国薪酬管理不同的是，在印尼薪酬管理不是公司的绝对权利，尤其是公司本身是外资公司且当地有工会的情况下，薪酬管理在很大程度上会受到工会的监督，尤其是在加班费计算方面，在印尼加班费的追溯是无限期的，从员工入职当天起，无论过去多长时间都可以追溯。

（2）在印尼的政府文件中，每年省级政府和县级政府都会发布最低工资标准，对主要行业规定最低工资标准，需要公司执行。

（3）印尼法律对于薪酬的支付也有一些比较明确的规定。例如：

1）长病假期间，员工的薪资额度根据 2003 年政府第 13 号劳动法令第 93 条规定支付，具体额度如下：

第 4 个月：100％月薪；

第二个 4 个月：75％月薪；

第三个 4 个月：50％月薪；

接下来的每个月：25％月薪直至结束合同。其中月薪是指员工固定部分工资。

2）女性员工产假期间的工资支付。

为了女性员工的健康恢复，产假的日期可以根据医生证明信最长延长至 3 个月，根据 2003 年政府第 13 号劳动法令第 84 条规定，女性员工 3 个月产假期间，应获得全额工资。如 3 个月后，根据医生证明员工依然无法正式上班，其工资按照长期病假的方式处理。

（4）在集团公司层面，2015 年 5 月，原神华集团下发了《神华集团公司境外人力资源管理规定（试行）》，其中第六章薪酬福利待遇部分对外派人员的薪酬福利待遇做了原则性的规定和要求。

（5）在国华电力公司层面，2015 年 4 月下发《国华电力公司子（分）公司领导人员薪酬核定及发放管理办法》，海外派出领导干部薪酬由国华公司统一管理。

（二） 薪酬体系

南苏公司编制了《员工薪酬管理实施细则》，建立了统一完整的薪酬管理体系。

（1）除了专项奖励和年终嘉奖外，相同工资项的标准保持一致，由此实现薪酬管理体系的统一。

（2）不同人员的收入待遇差异通过工资项的设置和专项奖励和年终嘉奖来调节。

（3）中方人员的工资通过人民币核算、按照当日汇率折算为美元入账，折算为印尼盾报税，印尼员工的工资通过印尼盾核算、直接计算所得税，并按照当日汇率折算为美元入账。

印尼法律对于薪酬的支付也有一些比较明确的规定。

（1）长病假期间，员工的薪资额度根据 2003 年政府第 13 号劳动法令第 93 条规定支付，具体额度如下：

第 4 个月：100％月薪；

第二个 4 个月：75％月薪；

第三个 4 个月：50％月薪；

接下来的每个月：25％月薪直至结束合同，其中月薪是指员工固定部分工资。

（2）女性员工产假期间的工资支付。为了女性员工的健康恢复，产假的日期可以根据医生证明信最长延长至 3 个月，根据 2003 年政府第 13 号劳动法令第 84 条规定，女性员工 3 个月产假期间，应获得全额工资。如 3 个月后，根据医生证明员工依然无法正式上班，其工资按照长期病假的方式处理。

（3）因刑事拘留员工的工资支付。因员工个人涉嫌刑事问题而遭到当局的刑事拘留，南苏公司有权停止该员工的工资发放，但是根据 2003 年政府第 13 号劳动法令第 160 条规定需要向该员工需要供养的配偶及孩子提供生活援助。具体支付方法为：

1）有一名需供养家人，提供 25％的固定工资；

2）有两名需供养家人，提供 35％的固定工资；

3）有三名需供养家人，提供 45％的固定工资；

4）有四名需供养家人，提供 50％的固定工资。

生活援助自员工遭到当局拘留后开始计算，最多支付 6 个月。

（三）个人所得税

根据法律规定，在印尼工作的外籍劳工需要取得合法的工作签证，在取得签证后，如果工作时间超过 183 天，则需要申请办理个人税卡，获得税卡后按照居民纳税资格申报个人所得税。

1. 适用税率

印尼所得税税法适用于居民纳税主体，对于居民纳税个人，个人所得税采用递进的税率征税，个人所得税税率详见表 6－4。

表 6－4　　　　　　　　　　　　个人所得税税率表

年 应 纳 税 收 入	税率（％）
≤RP50000000	5
＞RP50000000≤RP250000000	15
＞RP250000000≤RP500000000	25
＞RP500000000	30

注　根据截至 2020 年 6 月印尼现行有效的所得税法规定。

非居民纳税个人在印尼境内的收入来源为第 26 条代扣税的课税对象，税率为 20％，根据双边协定的相关减免规定，缔约国的居民通常可获得一个较低的代扣税税率。

2. 课税对象

对于居民纳税个人，凡印尼居民在印尼境内会境外以任何形式取得的任何收入都属于个人所得税课税对象，具体有以下几种形式：

工资、奖金、佣金：居民纳税人提供劳务所取得的现金或非现金形式的报酬包括工资、奖金等。

奖励和奖品：居民纳税人提供劳务所取得的奖金或者奖品，居民纳税人购买彩票所获得的奖金等。

出售资产的利润：居民纳税人出售资产如房屋、土地车辆等所获得的收益。

利息，股息和版税：银行存款利息、借款利息、分红及投资股票的收益，版税等。

在资产使用方面获得的租金和赔偿：出租居民所有的资产如房屋、土地所取得的收入。

3. 非课税对象

非个人所得税课税对象包括：

（1）和商业活动不相关的直接家庭成员收到的礼物；

（2）遗产或继承物品；

（3）与附加福利相关的补偿，提供的利益直接支付给供应商的，以现金形式支付给雇员的利益被视为薪金；

（4）医疗，事故保险和人寿保险索赔；

（5）收到的被认可的养老保险捐献；

（6）宗教捐赠。

4. 可扣除项目

个税扣除额受非课税收入，婚姻状况、职业性支出以及养老金缴款等影响，详见表6-5。

表6-5　　　　　　　　　　个 税 扣 除 项 目

项　　目	扣除金额（每年）
1. 个税起征点（非课税收入）	Rp54000000
2. 配偶	Rp4500000
3. 每个受抚养者（最多3人）	Rp4500000
4. 职业性支出（5%工资总额，最多Rp500000/月）	Rp6000000
5.BPJS养老公积金的雇员部分（2%工资总额）	全额扣除
6. 退休金（5%工资总额，最多Rp200000/月）	Rp2400000

注　根据截至2020年6月印尼现行有效的所得税法规定。

八、 关于人力资源管理的思考

人力资源管理是一个集企业管理、法律、经济、社会学、心理学为一体的交叉综合管理学科，印尼与国内不同的最主要部分是法律和社会学部分，由此会引起诸如法律纠纷、员工维权、绩效激励等方面的问题，是在印尼从事人力资源管理最需要关注和注意的方面。

1. 法律差异

印尼关于人力资源管理方面的法律相比国内而言，呈现出以下两个方面的特点，一是制度方面侧重于发挥工会作用，如工会的独立性、工会在维权方面的法律支持力度、工会拥有合法组织罢工的权力，劳动合同方面有利于员工的规定等；二是操作层面侧重于明确员工的权益，如劳工法中详细的员工权益规定，避免企业有任何损害员工权益的操作空间。

在管理实践中要特别注意的是，一是公司有关劳动用工制度的规定，需要翔实、严谨、无漏洞，覆盖面全且具有可操作性，同时要注意征求员工的意见和取得劳动部门的备案支持。二是劳动合同的制定，可以采取劳动部提供的范本，在此基础上增加公司管理的内容。

2. 工会的影响

印尼地处于东西方文化交汇处，不断受到外来文化的影响，其境内伊斯兰教、佛教、基督教、印度教、儒教等各类宗教并存，又有荷兰文化三百多年的影响，另外印尼地处热带，岛屿众多，地理上相互割裂。印尼的历史及地理特征形成了其特有的文化。

印尼工会组织属于完全的职工工会，公司没有任何干预的空间和法律渠道。工会在维护职工权益方面积极地发挥其作用。尤其是当雇主为外资企业时，工会组织罢工的可能性更大，这是因为外资企业内部本身就有较多的文化冲突、价值观冲突，另外职工、工会和劳工部门更容易站在同一个立场面。

印尼员工通过工会方式争取权益的意识强，规则熟，反之中方管理人员在应对工会问题方面缺乏经验和认识。从管理实践方面，对待工会问题不能避而远之，要勇敢面对、深入接触、正确对待。一是要从观念上对印尼的工会有全面正确的认识，更多地从合作发展的角度而非对立的角度去认识工会。二是要对有关工会的法律有全面的掌握，包括工会运行的法律规定、合法罢工的法律程序、解决问题的协调机制等，印尼法律对解决劳资冲突规定了很多的解决方式和途径。三是要掌握有效的维权手段，工会为工人维权，管理方为企业维权，企业合法的权利也是神圣不可侵犯的，建设完备的规章制度和取得劳工部的支持是最重要的执法基础，从入职开始做好制度培训是执法的保证，法治文化和契约精神是执法的根本所在。

第七章

社会责任篇

　　南苏项目能够成功的一个重要原因是自始至终十分重视企业的社会责任，始终秉持最大限度为当地居民创造就业机会，力所能及为周边社区建设基础设施，竭尽全力服务印尼电网，赢得了当地社会、政府、居民的支持和信赖。

一、　推行文化融合，促进中印尼人文交流

（一）　促进公司内部员工文化融合

　　南苏公司在成立之初就按照"走出去"要稳的要求，着力开展中国和印尼员工间的内部文化交流融合。例如，加强中方派遣员工的外事教育，尊重本地员工的风俗习惯；设立独立的清真餐厅，提供便利的宗教设施；建设中印尼双语文化走廊，增进文化互通；定期开展体育赛事和野外拓展训练等活动提升中印员工之间的沟通能力和团队协作能力，更有中印尼员工在此结下了异国情缘，以此为原型拍摄的电影《爱在零纬度》获得第36届迈阿密国际电影节华语单元"最佳爱情故事片奖"；为本地员工创造大量机会到中国参加相关活动，南苏电厂运行部印尼员工作为公司代表参加了"2018中印贸易与文化互动专题讨论会"，分享"一带一路"故事。图7-1所示为南苏公司当地人员婚礼的场景。

图7-1　印尼当地员工婚礼

　　原神华集团、国华电力公司等各级领导非常重视与印尼员工的沟通交流，在视察南苏电厂项目时多次安排与本地员工座谈交流，倾听本地员工对电厂的变化、家庭的变化、社会的变化以及个人成长等方面的感受，并对公司的文化融合工作提出要求。

　　为了加强与印尼员工的交流和沟通，南苏公司内部电视台专门开设了印尼语学习频道，开设了印尼语课程，聘请印尼员工作为印尼语老师，供中方员工日常学习；同时特别聘请有经验的中文语言教师定期开课，发放《30天精通中国话》等双语教材，配合印

尼语、中文公开课的学习，并对成绩优异员工进行奖励，以鼓励语言学习及文化交流融合；由两国 28 位员工组成编委会，历时两月完成集 6500 余条印尼、中、英三语词汇的《电力常用手册》汇编等。

（二） 促进公司与印尼政府、企业的文化融合

南苏公司在建设过程中积极宣贯印尼本地文化习俗特色，并加强与印尼政府机构、国家电力公司、本地企业及当地民宗的交流，充分尊重印尼本地的文化习俗及宗教信仰，谨言慎行，积极展示公司的企业文化，以及对当地做出的贡献，促进友好交流及文化融合。

南苏公司加强与印尼经济统筹部、投资协调委员会、矿能部等政府部门的联系，主动向其汇报国华电力公司在中国及印尼的发展业绩及发展规划，以及在印尼投资和管理的电力项目的进展情况及遇到的问题，也促成其到公司总部进行访问交流。2017 年 7 月印尼投资委员会副主席 Tamba 先生率代表团（印尼投资委员会、矿能部、经济事务统筹部、PLN 等单位 16 人）一行参观了原神华集团在北京及周边地区的电厂。图 7-2 所示为 PLN 公司 88 人代表团赴南苏电厂考察访问的情况。

图 7-2　PLN 公司 88 人代表团赴南苏电厂考察访问

公司多次走访 PLN 总部高层、IPP 部门，以及 PLN 子公司 PJB 公司、Indonesia Power（IP）公司管理层等，促进了 PLN 及其子公司与原神华集团、国华电力公司广泛的交流。2017 年 8 月，原神华集团凌文总经理在京会见了由 PLN 总裁率领的代表团一行，双方就进一步深化合作进行了交流磋商。同年 8 月，IP 公司总裁 Sripeni Inten Cahyani 一行 4 人到国华三河电厂、国华北京燃气热电厂参观考察。9 月，神华集团与 PLN 签署了《战略合作框架协议》，双方同意在高性能机组可靠性升级改造、高水平规划咨询、高质量项目合作、高标准环保升级改造、高素质人才技术培训、高品质企业管理对

标六个方面进行广泛的交流与合作。2017 年 10 月，印度尼西亚共和国总统佐科（Joko Widodo）亲临国华电力公司印尼爪哇电厂出席奠基仪式，按下开工按钮，视察施工现场，并听取中国神华在印尼各电力项目汇报。

（三）促进公司与社区的文化融合

南苏电厂建设初期，征地就遇到较大的困难，社区的一批地主由于对项目和中国文化缺乏了解，误认为电厂项目的建设不会对社区和周边经济带来好处，反而会对生态和社会环境造成不利影响，不论多少钱，就是不卖地。国华电力公司组织有影响力的地主代表，到中国国华电厂及周边参观调研，使其了解建设电厂会对国家经济和周边社区带来繁荣和持续发展，同时使其认识到国华在此建设电厂是对当地居民的帮助和支持，改善当地居民居住环境，提高生活水平。通过一次次的讲解和交流，地主们明白了建设电厂项目的重要性，对项目建设给予大力的支持，带头说服其他地主将地卖给电厂项目，使得项目在合同工期内顺利完成建设。

南苏电厂向社区开放体育设施，与地方村政府共同组织足球比赛、羽毛球比赛等活动，如图 7-3 所示。企业中印尼职工组建的电厂队与村里组织的团队进行定期的比赛交流，电厂也每年派队伍参加地方政府组织的联谊运动会，增进理解和交流。同时定期到附近社区进行走访，并邀请村民到电厂参观，促进相互交流。

图 7-3　与村民举行足球赛

南苏电厂为加强社区与企业的沟通，专门设置了协调部门，负责协调施工建设和运营后的社会问题，建立顺畅的沟通机制，协调缓和企业与社会关系，使企业融入了当地社会，赢得当地群众的理解和支持，很大程度上减小了社会风险，保障了项目的顺利建设和运营。

二、 创造就业机会，带动地方民生改善

南苏电厂自开工以来，践行"本地化"发展战略，关注国际化队伍的建设，大量雇佣本地劳工，培养和锻炼了一批技术型和管理型本地人才。

项目建设期间，南苏项目公司雇佣和培训本地员工约 50 人，同时通过电厂建设、露天煤矿、物业服务等工程外包单位先后为印尼当地提供了 2000 多个就业岗位，更是培训了一批电厂及煤矿安全生产、电厂维护、后勤管理、安保绿化等管理人才，为印尼人管理印尼人的"本地化"管理打下基础。

进入生产期，南苏公司直接雇佣本地员工约 140 人，集中在运行、生产技术、行政管理等岗位，通过系统的培训和高效的管理，电厂运行岗位印尼籍员工比重达 87.3%。公司的煤矿生产、电厂维护、后勤管理、安保绿化等承包商共计雇佣本地员工约 590 人。

"本地化"战略的推行，大大减少了中方管理人员外派，节约了管理成本，有效缓解了项目周边地区的就业压力，提高了周边村民的生活水平，改善了中印尼员工双方对彼此的认知程度。

三、 落实社区帮扶，保持社企关系融洽

南苏公司注重与周边社区的融合，主动增进与当地政府和村落的联系，积极落实社区帮扶项目，逐步与社区建立了和谐稳定的关系。

积极开展清真寺修缮、道路修复、改善周边基础设施建设等公益事业，帮助当地村民修复 Dangku 村 700m 道路、硬化 Lematang 河摆渡船码头、硬化周边道路 9km、协助修缮清真寺 3 座、修缮学校及乡政府办公室 4 次、开挖水井 23 口，较好地改善了周边基础设施建设不足的状况，提高了周边民众的生活水平。

每逢旱季，地方上必会出现规模性的用水紧张问题，南苏电厂发挥自身优势，通过厂内生活水系统为周边村落供应干净的饮用水，保证村民正常生活，有效防止了热带传染病的泛滥。

与地方孤儿院、养老院建立起长期的帮扶关系，以实实在在的行动解决他们的困难，包括资金和物资支持，校舍修缮，道路、排水设施等维护，改善现有条件，提升了生活质量。图 7-4 所示为南苏公司慰问孤儿院的情况。

在印尼重要节日按照地方习俗，走访周边五个村落并送去了牲畜、生活物资等作为慰问，如图 7-5 所示。表达了企业对社区的关心，以及公司与社区相互尊重、和谐相处、共同发展的决心。

在公司与社区的共同努力下，当地居民的生活水平有了显著提高，附近社区开始对南苏电厂有了信任和依赖，在日常工作和生活上都给予帮助和支持，为电厂的基本建设、

图 7 - 4 慰问孤儿院

图 7 - 5 开斋节给村民送羊

安全生产、稳定运营提供了可靠的保障,在周边成长起来的年轻一代将进入电厂工作作为人生目标,并为此感到骄傲和自豪。

四、 使用创新技术, 拓展电力开发方向

南苏公司积极进行科技创新,针对印尼南苏地区褐煤发热量低、水分高的特点,采用了褐煤干燥、旋转煤斗、中速磨燃料供应系统和高水分褐煤煤粉炉燃烧调整系统等技术,解决了锅炉燃用印尼高水分年轻褐煤带来的一系列技术问题,取得了多项成果。印尼国家电力公司对国华电力公司能够将如此低热值的年轻褐煤成功用于发电表达了惊讶和高度赞赏,为印尼劣质褐煤的高效利用提供了实践和依据,并于 2017 年获得了由印尼电力评选的五佳创新电厂,2019 年获得了由亚洲电力颁发的印度尼西亚年度创新技术奖。

五、 高效建设运营，确保区域供电稳定

依托国华电力公司先进的电厂建设管理模式，南苏项目1号、2号机组建设工期较PPA合同要求分别提前12个月和11个月，创造了中国电力企业在印尼电力工程建设中的奇迹，改变了中国电力企业在印尼电力系统中的形象，展现了国华电力专业化管理水平，及时缓解了南苏地区供电进展的局面。两台机组分别于2011年7月及11月投产发电，成功保障了2011年11月11日至22日在巨港举行的第26届东南亚运动会的电力供应。

项目自投产以来，机组运营稳定，2013至今连续7年无非停，电厂等效可用系数94％以上。其中1号机已连续运行1200天，创造了印尼连续运行最长纪录，充分保障了电网电力供应的稳定。2018年8月18日至9月2日第18届亚运会期间，电厂圆满完成巨港分会场区域的保电工作。

六、 关于社会责任的思考

中国与印尼在文化、宗教信仰、风俗习惯和国情等各方面存在较大的差异，这种差异往往会滋生出许多矛盾和摩擦，境外投资难免会遇到当地少数人的反对、阻碍和敌意的情绪。如何恰当地处理本项目与印尼政府的关系，施工建设与周边居民的关系，以及股东双方之间的关系对本项目能否顺利实施、能否与当地社会互相适应非常重要。坚持"尽责、包容、共赢"的企业文化理念，重视文化融合，增加社区认同感，推进公共关系建设，积极履行社会责任，才能保障项目顺利建设和运营。

第八章

项目后评价

2013 年 2 月，国华电力公司委托中咨公司对神华国华印尼南苏煤电项目开展境外投资评价工作。中咨公司根据本项目的具体特性成立了工作组和专家组，开展对"神华国华印尼南苏煤电项目"的境外投资评价现场调研工作，最终于 2013 年 5 月编制完成了《神华国华印尼南苏煤电项目投资评价》报告。

本次投资评价基准时点为 2012 年 12 月 31 日，主要采用现场调研和对比分析的方法。通过查阅项目资料、实地调研和组织座谈讨论等方式对项目决策、实施准备、实施、运营和实现效益等各方面情况进行了全面调查和分析，结合专家评议，衡量项目实际完成的效果，判定其实现的目标和预期目标之间的差异，总结、分析变化的原因，对项目的前期决策与准备、中期实施与控制、最终实现的效果进行全面评价。

本次投资评价是项目投资完成之后所进行的评价，是项目建设周期的最后一个重要阶段，是出资人对投资活动进行监管的重要手段，是对项目前评估进行的再分析评价，是项目决策管理的反馈环节。

一、 主要评价结论

（一） 总体评价

总体上，本项目的建设合法、合规，各项控制措施有效，各项目标基本实现；本项目技术方案具有较强的完整性和配套性，技术亮点突出，工艺系统和设施设计合理，符合项目现场实际条件，设备配备和选型比较合适，与本项目运行可靠性要求较高相适应。

经对项目全寿命周期评价分析，本项目预期资本金财务内部收益率（11.80％）大于资本金财务基准收益率（10％）要求，项目盈利能力达到行业基准水平。

本项目的成功建设，使神华集团积极参与了国际合作，走出了神华集团国际化战略的第一步，实现了本项目的宏观目标。项目的顺利投产和机组运行较高的可靠性，保障了本项目建设目标、技术目标和财务目标的充分实现。在技术和经济、社会和环境以及示范和带动影响方面均发挥了重要作用，根据本项目的内部因素和外部因素分析，评价认为本项目具有相对较好的可持续性。

总体分析，本项目实现了工程建设目标、财务目标、技术目标和影响目标。经过专家组打分，本项目的总体评分为 8.89 分（满分 10 分），本项目是基本成功的，在基本成功项目案例中属优良等级，成功度实现程度相对较好，具有一定的示范性。

（二） 项目过程评价

（1）投资机会识别准确、决策及时，但项目决策程序与国内项目有所不同。

本项目适用的电价体系公平合理，规避了外部市场因素变动带来的风险，一定程度上降低了投资方的运营风险；印尼南苏地区拥有丰富的煤炭资源，提供了充足的燃料供应；本项目是煤电联营项目，能够充分发挥神华集团在煤炭研究方面的技术优势。

因此，国华电力公司对印尼南苏煤电项目的投资机会的识别是非常准确的，投资时机选择合适。

由于本项目属境外投资项目，其基本建设管理程序与纯国内项目存在一定差异，为抓住本项目投资机会、满足印尼政府提出的建设要求，在前期工作资金无法汇出，同时为规避前期海外投资风险的情况下，国华电力公司组织完成了项目预可研报告等前期相关工作，并在国内审批手续上采取了不同于国内决策程序的处理方式。投资评价专家认为虽然与纯国内项目报批程序存在不同之处，但具有一定的合理性。今后对境外投资项目的决策程序管理，尤其是前期工作及费用管理等方面还需要有关部门进一步结合海外工程特点进行深入研究，使其更加适应我国企业"走出去"战略的实施。

（2）各项准备工作有序开展、落实充分，在程序合法合规的基础上不乏预见性。

本项目核准批复后，工程设计、项目法人确立、招标采购、资金筹措、土地征用等各项准备工作高效推进，落实情况较好。

本项目依托中方股东合作伙伴 View Sino，在投资机会甄选、协调处理关系，履行印尼审批手续等方面为本项目的顺利实施创造了条件。

本项目的勘察设计、施工、设计监理、主机设备等各参建单位均为国内知名单位，资质过硬，实力雄厚，形成了强强联合的优势梯队。

招标组织形式采用委托招标，招标采购工作依法开展，规范合规。

为了保障设计文件的质量，单独聘请设计监理单位参与设计优化，通过优化设计工作，达到了节省投资的预期效果。

项目公司提前储备砂石料，使得本工程在遇到印尼罕见的超长雨季的情况下依然能够按时完工。

（3）项目建设实施管理有效，措施得力，各项控制目标基本实现，但资金到位与工程进度不匹配，一定程度上影响了施工建设。

项目管理机构的人员组成完善，各专业配备合理，人员配备上形成了优势互补，合作互融的效果。引入外部智囊团参与设计优化、施工监理和设备监造工作，取得了节资和保质的双效果。

项目公司合同管理完善、设计变更管理严格、合理推进设计优化工作，各项控制措施合理、有效、善于创新，保障了各项目标的实现。但资金到位与工程进度不匹配，在一定程度上影响了项目实施建设。

（4）运营组织机构健全、制度建设完善，运营情况良好，但在节电和运行本土化工作上仍有提升的空间。

项目运营组织机构健全，制度建设完善，运营管理有序。人力资源符合电厂员工定额标准，管理制度和实施细则科学、有效，保障了本项目运营工作的顺利实施。

本项目机组运行正常，可靠性高，得到了印尼 PLN 的充分肯定，彰显了中国电力的真实实力和水平。根据现场调研了解，电厂存在厂用耗电指标偏高，印尼员工占比过低等不足。因此，本项目在电厂运营节电和运行本土化管理工作上存在较大的提升空间。

二、 项目开发经验

（1）寻求良好的外方股东合作伙伴，为项目顺利实施打下了良好基础。

本项目值得推广的成功经验之一是与神华集团有着良好贸易关系的 View Sino 建立合作伙伴关系。View Sino 在投资机会甄选、项目开发、协调印尼外部关系、履行印尼政府审批手续、化解与 EMM 矛盾等方面发挥了重大的作用，同时也对项目公司与当地政府和社会建立良好关系起到了重要作用。

（2）组建国际化的项目团队，为项目建设实施提供基础保障。

本项目从筹划到建设运营，神华集团抽调了下属各个项目优秀人员组建国际项目部和项目公司负责本项目。本项目的建设管理充分发挥了神华集团内部（国华电力、准能）资源互补的优势，利用中国神华雄厚的资金实力和丰富的技术管理经验，实现了电厂、煤矿统一管理、统一指挥、资源共享的高度一体化管理模式，为本项目建设实施提供了基础保障。

（3）整合国内优质社会资源，确保建设目标的实现。

项目公司精心选择合适的参建单位，无论是参与本项目的设计、施工、监理、设备供货，还是其他的技术咨询服务单位，都是国内资质过硬，业绩优良、实力雄厚的企业。项目公司在本项目的投入上真正整合了国内电力设计、中国机电设备制造、工程建设、技术咨询等领域的优质资源，形成了强强联合的建设梯队。既促进了中国高技术含量设备和技术的出口，又凭借项目公司的集成优势，实现了对海外市场的开发和长期持有。

（4）成立对外协调部，为项目的建设营造良好的社会环境。

项目公司单独设立了对外协调部，负责维护施工建设的社会环境问题。通过对外协调部的积极努力和有效的化解措施，使企业融入了当地社会，赢得了当地群众的理解和支持，协调缓和了社会关系，一定程度上规避了社会风险，保障了本项目的顺利建设和运营。

（5）以锁定合理电价体系为投资的前提，合理规避投资风险。

本项目能够成功并具有良好的收益回报，有一个非常重要的前提，就是在本项目投资决策前中国神华和印尼 PLN 签订了 PPA 框架协议（HOA），锁定了电价体系。

签订《购电协议》保障了项目建设的投资回收，只要运营可靠性强就有投资收益，规避了外部市场因素变动带来的风险，一定程度上降低了本项目运营风险。

此外，项目公司在投资成本有所超支的情况下与 PLN 进行了电价调整谈判，经过精心准备和真诚地谈判，合理的诉求得到了 PLN 的认可，更大程度上降低了本项目的运营风险。

（6）积极开展技术创新，提高项目运营效果。

项目公司探索研究出的煤干燥技术，无论是对于国内煤质处理研究，还是开发印尼煤炭资源，都具有重大的战略意义。

项目公司对 S. Lematang 河取水问题做了认真的勘察和研究，并在吸取以往经验的基础上作出了创新，最终用泵船取水的方案替代了泵房取水的方案，使得电厂取水的实际问题得到妥善解决。泵船取水技术对于类似区域的电厂项目十分具有推广价值。

三、 提升建议

（一） 对项目公司的建议

（1）采取必要的措施规范露天煤矿的运营管理。

本项目的露天矿生产采用主要管理人员由国内派遣、生产作业由当地外包的方式。生产作业承包商印尼 LCL 公司虽然已完成了露天矿的基建剥离工程，并续标承包了露天矿的生产工程，购置了部分设备，但在露天矿的技术管理和承包队伍的建设方面，仍然缺乏大型露天矿生产、安全管理的经验。项目公司应在进一步明确露天矿安全生产技术管理要求的基础上，通过有效方式，强化承包队伍的技术管理和正规化建设，以保证露天矿生产的安全、稳定和正规化。

（2）加快项目运行本土化管理进程。

项目运行本土化一方面能够降低项目运营成本，缓解运营压力；另一方面也是印尼政府的强烈主张，能够增加印尼政府对神华集团的信任；再者，印尼本土人员经过培训都能良好掌握运行规程，操持设备，保持本项目运营的可靠性，则更加能够彰显中国电力的实际水平和技术实力。

（3）规范和完善档案管理工作。

建议项目公司在今后基本建设中进一步完善档案管理，保障专职人员工作稳定性，重新调整档案目录分类，进一步增加电子档案的存档比例，加强档案管理工作，及时完整地完成国内档案归档工作，进一步使本项目的档案管理规范化、专业化和人性化。

（二） 对上级管理单位的建议

（1）探索适合有利于境外投资的管理机制。南苏项目建设过程中，项目公司面临着国内和印尼两套审批制度。受空间距离所限，项目公司在履行中国神华的各项管理制度时经常存在项目情况信息不对称、信息反馈不及时，审批决策时间长等问题，在一定程度上制约了项目建设和运营管理。

因此，建议项目的上级管理单位根据现有的管理制度，结合境外当地的现实情况，进行优化管理流程，改进管理机制，探索真正适合境外投资项目管理的制度和机制。

（2）赋予境外企业一定的管理自主权。境外企业所处的社会环境、管理机制和法律法规与国内具有明显的差异，用国内的企业考核机制考核管理境外企业的员工和领导势必缺乏针对性、客观性和适用性。

因此，建议在保证国家和中国神华利益的前提下，给予境外企业一定的管理灵活性和自主权，企业的考核机制等相关管理工作由境外企业自行制定和管理。

（3）组建境外投资综合管理平台，提高境外投资管理效率。境外投资项目涉及大量的国内和国外两地审批、决策手续，如何提高境外投资项目的沟通、协调、管理效率对于项目建设十分重要。本项目一期工程建设过程中就存在由于沟通协调不顺畅，项目信息不对称等原因，导致审批决策不及时，使项目建设多次处于停滞状态的边缘。也多次由于资金到位沟通、协调困难等原因，导致资金到位与工程建设进度不匹配，影响了项目正常施工建设。

因此，建议上级主管部门组建境外投资的综合管理平台，建立高效的沟通、协调和管理机制处理境外投资的一切事务，保障境外投资项目的顺利实施和可控。

第九章

荣 誉 篇

南苏项目 1 号、2 号机组建设工期较 PPA 合同要求分别提前 12 个月和 11 个月，其中 1 号机组建设工期 24 个月，创造了中国电力企业在印尼电力工程建设中的奇迹，改变中国电力企业在印尼电力系统中的形象，展现了国家能源集团神华国华电力的专业化管理水平，及时地缓解了南苏地区供电紧张的局面。项目自投产以来，机组运营稳定，实现连续 6 年无非停，电厂等效可用系数 94％以上的好成绩，截至 2020 年 12 月 31 日印尼南苏电厂安全运行 3467 天，1 号机组连续运行 1347 天，创造了印尼双机、单机连续运行最长纪录。

南苏项目建设期和运营期的良好表现得到了印尼矿能部、司法部、PLN 等部门以及同行的赞誉，印尼能源委员会将南苏电厂项目列为示范工程，并向中国大使馆提出以国家能源集团为标准推荐进入印尼的电力队伍。国华电力在海外引领了行业标准，赢得了口碑，成功重塑了中国电力企业重信誉、守承诺、高标准、严要求的良好形象，为祖国争得了荣誉。用实力递出国家能源集团海外电力建设的靓丽名片，对于国家能源集团进一步拓展印尼煤电市场具有重要的战略意义。

一、南苏公司获得的荣誉

由于电厂优异的运营效果，南苏电厂获得了诸多的荣誉，主要有：

（1）2020 年，印尼南苏电厂在 Asian Power 电力行业评选活动中荣获"年度环保提升改造（印度尼西亚）""年度独立发电企业（印度尼西亚）"两项大奖，如图 9-1 所示。

图 9-1　2020 年获奖情况

（2）2019 年荣获"中央企业先进集体"，如图 9-2 所示。

图 9-2 2019 年荣获"中央企业先进集体"

（3）2019 年获得了由亚洲电力颁发的印度尼西亚年度创新技术奖、印度尼西亚年度独立发电企业奖、印度尼西亚环保提升改造奖，如图 9-3 所示。

图 9-3 2019 年荣誉证书

（4）2018 年获得了由印尼电力评选的大于 200MW 最佳电力企业；亚洲电力评选的印度尼西亚年度独立发电企业奖、煤电银奖，如图 9-4 所示。

图 9-4 2018 年荣誉证书

（5）2017 年获得了由印尼电力评选的五佳创新电厂、五佳大于 100MW 电厂、五佳电厂，由印尼环保部颁发的"SMK3 金色证件"，如图 9-5 所示。

（6）2016 年获得了由印尼电力评选的印尼最佳 IPP，如图 9-6 所示。

图 9-5　2017 年荣誉证书

图 9-6　2016 年荣誉证书

（7）2015 年获得了由印尼国家矿能部评选的"国家能源效益提名奖"、印尼电力评选的"印尼十佳电力公司"，如图 9-7 所示。

图 9-7　2015 年荣誉证书

二、 印尼国家电力公司 （PLN） 总裁的笔记

2010 年 9 月 21 日印尼国家电力公司（PLN）总裁余世甘（Dahlan Iskan）一行 25 人视察印尼南苏煤电项目现场后，PLN 总裁余世甘 10 月在印尼国家电力公司网页上发布了针对印尼南苏煤电项目视察后的 CEO 感想笔记，对印尼南苏煤电项目建设工作给予了高度评价，并对项目 2011 年上半年实现投产寄予厚望。以下是其 CEO 笔记内容：

Simpang blimbing 项目（即南苏项目）是印尼目前唯一一个正在施工建设的坑口火力发电厂，其他大量的坑口电厂还处在起步阶段。我对 Simpang blimbing 项目的神华国华领导人真心投资印尼电力建设的诚意表达了我由衷的谢意。在 Simpang Blimbing 项目现场，我们看到了非常专业的施工管理，良好的施工环境，标准的作业流程，更重要的是能在 2011 年上半年按期投产。明年上半年实现商业运行（COD），此举实在是让我们松了一口气。此项目实现投产将为印尼西部电力不足做出贡献。如果 Tarahan Baru（兰榜）项目能够达到 100MW 上网容量，Simpang Blimbing 项目能达到 200MW 上网容量，旱季 350MW 的电力缺口将只剩 50MW。感谢 Simpang Blimbing 项目！这不只是第一个投产运行的坑口电厂，也是印尼第一个使用煤干燥系统的火力发电厂，尽管 Simpang Blimbing 的煤炭水分很高，超过 50%，卡路里只有 2300kcal/kg，但是，使用该煤干燥系统，如此劣质的煤也能够使用起来。

三、 中国驻印尼大使的批示

2016 年 10 月 14 日，时任中国驻印尼特命全权大使谢锋，祝贺神华国华印尼南苏公司荣获印尼 2016 年度"最佳 IPP 电厂奖"。谢峰大使在国华印尼南苏公司向中国大使馆呈报的《工作报告》上批示：

祝贺神华国华印尼南苏公司荣获印尼 2016 年度"最佳 IPP 电厂奖"，来之不易，应予表扬，请神华集团通过印尼媒体做些宣传，如图 9-8 所示。作为中国神华在海外投资的第一个煤电项目，国华印尼南苏公司在神华集团、国华电力公司的领导下，全体员工牢记"国家、荣誉、责任"，精准管理、务实高效，稳健经营，已成为印尼火电项目的标杆，塑造了中国企业在印尼电力行业的形象。

四、 南苏省住房部部长的评价

2011 年 7 月 22 日，南苏省住房部部长 Djan 先生一行抵达国华印尼南苏电厂，对公司进行实地考察访问，如图 9-9 所示。部长先生详细了解了电厂从筹建到投产的建设历程，对印电公司能够克服资源短缺、雨季施工、征地受阻等不利因素，创造了 24 个月的建设周期并顺利投产表示惊讶和赞赏。部长先生坦言：目前印尼的投资环境还存在很多

祝贺神华国华印尼南苏公司荣获印尼2016年度"最佳IPP电厂奖"再创佳绩，祝神华一道更加的辉煌，更也辉煌的管理。

10/28

神华国华印尼南苏公司荣获印尼2016年度"最佳IPP电厂奖"

2016年10月14日，印度尼西亚2016年度最佳电力奖（INDONESIA BEST ELECTRICITY AWARD）颁奖活动在雅加达Bidakara酒店举行，神华国华印尼南苏公司荣获印尼2016年"最佳IPP电厂奖"，并接受了印尼矿能部电力司司长等领导的颁奖。

印尼最佳电力奖，由印尼电力杂志联合印尼矿能部、PLN（印尼国家电力公司）及印尼能源协会共同主办，奖项分为四项，即最佳IPP电厂奖，最佳运维公司奖，最佳EPC公司及最佳电力服务公司奖，奖项评委由矿能部、PLN的高层领导以及行业协会管理层等组成。

2016年共有115家公司参与最佳电力奖评选，经过初选、初评、复评三轮角逐，最后在各个奖项中分别评选出5家最优公司（TOP5 Company），其中得分最高的为该项目的最佳电力公司（THE BEST Company）。作为2015年度"印尼十佳电力公司"的获奖者。神华国

图9-8 时任中国驻印尼大使的批示

不足之处，即使是印尼本地有实力的企业，都面临着很大的发展困难，而 Simpang blimbing 电厂的顺利投产，充分体现了中国企业雄厚的经济、技术实力。希望借助中国企业的经济技术实力，共同维护和运营附近一家新扩建的电厂，相信以神华集团的经济技术实力，将会开启更为广阔的合作发展空间。

五、 中国工程院院士团队的首肯

2017年2月16～19日，由中国工程院原副院长、院士谢克昌带队的中国"推动能源生产和消费革命战略研究项目"调研组先后到国华爪哇、南苏、美朗等三个项目调研指导，如图9-10所示。调研组由中国工程院牵头组织、四位知名院士率领，中石油、中国矿业大学等知名企业、院校的15名能源行业专家组成，重点调研"一带一路"倡议沿途国家的能源生产和消费、中企投资及中外合作等课题，并为中央机构的高端智囊提供

图 9-9　南苏住房部部长 Djan 先生考察南苏电厂

专题报告，用于相关领导参加 2017 年 5 月份在京召开的"一带一路"国际合作高峰论坛及经济战略的决策。

图 9-10　中国工程院院士团队考察现场

调研组详细了解煤矿、电厂的基建运营情况，对国华电力在印尼的发展大为赞赏，对本地化工作、褐煤燃烧等先进技术探索表示高度认同。中国工程院原副院长、院士、调研组组长谢克昌对本次印尼之行做了高度总结，一是根据国华电力公司在印尼的发展状况，将海外公司的发展经验和面临困难补充到报告中，以寻求中央有关部门的支持；二是听取南苏电厂的建设历程后，深感海外创业的不易，对南苏电厂能够提前"走出国门"、在印尼落地扎根深受鼓舞，希望南苏电厂能够后续长远发展。最后，谢克昌院士以"两阙诗"赠予国华印尼项目："十大困难难不倒、九个第一水平高，安全生产责任重、国家荣誉记得牢"，"穆印曙光爪哇七、一带一路做先驱，精准高效求双赢、身居海外志不移"。

六、 印尼电力联合会首席顾问的赞誉

2018 年 3 月 11 日，印尼电力联合会首席顾问 Tumiran（杜米兰）携 PLN 下属班加萨利电厂总经理 Sri（斯丽）女士一行到南苏电厂参观考察，如图 9-9 所示。Tumiran 先生赞誉：国华电力公司有着成熟的电厂管理经验，在中国激烈竞争的电力市场中取得优异的业绩，又在印尼电力市场中通过精耕细作，多次在印尼电力评奖中赢得最佳殊荣，是十分难得的合作伙伴，在印尼 3500MW 电力建设的大背景下，双方有着广阔的合作空间，希望今后继续增进信任，合作更加深入。Tumiran 先生一行到主厂房、集控室实地参观考察机组工况、设备治理、文明生产等，对南苏电厂的生产管理给予了充分肯定，表示最佳电力奖项名副其实。

图 9-11　印尼电力联合会首席顾问考察现场

七、 印尼电力期刊 （Listrik Indonesia） 的报道

2015 年 4 月 28 日印尼电力期刊 Listrik Indonesia 刊登了关于国华印尼南苏电厂的专访，专访名称《Jaga Keandalan Listrik Sumatera》翻译为中文《保证苏门答腊电力可靠性》，如图 9-12 所示。文中就国华印尼南苏电厂使用先进的煤干燥技术利用高水分劣质褐煤发电为南苏省电力系统可靠性提供了保障进行详细报道；并进一步介绍了国华电力公司在中国的装机情况、火电及风电项目概况，最后对神华国华印尼南苏电厂弥补了印尼本地电厂可靠性差的缺点，为印度尼西亚电力做出的巨大贡献进行了总结。这篇报道在印尼电力期刊 Listrik Indonesia 的发表意味着印尼电力行业对国华电力的认可和肯定，为印尼人民进一步了解国华电力开启了一扇重要窗口。

图 9 - 12　印尼电力期刊 Listrik Indonesia 对南苏电厂的报道

第十章

感 谢 篇

南苏项目从 2002 年 9 月确立合作意向，到 2011 年 11 月两台机组正式投产，直至今日已近 20 年的时间。回顾来路，可谓历经艰辛，可谓硕果累累。作为国华电力公司印尼首个煤电一体化项目，南苏项目经历了首次在印尼开发项目的前期摸索，经历了建设期的种种困难，以及运营期的不断改造提升，最终实现了走出去之初确立的"展现中国电力建设水平，展现中国电力设备水平，展现中国电力的运营水平"的目标，并获得了多次嘉奖，为国家能源集团和中国电力树立了成功的海外形象。

成绩的取得在于国家"一带一路"倡议和"走出去"战略，在于印尼政府开放的电力政策，在于集团公司高瞻远瞩的决策，在于集团各部门，准能公司等兄弟单位的倾力支持，在于印尼 PLN 及印尼合作方的信任，在于国华电力公司、南苏公司以及全体参与人员同心协力，目标一致的努力，在于广东火电工程总公司、西北电力设计院、中煤国际工程集团沈阳设计研究院、中信银行股份有限公司等等所有相关单位的通力合作。在本书的最后，特别感谢每一位参与人员对南苏项目的辛勤付出，正是每一位参与者的心血铸就了南苏项目的成功。

国华电力公司主要领导：

秦定国　王树民　肖创英　宋畅　夏利　李巍

国华电力公司领导班子成员（从 2007—2020 年底，按姓氏拼音顺序排列）：

陈杭君　陈寅彪　付大凤　耿育　何成江　李瑞欣　罗超　毛迅　沈玉章　王建斌　王瑛　邢仑　许定峰　许山成　杨富锁　张家镇　张艳亮　张翼　张振香　赵世斌　赵岫华

国华电力公司各部门领导（从 2007—2020 年底，含总经理助理及副三总师，按姓氏拼音顺序排列）：

白利光　陈宏　董飞　黄斌　黄思林　黄宗华　韩贵生　靳华峰　贾建波　金强　李广瑞　李宏伟　李立峰　刘春峰　刘志江　吕志友　平恒　石朝夕　宋岩　孙小虹　汪积汇　王天堃　王卫　王颖聪　韦文江　吴清亮　谢林　谢小兵　许建华　闫子政　杨文静　张斌仁　张德珍　张克明　张晓波　张旭日　张艳亮　张翼　赵炎钧　朱江涛　卓华

国华电力公司国际项目管理部成员（从 2007—2010 年底）：

平恒　谢明　胡勤　刘铁伟　文欣　何文强　富跃龙　雷金水　郑恒　翟剑萍　曹媛媛　陈曦

国华印尼南苏发电厂技术攻关组成员（2011 年）：

陈寅彪　平恒　赵炎钧　毕春海　郑恒　翟剑萍　闫学伟　谢建文　付林　杨振利　蔡井刚　余学海

南苏公司领导班子及基建生产人员：

1. 南苏公司基建期领导班子成员（2007—2011 年）

2008 年 3 月—2010 年 12 月：

张克明　赵炎钧　贾建波　陈尚兵　唐开杰　谢明　胡勤　富跃龙

2010 年 12 月—2012 年 4 月：

张克明　赵炎钧　谢明　胡勤　贾建波　陈尚兵　唐开杰　富跃龙　苏伟

2. 南苏公司生产经营期领导班子成员（2012—2020 年 6 月）

2012 年 4 月—2013 年 5 月：

张克明　毕春海　贾建波　曹勇　王立公　胡勤　富跃龙　苏伟　张同斌

2013 年 5 月—2016 年 12 月：

丛贵　毕春海　曹勇　苏伟　张同斌　卢练响　姚尧　刘海山

2016 年 12 月—2017 年 2 月：

毕春海　赵志刚　苏伟　郭安斌　卢练响　姚尧

2017 年 2 月—2019 年 9 月：

封官斌　赵志刚　朱绍慧　王秀美　郭安斌　卢练响　姚尧　翟朝阳　伊喜来

2019 年 9 月—2020 年 12 月：

富跃龙　刘平　郭安斌　卢练响　翟朝阳　伊喜来　吴晓毅　祁浩

3. 南苏公司基建期主要中方员工名单（含领导班子成员，按姓氏拼音顺序排列）

边勇　曹红日　曾庆峰　曾庆伟　常书江　陈德涛　陈虎亮　陈扣军　陈尚兵　陈艳
成建国　程伟　程稳香　代进军　丁声球　樊兰凤　范国义　方芳　冯彬　冯效安
付润涛　付云涛　富跃龙　高俊利　桂庆欣　郭恩山　韩兰军　郝建光　郝玉成　何成
何绪丙　侯培华　胡楠　胡勤　黄艺　黄会琴　黄振国　霍瑞明　贾建波　贾利永　姜文
姜忠华　鞠立军　亢万军　寇华波　赖剑　雷金水　黎伟　李杰　李强　李锐　李浩
李发新　李奋勇　李富春　李海争　李浩　李梦瑶　李强　李小鹏　李永和　李振宁
李孜祥　林波　刘冰　刘海山　刘建金　刘江建　刘兰平　刘万举　刘晓凤　刘晓峰
刘晓龙　刘雍锋　刘永平　刘占瑞　刘志远　龙景明　罗健龙　马骋　孟凡祥　米子德
苗桐　穆刚柱　宁培　欧阳智　潘兆帝　彭加成　齐宝良　邱江平　全智勇　邵宝军
沈建飞　时洋　史忠明　首尽辉　税国飞　宋建军　宋云龙　苏伟　孙曰泰　唐开杰
唐磊　田野　汪伟仲　王盼　王平　王大伟　王刚　王辉　王惠珍　王建荣　王俊峰
王俊平　王盼　王平　王胜　王旭峰　王云飞　韦玉飞　魏维　吴书胜　谢明　谢群
谢英　邢英军　须汉群　徐锋　徐北辰　徐雅丽　薛二江　薛轶　闫学伟　杨欢　杨树军
杨昕瑞　伊喜来　应健　于浩　于峰　于志坤　余森　袁仲举　翟君　翟朝阳　张俊
张倩　张志　张波　张冠雄　张国辉　张海博　张海鹏　张剑腾　张俊　张克明　张明军

张文浩　张新志　张兴军　张轶桀　张占昌　张志　张中昌　赵怀伟　赵军武　赵璐
赵青　赵卿　赵瑞玺　赵秀良　赵炎钧　郑建伟　朱建宁　朱相棋　朱艳华　祝洪志
邹伟民　邹晓杰

4. 南苏公司生产期主要中方员工名单（含领导班子及基建期工作到运营期的人员，按姓氏拼音顺序排列）

毕春海　曹红彪　曾庆峰　陈建　陈胜利　陈思然　陈小方　陈艳　成建国　程伟
程稳香　丛贵　丁声球　丁肖骏　方炳　房家吉　冯彬　符涛　富跃龙　高景涛　高俊利
桂庆欣　郭晋斯　郝建光　郝永清　何绪丙　何震宇　胡勤　胡伟然　贾建波　贾利永
姜文俊　焦君磊　解廷帅　亢万军　寇华波　赖剑　雷金水　黎明　李杰　李锐　李绍泉
李小鹏　李勇　李振宁　李孜祥　梁正剑　林波　刘成彬　刘海山　刘慧　刘建金
刘江建　刘兰平　刘应文　刘震山　刘志远　卢练响　罗健龙　马骋　孟凡祥　孟伟
苗桐　潘赞　彭加成　齐宝良　钱晓钢　邱江平　汝金山　沈建飞　史振江　首尽辉
舒锋　宋建军　宋云龙　苏伟　孙慧海　孙权　田健　田野　王刚　王红波　王宏杰
王冀鲁　王俊平　王立公　王伟苏　王文杰　王秀美　王云飞　韦凯　卫燃　魏强
吴恒丕　辛将　邢英军　熊林常　徐北辰　徐生威　杨欢　杨树军　杨昕瑞　姚尧
伊喜来　于峰　于浩　于淼　于学斌　袁仲举　岳海鹏　翟君　张波　张国辉　张海博
张吉　张建华　张克明　张明军　张同斌　张文浩　张越　张志　张中昌　赵爱华
赵怀伟　赵秀良　赵炎钧　赵喆　赵志刚　甄建虎　郑建伟　祝洪志　宗学谦

5. 南苏公司生产期主要印方员工名单（2019 年末在职员工，按姓氏拼音顺序排列）

A Zulkarnain	Efansyah	Kiki Setiabudi	Roki Ariansah
Aan Amin Maruf	Efriyadi	Kim San	Rudi Hartono
Adhi Rafsanjani	Ega Yudistira	Kuano Haika	Samuel Sopamena
Adhitya Marciatama	Egi Febrizal S. PD	Ladi Erman	Sangkut
Adi Carles	Emon Perdana	Lishe Tok	Santar
Adi Irawan	Enda Ramdian	Luiz Marthin	Sarnedi
Adi Wijaya	Eri Sanjaya	Lusiany Yong	Sarnubi
Adytia Dwi Saputra	Erick Gustrian Samantha	M. Iqbal	Satriano
Agung Afafa Pinandita	Erman Wahyu Hidayat	Marlinda	Sawalludin
Agus Prianto	Ernawan Wira Sudarma	Muhamad Jemadi	Seto Riantori
Agustian aldino	Ersa Putro Azandi	Muhamad Tomi	Shandy Chanra Pramudia
Aipon	Fahrul Miharja	Muhammad Adnin	Simsahwi
Albert Maslin	Fajar Tua Sihombing	Muhammad Muktiono	Sofyan
Alferi Yoda	Fendi	Muhammad Solihin	Su Wandra
Allasyih	Fitri Yani	Mukti Prabowo	Sugianto

Andang Afrianto	Frans Richard Leonard	Mulawarman	Sukimin
Andri amirullah	Gandha Nugraha Rudi	Musa	Sulas Purwandi
Apriansyah Saputra	Hadi Prihandono	Nopandi	Sulianto Yuwono Jauw
Arawan	Hanna Margaret Florencya	Nopian	Sumarno
Ardiansyah	Hardi Holik	Nurruddin arraniri	Sunarli
Ari Frendi Utama	Helsa Patiani	Paisal munandar	Supri Arison SP
Arif Miftahul Aziz	Hendra	Pare Sandy	Susilo Sudarman
Ario Febri Winarta	Herdi Saputra	Parmansyah	Teguh Santoso
Ariyan Saputra	Heri Nopianto	Pasri	Tony Kurniawan
Axy Julio Alexsander	Herianto	Pramita Pusparani	Wahyu
Caca Caryana	Ikrollazi	Rahmat mujiat miko	Wahyu Hidayat
Chris Antoni Mbutar butar	Indra Saputra Ruslyanto	Rahmat saleh	Wandha Aryanto
Cong Ce Anglia	Irfan Syahdana	Rangga Pradipta Putra	Welianda
David Rusdi	Irsan Fadhullah	Rani Mardiansyah	Welly
Dedi Irawan	Iyas Oktalius	Rensa ripaldi	Wisnu Prawijaya
Dedi Yanhar	Jamaludin	Richard Fernando Jeremia	Yan Dwi Putra
Deka Robianzah	Jhoni Iskandar	Riki Septiawan	Yolan Pramana putra
Deska firnando	Juldorfer Simanjuntak	Rikky Tampubolon	Yoseph Frans Tamba
Dian Ahmad	Jumaidi Pramalinto	Riwanto	Yusprianto
Eddrillius	Jumirsyah	Robby Anugrah	Yusri
Edi Marzuki	Juwita Novaliana	Rojimansyah	

······

还有太多的名字无法在这里一一列出，但他们在印尼南苏项目这片热土上所洒下的汗水，所流过的泪水，所付出的辛勤劳动共同铸就了这个美丽的电厂。

感谢每一位国华南苏煤电项目建设运营的参与者。

附 录　印 尼 电 力 政 策 简 介

1. 印尼现行电力政策简介

现行的印尼电力政策以 2009 年《电力法》为基础，并辅助以 2012 年第 14 号关于电力业务的政府法令（后经 2014 年底 23 号政府法令修订），2012 年第 42 号关于电力跨境销售和购买的政府法令，以及 2012 年第 62 号关于电力支持性业务的政府法令为具体实施细则。同时财政部、工业部、林业部、国土部、公共事务部及环保部等也都出台了一些列关于电力行业的支持性法律，例如 2012 年第 2 号关于服务公共利益的土地征收法律以及 2012 年第 71 号关于服务公共利益的土地征收细则的政府法令（后经 2014 年第 40 号、99 号，以及 2015 年第 30 号、148 号政府法令所修订）等。此外，还有针对电力子行业的法律和法规，例如关于地热的第 2014 年第 21 号关于地热电厂的法律（"2014 年地热法"）等。

印尼电力行业的监管机构为能源和矿物资源部（"矿能部"）及其下属部门，包括电力司及新能源司。

2. 印尼电力政策发展历史

印尼早期的电力安排是根据 1890 年荷兰法令进行的，该法令名为"印度尼西亚电气照明和电力传输的安装和使用"。该法令于 1985 年废止，同时印尼政府颁布了 1985 年第 15 号关于电力的法律（"1985 年电力法"），这也标志着印尼正式进入了电力的现代化时代。1985 年电力法规定了一个由国有电力公司 PLN 组成的集中式电力管理体系，PLN 拥有输电、配电及电力销售的专项权力。根据该法律，允许私有企业自己使用或投资电厂并售电给 PLN。从本质上讲，该模式允许私人投资发电企业作为独立发电商（IPP），并根据购电协议（PPA）将其电力仅出售给 PLN。PLN 是电力的唯一购买者，成为整个价值链商业化的关键驱动力。该时期第一个主要 PPA 是 PT Paiton Energy 与 PLN 签署的，以便在 1991 年开发燃煤 Paiton 发电站。随后还有其他几个重要的 IPP，其中包括一些地热发电项目。

然而，这个 IPP 计划在 20 世纪 90 年代末亚洲金融危机爆发时被搁置。当时印尼受到了严重影响，国内生产总值缩减 13.5%。PLN 当时也遭受了巨大的财务损失，尤其是印尼盾贬值带来的影响。PLN 的大部分成本以美元计价，包括其 PPA 的电价，但其销售到消费者的电费是以印尼盾计价的，当时印尼盾贬值约 75%，因此当时尚未开发或未投产的 IPP 项目均被迫中止。

1985 年电力法通过 1989 年第 10 号关于电力供应和利用的政府法令修订，2002 年，政府通过颁布 2002 年第 20 号电力法（"2002 年电力法"）实施了改革。根据这项法律，电力业务分为竞争性和非竞争性区域，前者允许私人参与。2002 年电力法还允许电价由市场决定，并通过建立电力市场监管机构进行独立监管。然而，2004 年 12 月，印度尼西亚宪法法院裁定 2002 年的电力法违宪，违反了印度尼西亚宪法第 33 条。根据宪法法院的规定，电力是一种战略性商品，其生产和分配应由政府独家控制。因此从 1999 年到 2004 年，在新的电力项目中几乎没有任何私人投资。

2005 年，政府开始新的努力，以吸引私人投资。发布了 2005 年第 3 号政府法令及 2006 年第 26 号政府法令对电力法进行修订。根据修订后的规定，允许独立发电企业作为电力营业执照（Pemegang Kuasa Usaha Ketenagalistrikan – "PKUK"）的授权持有人和公共使用营业执照电力供应的授权持有人（Pemegang Izin Usaha Ketenagalistrikan）进行电力项目开发和供电。

2009 年，政府通过了 2009 年电力法，以加强监管框架，并在许可和确定电价方面让地区政府发挥更大作用。电力供应由国家控制，但由中央和地区政府通过国有企业进行推进。在此情况下，政府赋予了 PLN 在整个印度尼西亚的电力供应业务的优先权。2009 年"电力法"还鼓励私营企业，合作社和社区机构（Lembaga Swadaya Masyara-kat）参与电力供应业务。

印尼政府在 2010 年初颁布了快速通道计划（"FTP I"第一个 1000 万 kW 电力快速建设项目）的第一阶段，以及第二阶段（"FTP II"第二个 1000 万 kW 电力快速建设项目）。每个阶段旨在加速 1000 万 kW 发电容量的发展，FTP II 包括 IPP 和可再生能源。2015 年，新的佐科维政府宣布计划加速发展 3500 万千瓦的发电容量。

3. 印尼电力政策具体情况

（1）关于电力规划（国家电力发展计划及电力供应规划）。

印尼矿能部负责编制国家电力发展计划（RUKN），该计划包括印尼 20 年内的电力需求和供应预测、投资和资金政策以及新能源和可再生能源的利用方式。国家电力发展计划在提交国会讨论审议后，由矿能部长进行签发颁布。该计划至少每三年进行一次审核。2009 年电力法还规定，地方政府应基于国家电力发展计划制定地区电力计划（RUKD）。

电力供应规划（RUPTL）由 PLN 编制，涵盖各 PLN 运营区域的十年电力发展计划。电力供应规划（RUPTL）基于国家电力发展计划（RUKN）和地区电力计划（RUKD）。电力供应规划 RUPTL 包含需求预测、未来的发展计划、电力生产预测、燃料需求以及将分别由 PLN 和 IPP 投资者开发的项目。IPP 的采购规划也基于电力供应规划 RUPTL。因此，对于印尼电力行业的所有投资者而言，RUPTL 是最为重要的文件，RUPTL 每年进行一次更新。

（2）关于电力业务。

2009 年电力法将电力业务分为以下两大类：

一是与电力供应有关的活动（公共用途、自备供给或"自用"），包括：发电、输电、配电、以及电力销售。

二是参与电力支持性业务，包括：服务业务，例如咨询，建筑和安装，运营和维护，研发，教育，培训和认证以及设备测试和认证；和工业业务，例如电动工具和动力设备供应。

1）电力开发主体。

PLN（印尼国家电力公司）：截止到 2018 年底，印尼电力总装机容量约为 6653 万 kW，印尼全国平均电气化率约为 97%。PLN 包括其子公司 Indonesia Power，Pem-bangkitan Jawa Bali（"PJB"）和 PLN Batam，作为印尼全产业链经营发-输-配-售各个环节的国家电力公司，掌握着印尼约 64% 的装机容量（IPP 约占 28%，公私合营及其他占 8%），其发电量约为全国总发电量的 70%，100% 垄断控制着全国电网和配售电业务。

IPP（独立发电商）及 PPP（公私合营模式）：私人企业可通过 IPP 或 PPP 的方式参与电力项目开发。IPP 的指定通常是通过竞争性招标进行的，也可以根据 2012 年第 14 号政府法令（后经 2014 年第 23 号政府法令修订）进行直接比选或在某些情况下直接指定。PPP 项目也可根据 2015 年第 38 号政府法令以及 2015 年第 19 号 LKPP 的实施条例（Lembaga Kebijakan Pengadaan Barang dan Jasa Pemerintah -政府采购的商品和服务政策委员会）进行如上述 IPP 项目的采购流程。

PPU：自备电厂项目，非出售给 PLN 的项目为 PPU。容量大于 200 kVA 的 PPU 必须持有运行许可证（Izin Operasi）。PPU 的容量介于 25～200kVA 必须获得相关部长，省长或市长的批准。容量低于 25kVA 的 PPU 只需要向相关部长，省长或市长报告。PPU 可以将富余电量出售给 IUPTL 持有人或 PLN，或者在相关部长，省长或市长的批准下直接出售给最终客户。

2）输电、配电及电力销售。

2009 年《电力法》赋予 PLN 在整个印尼开展电力业务的优先权。作为输配电资产的唯一所有者，PLN 仍然是唯一执行输电和配电的商业实体。2009 年电力法以及 2012 年第 14 号政府法令（后经 2014 年第 23 号政府法令修订）允许私人参与公共电力供应以及输配电业务。但是，实际上，私人企业的参与仅限于发电项目。

3）电力支持性业务。

2009 年电力法将电力支持性业务的许可分为电力支持性服务许可证和电力支持性工业许可证。根据 2012 年第 62 号政府法令，电力支持性服务业务涵盖以下内容：

a）有关电力安装的咨询；

b）电力供应的开发和安装；

c）检查和检查电力装置；

d）电力装置的运行；

e）维护电力装置；

f）研究与开发；

g）教育和培训；

h）电力设备和电力使用的实验室测试；

i）电力设备充分性和电力使用的证明；

j）电气工程能力证明；

k）与电力供应直接相关的业务或其他服务。

涉及电力支持服务业务的实体必须具有电力支持性服务许可证（Izin Usaha Jasa Penunjang Tenaga Listrik－"IUJPTL"）。电力支持性工业许可证包括电力设备及备件的供应。

4）本地采购比例。

2009 年电力法要求电力开发许可 IUPTL、电力支持性服务许可及电力支持性工业许可持有者 IUJPTL／IUIPTL 优先考虑使用国内产品和服务。2012 年第 54 号工业务法令（后经 2017 年第 5 号工业部法令修订）规定了用于电力基础设施发展的最低本地商品和服务（按价值计算）。不遵守这些本地采购比例要求可能会导致行政和财务处罚。不过在下述情况下可以使用进口货物：货物不能在当地生产、当地商品的技术规格不符合要求，或者当地商品数量不足。

不同类型电厂的本地采购比例具体见下表。

电厂类型	电厂容量	本地采购比例要求		
		商品（%）	服务（%）	综合（%）
燃煤电厂	≤15MW	67.95	96.31	70.79
	>15MW≤25MW	45.36	91.99	49.09
	>25MW≤100MW	40.85	88.07	44.14
	>100MW≤600MW	38.00	71.33	40.00
	>600MW	36.10	71.33	38.21
水力发电（非抽水蓄能）	≤15MW	64.20	86.06	70.76
	>15MW≤50MW	49.84	55.54	51.60
	>25MW≤150MW	48.11	51.10	49.00
	>150MW	47.82	46.98	47.60

续表

电厂类型	电厂容量	本地采购比例要求		
		商品（%）	服务（%）	综合（%）
地热电厂	≤5MW	31.30	89.18	42.00
	>5MW≤10MW	21.00	82.30	40.45
	>10MW≤60MW	15.70	74.10	33.24
	>60MW≤110MW	16.30	60.10	29.21
	>110MW	16.00	58.40	28.95
燃气电厂	≤100MW	46.39	96.31	48.96
燃气电厂（联合循环）	≤50MW	40.00	71.53	47.88
	>50MW≤100MW	35.71	71.53	40.00
	>100MW≤300MW	30.67	71.53	34.76
	>300MW	25.63	71.53	30.22
光伏发电（离网）		39.87	100	45.90
光伏发电（偏远区域）		34.09	100	40.68
光伏发电（上网）		37.47	100	43.72

电厂的建设须遵守以下的规定：

a）低于135MW的燃煤发电厂，低于60MW的地热发电厂，低于150MW的水力发电厂以及联合循环发电厂或太阳能发电厂，EPC必须由印尼本地的EPC公司承担。

b）除上述以外的发电厂的开发可以由外国公司和本地公司组成的联合体进行EPC。

根据2017年第5号工业部法令，到2018年太阳能组件的本地比例至少达到50%，到2019年必须达到60%。

2014年第2号工业部法令规定了电厂、变电站、输配电网络的本地商品、服务及综合本地采购比例的最低要求，同时2011年第16号工业部法令规定了相关本地采购比例的计算要求及程序。

输配电网络建设的本地采购比例见下表。

电网类型	电压等级（kV）	本地采购比例要求		
		商品（%）	服务（%）	综合（%）
高压电网	70	70.21	100	76.17
	150	70.21	100	76.17
超高压电网	275	68.23	100	74.59
	500	68.23	100	74.59
高压海底电网	150	15.00	83.00	28.60

电网类型	电压等级（kV）	本地采购比例要求		
		商品（%）	服务（%）	综合（%）
高压埋地电网	70	45.50	100	56.40
	150	45.50	100	56.40
高压变电站	70	41.94	99.98	65.14
	150	40.66	99.98	64.39
超高压变电站	275	22.42	74.54	43.27
	500	21.51	74.67	42.77
高压配电柜	150	14.27	26.68	19.24
超高压配电柜	150	11.19	26.68	17.39

输配电网络的建设应由本地 EPC 公司负责并领导。

5）电力许可 IUPTL。

在企业提供电力或经营电力支持业务之前，必须先获得电力许可 IUPTL。电力许可 IUPTL 包括以下内容：为公共用途供电的 IUPTL，其颁发的最长有效期为 30 年，并可延长；供电容量超过 200 kVA 的自用电力（即 PPU）的经营许可证（"Izin Operasi"），可颁发的最长有效期为十年，并可延长。

IUPTL 可以涵盖以下任何活动：a）发电；b）输电；c）配电；d）电力销售；e）配电和销售；和 f）从发电到销售的综合活动。

IUPTL 可颁发给以下实体：a）国有或私营公司；b）区域政府所有的公司；c）合作社和社区机构。

自 2018 年 6 月起，矿能部先前授予投资协调委员会 BKPM 的与电力相关的许可证颁发权现在由经济统筹部临时管辖，并通过在线一站式证照平台 OSS 进行办理，上述许可证包括：

a）IUPTL；

b）经营许可证（Izin Operasi）；

c）确定供电区域 Wilayah Usaha；

d）IUJPTL；

e）跨境电力买卖许可证；

f）允许将电网用于电信，多媒体和信息学的许可证；

g）地热初步勘测任务；

h）地热许可证（"Izin Panas Bumi"）。

上述 OSS 的申请程序，可根据 2018 年第 24 号关于综合电子一站式证照平台 OSS 的政府法令执行。

6）电力跨境销售及采购。

2012 年第 42 号政府法令规范了印尼跨境电力买卖，并规定必须向矿能部申请许可证。该法令规定仅在以下情况下才能在印度尼西亚边境出售电力：

a）已经满足了当地及其周围地区的电力需求；

b）销售价格不予补贴；

c）出售不会损害本地电源的质量和可靠性。

仅在以下情况下才能从印度尼西亚境外购买电力：

a）购买旨在满足当地用电需求或改善/提高质量电力供应的可靠性；

b）不损害国家主权，安全或经济发展；

c）购买过程中不忽略供电能力的发展；

d）购买不会导致依赖其他国家的电力采购。

跨境电力买卖安排也应遵守现行法律和法规。

从历史上看，印度尼西亚曾从马来西亚进口电力。由于西加里曼丹省电力短缺，采购量从 2009 年的 1.26GWh 增加到 2017 年的 892GWh。鉴于西加里曼丹州缺乏电力供应，政府允许在马来西亚沙捞越州与西加里曼丹省之间建立 275kV 的连接，以便根据 PLN 与砂拉越能源供应公司之间的 20 年协议进口水力发电。

此外，从贾亚普拉（Jayapura）到巴布亚新几内亚（"PNG"）边境已经建立了一条小型跨境传输线连接，以便向武东边境哨所提供 2MW 的电力〔从贾亚普拉（Jayaapura）的柴油发电厂进行电力供应〕。

（3）关于电力项目开发。

印尼总统佐科维（Joko Widodo）于 2014 年底宣布了一项为期五年的 35GW 电力项目开发计划。该 35GW 计划的实施被视为政府为改善印尼电力基础设施所作的巨大努力。在此之前，印尼政府于 2006 年推出了 FTP Ⅰ（第一个 1000 万 kW 电力项目加速发展计划），主要为煤电项目；后续又推出了 FTP Ⅱ（第二个 1000 万 kW 电力项目加速发展计划），主要来自可再生能源项目。2010 年，FTP Ⅰ和Ⅱ的实现不是很成功。截止到目前，FTP Ⅰ尚未全部完成，FTP Ⅱ也并没有按预期全面开展，现在佐科维总统已将上述项目整合到 35 GW 计划中。基于 FTP Ⅰ和 FTP Ⅱ的开发经验和教训，为了解决影响印尼电力项目发展的各种问题，印尼政府发布了 2016 年第 4 号关于加快电力基础设施发展的总统令（后经 2017 年第 14 号总统令修订）。上述法律包括了政府对 PLN 开发的项目以及 PLN 或其子公司与 IPP 合作开发的项目的担保相关要求，同时也涉及取证，征地以及其他方面等。

1）政府担保。

根据 2016 年第 4 号总统令（后经 2017 年第 14 号总统令修订），IPP 项目可以从财政部获得针对 PLN 履行 PPA 义务的政府担保，但没有提供政府担保的具体要求及实施标准。在申请政府担保前，PLN 总裁必须在电力项目的采购过程开始之前向财政部进行申请。PLN 可以自行全权决定申请上述政府担保与否，政府担保的信息原则上需要包含在采购文件中。

根据 2016 年第 4 号总统令，PLN 为电力基础设施项目的开发获得的贷款也将由财政部提供担保。该贷款担保也需 PLN 总裁事先向财政部进行申请，财政部必须在收到 PLN 完整申请文件提交后的 25 个工作日内批准 PLN 的请求。

关于 PLN 申请政府担保及贷款担保的相关流程，具体根据 2016 年第 130 号关于财政部法令相关规定执行。

2）新能源项目。

关于电力基础设施的发展，印尼政府优先考虑新能源和可再生能源，以实现印尼能源规划制定的目标能源结构。中央政府或地方政府以下述形式支持新能源项目：

a）财政激励措施；

b）许可和非许可补助；

c）新能源和可再生能源的补贴电价；

d）协助项目公司的快速成立，以加快项目推进；

e）对新能源和可再生能源的特定补贴。

2016 年第 4 号总统令也规定，可以根据现行法律法规在自然保护区和自然保留区开发水电，地热和风电项目，包括建设输电线路。

3）PLN 直接指定项目。

2016 年第 4 号总统令规定，PLN 必须与外国商业实体合作时，应优先考虑与相关外国政府（即外国国有企业）拥有的外国商业实体进行合作。同时该总统令规定 PLN 子公司在新的直接指定的电力项目中需至少占股 51％。

4）征地相关法律。

印尼政府颁布了 2012 年土地征用法和关于发展与公共利益土地的采购程序政府法令（包括 2012 年第 71 号政府法令，已经后续 2014 年第 40 号、2014 年第 99 号、2015 年第 30 号以及 2015 年第 148 号政府法令修订），旨在加快某些基础设施项目（包括电厂）的征地过程，帮助克服在为公共目的而强制征地时遇到的困难。

上述的政府法令为土地征用的四个阶段设定了期限，包括被征用土地的计划、准备、实施和转让、以及征地费用的筹资等四个方面。法律规定，从提交土地征用计划到颁发注册证书（包括异议或上诉时间）的最长期限为 583 个工作日。不愿意的土地所有者可以被迫出售其权利，但要获得法院审查批准的赔偿额。补偿可以是金钱、重置土地、安置、股份所有权或双方同意的其他形式。

虽然政府法令有上述的规定，但印尼目前尚未有土地被强制出售的案例。

5）电力项目取证。

2016 年第 4 号总统令（后经 2017 年第 14 号政府法令修订）规定了电力项目取证的平台，该平台使用 BKPM 以及省和地区的 PTSP 的一站式服务（Pelayanan Terpadu Satu Pintu –" PTSP"）来简化许可流程，包括以下方面：

①PLN、PLN 子公司或 IPP 项目向 BKPM 的 PTSP 提交启动电力项目所需的许可和非许可申请，包括：

a）IUPTL（电力准字）；

b）项目位置许可；

c）环境许可证；

d）借用森林面积许可证（Izin Pinjam Pakai Kawasan Hutan –" IPPKH"）；

e）建筑施工许可证（Izin Mendirikan Bangunan –" IMB"）。

②关于政府机构颁发许可证的期限规定如下：

a）对于已授权给 BKPM 办理的许可证：三个工作日；

b）对于尚未授权委托给 BKPM 办理许可证：除以下（c）～（e）点所述的以外的五个工作日；

c）环境许可证：60 个工作日；

d）借用森林面积许可证：30 个工作日；

e）免税清单许可证：28 个工作日。

6）PPA 合同。

2017 年，矿能部发布了有关 PPA 购电协议原则的 2017 年第 10 号矿能部法令（后经 2017 年第 49 号及 2018 年第 10 号矿能部法令修订）。该法令概述了 PLN 和 IPP 之间 PPA 的合同基础，主要包括以下要点：新的风险分担和风险分配机制；实施"建设-拥有-运营-转让"（BOOT）业务机制；新的惩罚机制。

上述法令不适用于可再生能源、小型水电（10MW 以下），沼气或城市固体废弃物发电厂。

①风险分担及分配机制。PLN 以前的 PPA 模板成功吸引了私人投资。但是，矿能部 2017 年第 10 号法令对风险分担和分配原则进行了重大更改。在以前的法规中，不可抗力风险通常由最有能力承担风险的一方承担，这通常意味着 IPP 不受不可抗力事件的影响。但是，在新法规中，如自然灾害引起的不可抗力事件，则似乎将 PLN 和 IPP 置于风险共担的位置。

根据以前的法规和市场先例，PLN 通过视同调度付款承担不可抗力风险。如果不可抗力事件导致长期运营中断，则 PLN 通常可以通过终止合同向 IPP 项目支付赔偿。但是，根据矿能部 2017 年第 10 号法令，对受自然不可抗力事件影响的 PLN 不能购电情况，PLN 不再需要支付视同调度付款。作为补偿，可以在 PPA 中延长因事件和相关维修而损失的时间。

②新的惩罚与激励制度。新法规执行了更加严格的"交付或支付"（Deliver or Pay）机制。如果 IPP 无法履行其 PPA 义务，例如由于 IPP 导致商业运行日 COD 出现延期，或者 IPP 无法满足可用率、额定上网容量或其他，则 IPP 必须向 PLN 支付相应的罚款，以补偿 PLN 寻找替代电力供应的损失。

其他处罚包括未能达到某些技术性指标，例如：热耗、净容量和上网频率等。

同样，由于 PLN 的原因导致 IPP 项目无法售电，则 PLN 也必须支付罚款（上述自然不可抗力事件除外）。

③BOOT 机制。新规定要求所有 IPP 项目都必须采用 BOOT 模式，特许期限最长为 30 年。在合同期结束时，IPP 项目的所有设施应移交给 PLN。这也意味着 IPP 将不再可能续签合同。

④其他事项。

a）PPA 合同支付须使用印尼盾（IDR）。

除非获得印尼央行的豁免，电费支付必须使用印尼盾（IDR）。如果电价以美元计价，则汇率应参考雅加达银行间即期美元汇率（"JISDOR"）。上述要求为 2015 年第 17 号央行法令规定，该法规已在许多电力项目中实际实施。

b）项目转让限制。

该法令禁止电力项目在达到 COD 之前转让项目的所有权。除非是向转让方拥有 90％以上股份的关联公司进行，则可在 COD 之前进行转让。根据 2017 年第 48 号矿能部法令，关联公司必须是转让方下一级的企业实体，且转让须获得 PLN 的批准。COD 后的所有权转让也必须经过 PLN 批准，并且必须通过电力司向矿能部部长报备。

7）电价规定。

2015 年，矿能部颁布了 2015 年第 3 号矿能部法令，对各类型的电厂项目电价进行了限价，具体见下表（电厂容量等级单位为 MW，电价单位为美分/kWh）。

容量等级	10	15	25	50	100	150	300	600	1000
坑口煤电					8.21	7.65	7.19	6.90	
非坑口煤电	11.82	10.61	10.6	9.11	8.43	7.84	7.25	6.96	6.31
燃气	40～60MW 8.64				100MW 7.31				
水电	10～50MW 9.00			50～100MW 8.50			>100MW 8.00		

2017 年，矿能部出台了一系列法令，重新就电力项目的限价政策及机制做出了规定。所有的电力项目限价均基于区域或全国的发电成本 BPP。其中关于燃煤项目的电价限价政策通过 2017 年第 19 号矿能部法令进行了规定，具体见下表。

类型	坑口煤电项目	非坑口煤电项目	
容量等级	所有容量	＞100MW	≤100MW
区域 BPP＞全国平均	75％全国平均 BPP	全国平均 BPP	协商确定
区域 BPP≤全国平均	75％区域 BPP	100％区域 BPP	100％区域 BPP

2017 年第 12 号矿能部法令规定了新能源项目的限价政策，该法令后经 2017 年第 43 号矿能部法令，2017 年第 50 号矿能部法令进行修订。新能源项目的限价规定见下表。

编号	电厂类型	采购方方式	电价限价	
			区域 BPP＞全国平均	区域 BPP≤全国平均
1	PLTS Fotovoltaik 光伏电厂	根据要求容量进行招标，至少 15MW，可在几个地方	85％区域 BPP	100％区域 BPP
2	PLTB 风力电厂	根据要求容量进行招标，至少 15MW，可在几个地方	85％区域 BPP	100％区域 BPP
3	PLTA 水力电厂	直接谈判或直接比选；容量≤10MW 的，负荷率最小应满足 65％，容量＞10MW 的，按电网需求	85％区域 BPP	100％区域 BPP
4	PLTBm 生物能源电厂	容量≤10MW 的，直接购电，容量＞10MW 的，直接比选	85％区域 BPP	100％区域 BPP
5	PLTBg 沼气电厂	容量≤10MW 的，直接购电，容量＞10MW 的，直接比选	85％区域 BPP	100％区域 BPP
6	PLTSa 垃圾电厂	直接谈判	100％区域 BPP	协商确定
7	PLTP 地热电厂	直接谈判	100％区域 BPP	协商确定

8）电力投资法及投资负面清单。

2007 年第 25 号投资法律，（"2007 年投资法"）旨在为投资者提供一站式的投资框架。包括主要的投资者担保，如自由汇出外币的权利，以及主要的激励措施，如免征进口关税和增值税等。根据 2007 年投资法，电厂投资者的义务包括：

a）优先使用印度尼西亚的人力；

b）确保安全健康的工作环境；

c）实施企业和社会责任计划；

d）履行某些环境保护义务。

根据 2007 年投资法，参与印尼电力行业的外国投资者必须办理印尼投资委员会 BK-

PM 的投资许可，必须成立印度尼西亚法人实体并获得 PT PMA 外资公司的许可。

"负面清单"规定了一系列不接受外国投资或对外国参与有限制的商业活动。根据 2016 年第 44 号总统令，最新负面清单对电力行业中的外国投资限制规定如下：

a）禁止外国投资小于 1MW 的微型发电厂；

b）小型电厂（1～10MW）外资最高持股 49％；

c）小型地热发电厂（≤10MW），外资最高持股 67％；

d）容量超过 10MW 的发电厂 PPP 项目的外资最高持股 95％或 100％；

e）允许 PPP 项目的输配电线路外资最高持股 95％或 100％；

f）电力建设和安装（包括咨询）以及电力设备的运营和维护（"O&M"），外资最高持股 95％；

g）高/超高压电网设施的建设和安装，外资最高持股 49％；

h）禁止外资投资中低压电网设施的建设和安装；

i）高/超高压电源或公用设施安装的检查和测试，外资最高持股 49％；

j）中/低压电力公用事业设施安装的检查和测试，禁止外国投资；

k）地热运维服务外资最高持股 90％，钻探和测量服务外资最高持股 95％。

9）环保法规。

根据 2009 年第 32 号环保法，以及 2012 年第 5 号关于对环境影响进行分析所需的业务或活动类型的环保部法令，IPP 投资者在项目开始之前必须遵守环境惯例并办理环境许可证。

职 工 风 采

（1）2019 年先进人员名单（带红色绶带者）

第二排左起：Jhoni、成建国、陈胜利、王宏杰、何绪丙、Herianto、Caca、Jumaidi、Tony K、岳海鹏、郭桂萍、孔德民、王泽健

第三排左起：Edi、Ersa、Iyas、Yan、Ari、Seto、Juldorfer

（2）2018 年先进人员名单（带红色绶带者）

第二排左起：齐宝良、赵雨、Derby、Arwin、Wahyu、Mukti Prabowo、陈艳、Puspa、Irsan、Wahyu、方炳、Zambi

第三排左起：Anto、Agus、Jhoni、Sofyan、孟伟、Adi、Erick、Ersa、Toni、孔德民、寇华波

（3）2017 年先进人员名单（带红色绶带者）

第一排左起：Arwin、Sumantro、Petrus、Andi、Deby、Puspa、Rani、Deska、Mulawarman、Wahyu、Indra、Richard、于淼、丁肖骏、孔德民、Jamal

第二排左起：Budi、周兴良、张仲湘、肖立民、魏强、赵雨、刘震山

第三排左起：高俊利、Caca、张顺红

（4）2016 年先进人员名单（带红色绶带者）

第一排左起：周栋、许宏威、Femilia、Puspa、Enita、徐秀琴、韦小宜、Kimin、Tino、伊喜来、Toni Valiant

第二、三排左起：Dedi、Asep、高俊利、齐宝良、韦玉飞、何绪丙、首尽辉、Theo、Fendi、Rangga、Richard、Hardi Holik、张海博 Sawalludin

（5）2015 年先进人员名单（带红色绶带者）

第一排左起：Jamaludin、刘凤麟、Rangga、Ersa Putro、Theo Albino、Teguh、张仲湘、栗国庆、罗健龙、张海博

第二排左起：刘震山、陈小方、张顺红、Almurshun、Anton、Aprina、寇华波、刘建金、熊虎、周栋、Ai－Murshin

（6）2014 年先进人员名单（带红色绶带者）

第一排左起：Burah、齐宝良、Jumai、Arifai、Rosihan、徐秀琴、Juwita、王盼盼、Icon、方炳、Ernawan、焦卫森

第三排左起：Mikto、Ega、寇华波、Zulkarnain、Edi Marzuki、何绪丙、Seto

（7）2013 年先进人员名单（带红色绶带者）

第一排左起：周栋、许宏威、Femilia、Puspa、Enita、徐秀琴、韦小宜、Kimin、Tino、伊喜来、Toni Valiant

第二、三、四排左起：Dedi、Asep、高俊利、齐宝良、韦玉飞、何绪丙、首尽辉、Theo、Fendi、Rangga、Richard、Hardi Holik、张海博 Sawalludin

（8）2012 年先进人员名单

第三排左起：杨欢、谢群、齐宝良、张海博、李杰、李浩、Eko、Theo、Jumai、Icon、许金山、Hardi Holik、郝建光

第四排左起：王冀鲁、宁培、Victor、Erick、赵秀良、郑建伟、姜文俊

（9）2011 年先进人员名单（带红色绶带者）

第二排左起：Welly、Richard、邹晓杰、Hadi、Eko、杨欢、谢英、Bagus、吴书胜、Caca、陈扣军
第三排左起：Seto、马骋、彭家成、Tarmizi、余森、Parmin、曾庆峰

开斋节前对周边村民进行慰问

职工娱乐活动-足球赛

职工娱乐活动-羽毛球赛

2008 年出租屋里学印尼语

2009 年春节在出租屋包饺子

海外"中国年"—2017 年春节

建厂"十周年"文艺晚会

印尼员工生日合影

美丽的生活区